하버드 경영대학원 교수의
금융 수업
HOW FINANCE WORKS

세계 1% 리더들은 복잡한 재무의 세계에서 어떻게 인사이트를 찾는가

하버드 경영대학원 교수의
금융 수업

미히르 데사이 지음

이종호 옮김

HOW FINANCE WORKS

더퀘스트

"한 기업의 CFO로서 금융기관 등 외부는 물론이고, 일상적으로는 조직 내부에서 신속하고 명쾌하게 의사소통하는 것이 얼마나 중대한 문제인지 잘 알고 있다. 특히 기술 기업은 생소하고 복잡한 혁신을 제대로 평가하려면 재무에 능통해야 한다. 기술 못지않게 재무적 능력을 갖추는 것이 중요하다는 의미다. 그런데 기술에만 매몰되지 않고 재무까지 아우르는 역량은 기술 기업 내에서는 흔한 것이 아니다.

이 책이 그런 역량을 갖추게 해줄 것이다. 직관적인 설명, 시의적절한 사례, 이론적 엄격성을 완벽하게 조합해 재무 분야 종사자와 경영자의 필독서라 할 만하다. 재무 전문가뿐 아니라 재무에 생소한 일반인에게도 자신의 역량을 한층 더 향상시킬 기회를 줄 것이다."

— 헬렌 라일리Helen Riley, 구글엑스 CFO

"데사이 교수의 강의는 내가 하버드 MBA 과정을 밟을 때 제일 좋아했던 강의 중 하나다. 기술 기업뿐 아니라 각종 산업에서 중추적 역할을 하는 핵심 재무 논점들을 이해할 수 있게 해주었기 때문이다.

이 책은 당시의 수업 내용을 재현해놓은 듯한 느낌을 준다. 기본 개념을 소개하고, 재무 지식을 쌓을 수 있는 도구들을 제공하고, 다양한 실제 사례를 통해 배운 내용을 점검할 수 있게 하는 데사이 교수만의 독특한 교수법이 집대성되어 있다는 점에서 그렇다. 유익하고 흥미로운 이 책을 통해 당신은 재무 지식으로 탄탄히 무장할 수 있다.

이 책에 소개된 다양한 재무적·경영적 상황을 분석하고 해석하는 과정에서 재무적 식견을 한 차원 더 끌어올릴 수 있을 것이다. 경영을 공부하는 학생이나 장래가 촉망되는 경영 리더에게는 필독서이며, 재무를 깊이 이해하고 싶은 사람이라면 누구라도 이 책이 필요할 것이다."

— 마른 러빈Marne Levine, 인스타그램 COO

"나 또한 MBA 과정 중 재무를 딱딱한 이론이 아닌 실제 기업 사례로 배웠기에 생생한 기억으로 남아있다. 이 책은 그 재무 강의를 그대로 옮겨온 것과 같다. 기업 현장에서 볼 수 있는 생생한 재무지식을 얻을 수 있을 것이다."

— 오건영, 신한은행 IPS기획부 부부장, 〈부의 대이동〉 〈부의 시나리오〉 저자

"이 책은 재무를 이론으로 딱딱하게 나열한 것이 아닌, IT, 바이오, 유통 등 전 분야의 기업 사례를 들어 설명하고 있어 독자들이 흥미를 갖고 쉽게 배울 수 있다. 기업 현장에서 실무를 해야 하는 C레벨 독자들에게 큰 도움이 될 것이다."

— 신현한, 연세대학교 경영대학 교수, 삼성SDS 사외이사

"데사이 교수가 보기 드문 명저를 탄생시켰다. 이 책은 딱딱하고 복잡해 보이는 재무라는 주제를 흥미롭고 이해하기 쉬운 주제로 탈바꿈시킨 명저다. 그는 재무가 경제의 생명줄이며, 따라서 모든 사람이 반드시 이해해야 한다고 설득력 있게 주장한다. 그렇다고 재무 수치를 분석하고 재무상태표를 읽는 법만을 다루고 있진 않으며, 오히려 기술적 부분이라고 치부될 수 있는 내용까지도 명쾌하게 설명해준다.
데사이 교수는 재무의 본질이 기술적인 부분에 있는 게 아니라 더 중대하고 시급한 문제, 즉 정보와 인센티브의 문제를 해결하고 이를 통해 궁극적으로 '자원 배분을 통한 가치 창출'이라는 자본주의 본연의 문제를 해결하는 데 있음을 역설한다. 장기 투자를 전문으로 하는 투자회사의 CEO로서, 가치 창출과 가치평가의 문제를 재조명하려는 데사이 교수의 노력을 진심으로 환영한다."

— 사이러스 타라포레발라Cyrus Taraporevala, 스테이트 스트리트 글로벌 어드바이저스State Street Global Advisors CEO 겸 회장

"실용적이면서 재치까지 넘치는 데사이 교수의 조언은 내가 하버드에서 MBA 과정을 밟을 때 큰 감흥을 주었으며, 스웰을 막 창업했을 때는 등대 같은 역할을 해주었다. 데사이 교수가 이 책을 집필하여 감격스럽다. 훨씬 더 많은 사람이 그의 지혜를 배우는 혜택을 누릴 수 있게 됐으니 말이다."

— 세라 카우스Sarah Kauss, 스웰S'well 창립자 겸 CEO

"재무 분야에 종사하지 않는 사람들에게 재무란 이해하기 힘든 용어, 재무비율, 얽히고설킨 주체들로 가득한 난공불락의 수수께끼 같은 분야다. 이 수수께끼의 답을 얻으려면 금융 컨설턴트나 금융 전문가에게 상당한 대가를 지급해야 하는데, 데사이 교수가 그 비용을 절약하게 해준다. 재무의 작동 원리를 다룬 이 책은 상식의 범위 안에서

재무의 기본 원리와 원칙을 단순하고 솜씨 좋게 파고든다.

재무의 핵심 개념과 재무적 사고만이 아니라 재무 분석을 위한 도구도 흥미로운 방식으로 소개해준다. 어떤 배경이나 관심사를 갖고 있든, 이 책을 읽다 보면 많은 깨달음을 얻을 수 있을 것이다."

— 애스워스 다모다란Aswath Damodaran, 뉴욕대학교 스턴비즈니스스쿨 재무학 교수

"보건 분야를 발전시키는 유일한 방법이 보건 자체가 사업이라는 점을 인정하는 것이라고 설파하는 이 책은, 보건 분야에 종사하는 리더에게 CFO를 대동하지 않고도 '재무의 거장'을 대면할 수 있게 해준다. 의사 대부분은 재무에 관해서는 문외한이라 엑셀 프로그램만 봐도 겁을 먹는데, 데사이 교수가 우리를 구원할 방책을 들고 나타났다."

— 마이클 재프 박사Michael Jaff, MD, 뉴턴웰즐리Newton-Wellesley 병원 원장

"이 책은 기업 변호사든, 일반 변호사든, 기업가든 재무 정보를 활용하고 싶은 사람이라면 누구에게나 재무 분야를 명쾌하게 소개해주는 안내서다. 미히르 데사이는 유머 감각, 복잡한 것을 쉽게 풀어내는 능력, 타인에게 의지하지 않고 게임이나 문제 풀이를 통해 능동적으로 재무 정보에 접근하도록 유도하는 교수법을 지니고 있고, 재무 분석가인 척하는 것이 아니라 흥미로운 것들을 스스로 찾아야 한다는 교육 철학을 갖춘 탁월한 교수다.

그의 모든 장점이 이 책에 고스란히 담겨 있다. 이 책은 읽기에 즐거울 뿐 아니라 활용성도 매우 높아 많은 이들에게 공포의 대상인 재무 분야를 평정하게 해줄 것이다."

— 데이비드 울프슨David Wolfson, 밀뱅크 트위드 해들리 앤 매클로이Milbank, Tweed, Hadley & McCloy 이사

"변화무쌍한 세상에서 세계적 기술 기업을 이끌려면 많은 것이 필요하다. 그중 하나가 바로 재무 분야를 큰 어려움 없이 대할 수 있는 능력이다. 재무 외 부서의 출신으로 임원이 됐다고 해도 그럴 수 있어야 한다. 데사이 교수는 재무를 재미있고 누구나 접근 가능한 주제로 탈바꿈시켰다. 이 책을 다 읽고 나면 재무를 폭넓게 이해해 자신감을 갖게 될 뿐 아니라 조직의 리더나 임원으로 성공하는 데 필요한 지식까지 갖출 수 있을 것이다."

— 제니퍼 모건Jennifer Morgan, SAP 미주·아태·일본 지역 전 대표

사랑스러운 아이들 파바티, 일라, 미아와
아내 티나에게 이 책을 바친다.

프롤로그   10

제1장 재무 분석
재무비율을 활용해 기업 실적 분석해보기

수치 개념 잡기   18
자산 항목 이해하기   22
부채 및 자본 항목 알아보기   25
재무비율 이해하기   29
재무상태표를 보고 기업을 알아맞히는 게임   39
가장 중요한 재무비율 살펴보기   48
개념 응용: 팀버랜드의 사례   52

제2장 재무적 세계관
재무는 왜 현금과 미래에 집중하는가

현금과 관련된 개념 세가지   64
재무의 미래 지향성   81
개념 응용: 코닝글래스, 샤프전자의 사례   88

제3장 재무의 세계
자본시장의 구성원, 문제점과 그 해결책은 무엇인가

재무의 세계는 왜 단순해질 수 없는가   102
자본시장에는 누가 있는가   104
증권 애널리스트의 인센티브와 보수 체계   114
자본시장의 난제   116
주인-대리인 문제는 왜 사라지지 않을까?   119
개념 응용: 홍하이정밀공업, 베카에르트, 모건 스탠리의 사례   121

제4장

가치의 원천

리스크, 자본비용, 가치의 기원 알아보기

가치는 어떻게 창출되는가 136
자본비용 심층 분석하기 142
개념 응용: 코닝글래스, 바이오젠, 하이네켄의 사례 161

제5장

가치평가 방법론

주택, 교육 서비스, 프로젝트, 기업의 가치를 평가하는 법

가치평가 방법론의 두 가지 대안: 배수법과 현금흐름할인법 174
가치평가 과정에서 발생할 수 있는 오류들 193
개념 응용: 스피릿에어로시스템즈, 델컴퓨터의 사례 196

제6장

자본 배분

CEO와 CFO가 직면한 가장 중요한 결정을 어떻게 내려야 하는가

자본 배분을 위한 의사결정 나무 214
현금 사내 유보 216
주주에게 현금 배분하는 법 222
개념 응용: 바이오젠, 하이네켄, 애플의 사례 237

퀴즈 해답 250
에필로그 262
용어 해설 265
감사의 글 280
주 282
색인 283

복잡한 재무의 세계에서
길을 찾아가는 여정

'재무'라는 단어만 나오면 지레 겁을 먹는 사람들이 많다. 마치 미스터리와 같아서 아무리 노력해도 이해하기가 어렵다는 것이다. 재무 분야 종사자들이 자신들의 영역을 베일에 싸이게 해 외부인에게 공포감을 심는 것도 한몫한다. 어떤 분야가 됐든, 커리어를 잘 쌓고 싶다면 재무라는 영역에 깊숙이 발을 들여놓아야 한다. 재무는 기업의 언어이자 경제의 생명줄일 뿐 아니라 자본주의를 움직이는 핵심 동력이기 때문이다. 재무를 제대로 알지 못한 채 머리만 끄덕거리는 것으로는 앞으로 살아남기 어려울 것이다.

다행히도, 엑셀 프로그램을 통한 재무 모델링이나 파생상품의 가격 결정 등과 같은 난해한 재무 이론을 통달하지 않고서도 핵심적인 재무 지식을 쌓을 수 있다. 이 책을 쓴 목적은 당신에게 가장 핵심적인 재무 지식을 전달함으로써 재무가 절대 무서운 것이 아니라는 점을 일깨워주고자 하는 데 있다.

이미 통달하고도 남을 정도로 재무 지식이 많을 수도 있지만, 재무 지식에 통달한다고 해서 금융공학자 같은 재무 고수가 되는 것은 아니다. 나 역시 당신을 재무 고수로 만들기 위해 이 책을 쓴 것이 아니다. 이 책에 담긴 내용만 자기 것으로 만든다면 남은 평생 자신감과 호기심을 갖고 재무 이슈를 논할 만큼의 기초를 갖추게 될 것이며, 그 정도면 족하다.

이 책은 MBA 학생, 법학대학원 학생, 기업 임원, 학부생 등 다양한 배경을 가진 학생들에게 재무를 가르치려는 노력에서 시작됐다. 지난 20년 동안 강의를 하면서 방정식이나 단순한 수치보다는 도표, 그래프, 실제 사례를 강조해왔는데, 그렇게 한 이유는 타당성을 유지하면서도 불필요한 복잡성을 제거하기 위해서였다. 이 과정에서 내가 깨달은 것은 지나칠 정도로 정교함을 유지하지 않아도 논리의 엄밀성을 유지할 수 있다는 것이었다. 이 책에서도 나는 똑같은 시도를 할 것이다.

우리 아버지는 아시아와 미국의 제약 회사에서 마케팅을 담당하며 직장 생활을 하셨다. 58세에 재무 분야로 옮겨 그 후로도 10년 넘게 보람 있는 직장 생활을 이어나갔다. 제약 산업에 대한 깊은 이해와 새로이 갈고닦은 재무적 전문성 덕에 최종적으로는 증권 애널리스트가 됐다. 물론 이 과정은 고된 여정이었다.

그 10년 동안 나는 월스트리트 애널리스트, 대학원생, 젊은 교수라는 직업을 거치며 재무를 공부했다. 아버지와 자주 대화를 나눴는데, 때때로 재무적 질문을 하시곤 했다. 이를테면, 순이익 대비 주가Earnings Per Share, EPS나 현금흐름할인법 같은 개념 말이다. 나는 최대한 쉽게 이해하실 수 있도록 예시를 들며 설명해드렸다. 그러면서 새삼 알게 된 것은 호기심과 인내심만 있으면 재무 역시 쉽게 익힐 수 있다는 것이었다.

이 책을 읽을 때 유일한 전제 조건이 이것이다. 호기심과 인내심을 가질 것. 호기심은 당신을 배움으로 이끌 것이고, 인내심은 어려운 내용을 극복하며 앞으로 나아가게 해줄 것이다. 그러면 완전히 다른 차원의 재무적 식견을 갖추게 될 것이며, 재무 전문가라는 소리를 들으며 직장 생활을 하게 될 것이다. 그렇게 하기가 쉬운 일은 아니지만, 그럴 만한 가치도 있다는 점을 당신도 알기 바란다.

이 책은 누구에게 필요한가?

재무를 깊이 이해하고 싶은 사람이라면 누구든 이 책을 읽을 수 있다. 이 분야가 생소한 사람들도 읽기에 그다지 어렵지 않도록 최대한 쉽게 설명했으며, 초보자들도 어디 가서 주눅 들지 않고 재무에 관한 이야기를 꺼낼 수 있도록 배려했다. 재무에 관심이 많은 사람이라면, 재무를 현장에서 몸으로 배우는 것보다 자세한 설명을 통해 배우는 것이 더 쉽다는 사실을 잘 알 것이다.

핵심적인 재무 지식은 이해하기 쉽지 않지만, 이 책을 잘 활용하면 개념이나 용어를 무턱대고 외워서 아는 것보다 더 깊이 이해하게 된다. 의욕이 넘치는 기업 경영자라면, 금융 전문가나 투자자와 맺고 있는 관계를 더 의미 있는 것으로 만드는 데 이 책의 내용이 큰 도움이 될 것이다.

전체 내용 소개

이 책의 일부만을 골라서 읽어도 무방하다. 원하는 대로 하면 된다. 업무를 하다가 궁금한 것이 있을 때 참고 도서 삼아 필요한 부분을 찾아 읽어도 좋다. 하지만 이 책의 구성과 내용은 처음부터 끝까지 전체를 읽는다는 전제하에 기획됐으므로 전체를 차례대로 읽어나가길 권한다. 각 장이 서로 연관되어 있기 때문에 더더욱 그렇다.

제1장 재무 분석

재무 분석의 기초를 쌓는 작업부터 시작할 예정이며, 그 과정에서 많은 재무 용어가 나올 것이다. 전통적인 재무 개념들을 활용해 어떻게 경제적 실적을 해석해낼 수 있을까? 재무비율과 수치들은 각각 어떤 의미를 지니는가? 어렵지만 재밌는 게임을 통해, 재무에서 중요하게 생각하는 재무비율들이 실제 상황에서도 타당성을 가진다는 사실을 알게 될 것이다.

이 장은 나머지 장들과는 동떨어진 측면이 있는데, 의도적으로 그렇게 한 것이다. 프롤로그의 확장판 같은 성격을 지닌 장으로, 마치 실습을 하는 듯한 느낌을 주며 양방향적이다. 본격적인 내용을 시작하기에 앞서 진행하는 몸풀기라고 보면 된다.

제2장 재무적 세계관

재무 분석과 재무비율이 재무의 시작이자 끝이라고 생각하는 사람들이 많다. 사실 그것은 시작일 뿐이다. 시작일 뿐이라는 점을 증명하기 위해 재무적 세계관의 기초가 되는 두 가지 관점을 소개할 것이다. 첫째는 현금이 순이익보다 중요하다는 것이고, 둘째는 미래가 과거나 현재보다 중요하다는 것이다. '경제적 이익은 실제로 어디서 나오는가? 회계가 왜 문제인가? 미래가 그렇게 중요하다면 미래의 현금흐름을 어떻게 요리해 현재가치로 탈바꿈시킬 수 있을까?' 등을 알아보자.

제3장 재무의 세계

헤지펀드, 행동주의 투자자Activist Investors, 투자은행, 증권 애널리스트 등으로 구성된 재무의 세계는 상당히 불투명해서 이해하기가 쉽지 않다. 하지만 재무 분야에서 성장해나가거나 경영자가 되려면 이 세계를 이해해야 한다. 이 장에서는 두 가지 질문에 대한 답을 찾으려 노력할 것이다. 재무 생태계는 왜 그렇게 복잡한가?

재무의 세계를 이해하는 더 쉬운 방법은 없는가?

제4장 가치의 원천

재무 분야에서 가장 중요한 문제는 가치가 어디서 창출되는가, 가치를 어떻게 측정할 것인가 하는 것이다. 제2장에서 설명한 개념 일부를 더 깊이 파고들어 다음과 같은 질문에 대한 답을 찾아낼 것이다. 가치는 어디서 창출되는가? 가치를 창출한다는 것은 무엇을 의미하는가? 자본비용은 무엇인가? 리스크는 어떻게 측정하는가?

제5장 가치평가 방법론

가치평가는 모든 투자 결정에서 매우 중요한 단계다. 이 장에서는 가치평가가 왜 과학을 가장한 예술인지 알아본다. 가치평가를 어떤 면 때문에 예술이라고 하고, 어떤 면 때문에 과학이라고 하는지 개략적으로 규정할 것이다. 기업의 가치가 얼마인지 어떻게 알수 있는가? 투자 가치가 있는 투자 대안은 무엇인가? 그리고 가치평가를 할 때 발생하거나 범할 수 있는 일반적인 오류에는 어떤 것이 있으며, 이를 피하는 방법에는 어떤 것이 있는가?

제6장 자본 배분

마지막으로, 모든 기업의 재무 담당 임원들이 골머리를 앓는 근본적인 문제 한 가지를 살펴볼 것이다. 남아도는 현금흐름을 어떻게 처리할 것인가 하는 문제다. 이 장에서는 지금까지 배운 것들을 통합할 것이다. 새로운 프로젝트에 투자해야 하는가? 주주들에게 현금을 돌려줄 것인가? 그렇다면 그 방법은 무엇인가?

재무 세계로 안내하는 다섯 명의 길잡이

본문을 진행해나가는 동안, 현장에서 통찰과 경험을 얻어 이 책의 개념적 틀을 제공해준 다섯 명의 힘을 빌릴 것이다. 이들을 선정한 이유는 제3장에서 설명할 재무 세계의 다양한 목소리를 들려줄 수 있는 인물들이기 때문이다.

CFO 두 명은 기업을, 투자자 두 명은 민간 부문과 공공 부문의 투자계를 대표한다. 그리고 증권 애널리스트 한 명은 금융 생태계의 한가운데에 자리 잡고 있는 인물이다.

첫 번째 CFO는 로런스 드브뤼Laurence Debroux로, 100개국 이상에서 사업을 펼치는 세계적 맥주 회사 하이네켄의 CFO다. 프랑스에서 경영학을 공부한 뒤 투자은행에 입사하여 활약했고, 그 후 금융계를 떠나 산업계로 진출했다. 여러 회사에서 CFO를 역임했기에 전 세계 기업들이 투자활동을 어떻게 펼치는지, 기업들이 자본

시장과 어떻게 교류하는지를 생생히 들려줄 수 있다.

두 번째 CFO는 폴 클랜시Paul Clancy로, 세계적 음료 회사 펩시에서 오랫동안 근무한 후 바이오테크 기업 바이오젠Biogen으로 자리를 옮겨 CFO가 됐다. 금융 혁신이나 연구·개발과 관련하여 매우 소중한 의견을 제시해준다.

첫 번째 투자자는 앨런 존스Alan Jones로, 모건 스탠리의 사모펀드 글로벌 본부장이다. 존스와 그의 팀은 저평가된 기업들을 찾아내서 고객을 대신해 그 기업들을 인수하는 일을 한다.

두 번째 투자자는 제러미 민디치Jeremy Mindich로, 스코피아캐피털Scopia Capital의 공동 설립자다. 언론인으로 커리어를 시작했지만, 기업을 깊이 들여다보는 자신의 능력이 재무 분야에서 성공하는 데에도 도움이 되리라는 점을 일찍이 깨달은 인물이다. 여러 헤지펀드에서 활약을 펼친 후 스코피아캐피털을 공동 창업했다. 스코피아캐피털은 뉴욕에 본부를 둔 헤지펀드로, 수십억 달러의 자금을 운용한다. 헤지펀드 매니저인 그는 기업들을 평가하여 저평가 상태인지 고평가 상태인지 판단하는 일을 한다.

이 두 명의 투자자는 기업이나 기업가치를 어떻게 평가하는지, 투자를 통해 어떻게 가치를 창출하는지 등을 설명해줄 것이다.

나머지 한 명의 전문가는 알베르토 모엘Alberto Moel로, 증권 애널리스트다. 증권 조사 및 분석 기업 번스타인Bernstein에서 근무한 경력이 있다. 증권 애널리스트인 그는 기업의 CFO나 CEO들과 소통하는 등 기업과 정기적으로 교류한다. 애널리스트가 기업들을 어떻게 들여다보는지, 기업 내부에서 벌어지는 일들을 어떻게 알 수 있는지, 기업가치를 어떻게 결정하는지 등을 보여줄 것이다. 모엘은 드브뢰와 클랜시로 대표되는 기업 그리고 존스와 민디치로 대표되는 투자자 사이에서 다리 역할을 한다.

이 다섯 명의 길잡이는 현장의 관점에서 우리에게 통찰력을 불어넣어 줄 것이다. 그리고 우리가 그런 통찰력을 실전에서 어떻게 활용해야 하는지를 이해할 수 있게 도와줄 것이다. 이들이 알려주는 실전적인 교훈은 '현장의 목소리'라는 간략한 글을 통해 책 곳곳에서 만날 수 있다.

그 외에도 본문 외에 몇 가지 요소가 더 있다. '개념 응용'이라는 사례 연구를 제시하여 각 장의 핵심 개념을 현실에 적용하고, '생각해보기'를 통해서는 각 장의 내용과 관련해 제기될 수 있는 의문점들을 다시 짚어본다. 그리고 각 장은 해당 장에서 다룬 내용을 이해했는지 점검할 수 있는 '퀴즈'로 마무리할 것이다.

이제 우리의 여정을 시작해보자.

재무 분석

재무비율을 활용해 기업 실적 분석해보기

먼저, 재무적 식견을 높일 수 있도록 소소한 게임을 진행하고자 한다. 이 게임은 수치를 활용해 기업 실적을 평가하는 법을 알려줌으로써 당신을 재무의 세계로 안내할 것이다. 기업 실적 평가는 재무 분석에 없어선 안 되는 핵심 과정이며, 재무 분석은 CFO를 비롯한 경영자부터 투자자나 은행 실무자에 이르기까지 재무를 필요로 하는 이들이 답해야 하는 가장 근원적인 질문들에 대한 해답을 제공해준다. 여기서 근원적인 질문이란 기업의 실적, 생존 능력, 잠재력 같은 핵심 문제로 접근해나갈 수 있게 해주는 질문을 말한다.

재무 분석은 회계만을 말하는 것이 아니다. 이 장에서는 차변이 어떻고 대변이 어떻고 하는 회계 처리 방식에 대해 논하지는 않을 것이다. 다만, 재무비율을 설명하는 데 회계를 활용할 뿐이다. 게임을 통해 재무비율을 비교하는 방법을 배우고 이 장 말미에 재무비율을 더 깊이 분석할 수 있는 기법까지 배우면, 기업 실적이 어디에서 나오는지 명확하게 알게 될 것이다.

어떤 기업에 돈을 빌려주는 것이 얼마나 안전한가? 한 기업의 주주가 되는 것이 재무적으로 얼마나 이득이 되는가? 이 기업의 가치는 얼마인가? 수치 하나만 보고 이런 질문들에 답하기는 불가능하다. 그런데 재무비율을 활용하면 관련 수치들을 일정한 방식으로 비교할 수 있다. 다시 말해, 각각의 수치는 비교하는 방법을 통하지 않고서는 어떤 의미도 갖지 못한다.

지금부터 다양한 재무비율을 단서로 업계 대표 기업 14개가 어디인지 알아맞히는 게임을 하고자 한다. 먼저, 재무비율만으로 어느 산업에 속하는 어느 기업인지를 알아내는 방법을 살펴본다. 그런 뒤 새로운 분석 기법 하나를 소개할 텐데, 그 분석 기법을 활용해 한 기업의 실적을 동태적으로 분석한다. 이를 통해 당신은 재무비율 분석이 기업의 흥망성쇠를 이야기로 풀어나가는 열쇠가 된다는 사실을 알게 될 것이다.

게임을 시작하자!

수치 개념 잡기

〈표 1-1〉을 보라. 이 표는 이번 장의 핵심을 담고 있다. 거기에는 서로 다른 산업군에 속하는 기업 14개(A~N)의 2013년 기준 재무 수치와 재무비율들이 세로로 정렬되어 있다. 이 기업들의 이름은 일부러 익명으로 표기했다(그래야 게임이 되지 않겠는가).

〈표 1-1〉의 세로 항목들은 크게 세 가지로 구분할 수 있다. 첫 번째는 '자산' 항목으로, 해당 기업이 소유하고 있는 현금, 생산 설비, 재고 등이 이에 해당한다. 두 번째는 '부채 및 자본' 항목으로, 자산 구매 시 구매 자금을 어떻게 조달했는지를 보여준다. 돈을 빌려 구매할 수도 있고, 대주주나 기타 주주들로부터 자본금이라는 형태로 자금을 유치하여 구매할 수도 있고, 두 방법을 병행할 수도 있다.

세 번째는 경영 실적 평가의 지표가 되는 '재무비율' 항목이다. 이 비율들을 분석하면 자산 항목과 부채 및 자본 항목에 나온 수치만을 볼 때보다 기업의 실적을 더 깊이 이해할 수 있다. 숫자를 만지고 사는 금융인들은 모든 것을 비율화하여 표현하려는 집착을 보일 때가 있다(그 때문에 우리 같은 일반인은 이해하는 데 애를 먹는다). 각각의 재무비율은 그 자체만으로는 의미를 갖지 못하며, 서로 비교하고 분석해야 기업의 상황을 이해할 수 있다. 예를 들어 순이익이 1억 달러라면 좋은 것인가, 나쁜 것인가? 매출액 같은 다른 재무 수치와 비교해봐야 알 수 있다.

〈표 1-1〉에는 27개의 세부 항목으로 나뉘어 총 406개의 수치가 적혀 있다. 숫자가 많아서 지레 겁을 먹을 수도 있지만, 그럴 필요가 없다. 각각의 수치가 무엇을 의미하는지 곧 설명할 것이다. 자산 합계란과 부채 및 자본 합계란이 전부 '100'으로 표기되어 있는데, 99 또는 101이 나오는 곳은 반올림을 했음을 유의 바란다. A부터 N까지 14개의 기업이 모두 규모가 같은 건 아니므로, 특정 기업에서 각 항목이 차지하는 비율이라고 보면 된다.

〈표 1-2〉에는 산업군과 그 산업군에 속하는 기업들이 열거되어

〈표 1-1〉 재무상태표(익명의 14개 기업)

구분	A	B	C	D	E	F	G	H	I	J	K	L	M	N
자산(%)														
현금 및 유가증권	35	4	27	25	20	54	64	9	5	16	4	2	16	7
매출채권	10	4	21	7	16	12	5	3	4	26	6	2	2	83
재고	19	38	3	4	0	1	0	3	21	17	21	3	0	0
기타 유동자산	1	9	8	5	4	4	6	6	2	4	1	2	5	0
유형자산(순가치)	22	16	4	8	46	7	16	47	60	32	36	60	69	0
기타 자산	13	29	37	52	14	22	10	32	7	5	32	31	9	10
자산 합계*	100	100	100	100	100	100	100	100	100	100	100	100	100	100
부채 및 자본(%)														
지급어음	0	0	8	3	5	2	0	0	11	0	4	4	1	50
외상매입금	41	22	24	2	6	3	2	8	18	12	13	2	6	21
미지급 항목	17	15	8	1	5	3	3	9	4	5	5	1	6	0
기타 유동부채	0	9	9	9	6	18	2	7	11	10	4	2	12	3
장기부채	9	2	11	17	29	9	10	33	25	39	12	32	16	13
기타 부채	7	17	17	24	38	9	5	18	13	10	7	23	22	4
우선주	0	15	0	0	0	0	0	0	0	0	0	0	0	0
자본금	25	19	23	44	12	55	78	25	17	24	54	36	38	10
부채 및 자본 합계*	100	100	100	100	100	100	100	100	100	100	100	100	100	100
재무비율														
유동자산/유동부채	1.12	1.19	1.19	2.64	1.86	2.71	10.71	0.87	0.72	2.28	1.23	1.01	0.91	1.36
(현금+유가증권+매출채권)/유동부채	0.78	0.18	0.97	2.07	1.67	2.53	9.83	0.49	0.20	1.53	0.40	0.45	0.71	1.23
재고회전율	7.6	3.7	32.4	1.6	NA	10.4	NA	31.5	14.9	5.5	7.3	2.3	NA	NA
매출채권 회수 기간(일)	20	8	63	77	41	82	52	8	4	64	11	51	7	8,047
총부채/총자산	0.09	0.02	0.19	0.20	0.33	0.11	0.10	0.33	0.36	0.39	0.16	0.36	0.17	0.63
장기부채/자본금	0.27	0.06	0.33	0.28	0.70	0.14	0.11	0.57	0.59	0.62	0.18	0.47	0.29	0.56
매출액/총자산	1,877	1,832	1,198	0.317	1,393	0.547	0.337	1,513	3,925	1,502	2,141	0.172	0.919	0.038
순이익/매출액	−0.001	−0.023	0.042	0.247	0.015	0.281	0.010	0.117	0.015	0.061	0.030	0.090	0.025	0.107
순이익/총자산	−0.001	−0.042	0.050	0.078	0.021	0.153	0.004	0.177	0.061	0.091	0.064	0.016	0.023	0.004
총자산/자본금	3.97	2.90	4.44	2.27	8.21	1.80	1.28	4.00	5.85	4.23	1.83	2.77	2.66	9.76
순이익/자본금	−0.005	−0.122	0.222	0.178	0.171	0.277	0.005	0.709	0.355	0.384	0.117	0.043	0.060	0.039
EBIT/이자비용	7.35	−6.21	11.16	12.26	3.42	63.06	10.55	13.57	5.98	8.05	35.71	2.52	4.24	NA
EBITDA/매출액	0.05	0.00	0.07	0.45	0.06	0.40	0.23	0.22	0.05	0.15	0.06	0.28	0.09	0.15

* 항목의 합계가 100이 되도록 반올림했다.

출처: 미히르 데사이·윌리엄 프루한 William E. Fruhan·엘리자베스 마이어Elizabeth A. Meyer, 《익명의 산업 재무 분석 사례 2013 The Case of the Unidentified Industries, 2013》 214-028 사례, 하버드 비즈니스스쿨

산업	기업명
항공	사우스웨스트
서점 체인	반스앤드노블
상업 은행	씨티그룹
소프트웨어 개발	마이크로소프트
백화점 체인 (자체적인 결제 카드 보유)	노드스트롬
전기 및 가스 판매 (매출 비중: 전기 판매 80%, 가스 판매 20%)	듀크에너지
중간 유통 과정이 없는 PC 직판 (매출 50% 이상이 기업 고객, 생산 공정 대부분 아웃소싱)	델컴퓨터
온라인 쇼핑	아마존
배송 서비스	UPS
제약	화이자
레스토랑 체인	얌!
약국 체인	월그린
식료품 체인	크로거
SNS	페이스북

(a) 재무상태표 기본 양식

자산	부채 및 자본
유동자산	유동부채
현금	외상매입금
매출채권	기타 유동부채
재고	비유동부채
기타 유동자산	장기부채
비유동자산	기타 부채
유형자산	자본
고정자산 및 기타 자산	이익잉여금
	기타 자본
자산 합계	**부채 및 자본 합계**

(b) 재무상태표 예시(스타벅스, 2017)

(단위: %)

자산		부채 및 자본	
현금	19	외상매입금	5
매출채권	6	기타 유동부채	15
재고	9	장기부채	36
기타 유동자산	2	기타 부채	5
유형자산	34		
고정자산 및 기타 자산	29	자본금 합계	38
자산 합계*	**100**	**부채 및 자본 합계***	**100**

* 항목의 합계가 100이 되도록 반올림했다.

있다. 표를 보면 알 수 있듯이, 각 산업을 대표하는 기업들이다.

〈표 1-3〉은 재무상태표 기본 양식과 세계적인 커피 체인 업체인 스타벅스의 2017년 기준 재무상태표다. 〈표 1-3(b)〉에서 '자산'

항목에는 스타벅스의 자산들이 열거되어 있고, '부채 및 자본' 항목에는 어떤 방식으로 자금을 조달하여 자산들을 구매했는지가 간략히 나타나 있다. 개인으로 치자면 주택, 자동차, 텔레비전, 세탁기, 의류 같은 것들이 자산에 속한다. 빚이나 채무가 있다면 그것이 부채로 잡히며, '부채 및 자본' 항목에서 부채를 뺀 나머지가 자본금이 된다. 자산에서 부채를 뺀 것을 순자산이라고도 하며, 자본금과 순자산은 같은 개념이다.

세 번째 항목인 재무비율을 바탕으로 경영 실적을 평가하기 위해 손익계산서를 활용할 것이다. 손익계산서에는 해당 기업의 영업활동이 어떻게 진행되고 있는지가 반영된다. 〈표 1-4〉는 스타벅스의 2017년 기준 손익계산서를 예시로 손익계산서가 어떻게 작성되는지를 보여준다. 손익계산서는 해당 기업이 모든 수익 요소와 비용 요소가 반영된 순이익을 어떻게 달성했는지를 나타낸다. 당신이 월급을 받으면 월급이 매출액이 되고, 식료품비나 주거 비용 등의 생활비를 제외하고 얼마를 저축할 수 있는지와 같다고 보면 된다.

재무는 수치들을 검토하고 흥미로운 이야깃거리를 찾아내는 일이라고 할 수 있다. 〈표 1-1〉에 있는 비율에 대해 아는 것이 조금이라도 있다면, 이 수치들을 보고 어떤 생각이 들었는가? 혹시 수치들이 서로 왜 그렇게 큰 편차를 보이기도 하는지 궁금하지는 않

〈표 1-4〉 손익계산서 예시(스타벅스, 2017)	
(단위: %)	
매출액	100
매출원가	-40
매출총이익	60
판매비와 관리비	-42
영업이익(EBIT)	18
이자비용	-1
법인세 차감 전 순이익	17
법인세 비용	-6
당기 순이익	11

있는가? 그렇다면 상당한 수준이다! 재무 분석이라는 작업이 대체로 수치들을 보며 흥미를 느끼는 데에서 시작되기 때문이다. 수치의 세계로 들어서는 가장 바람직한 첫걸음은, 극단적인 수치들을 찾아내 그 이유를 이야기로 풀어내려고 노력하는 것이다.

익명으로 표기된 기업들이 각각 어디인지 알아보기에 앞서, 자산 항목과 자본 및 부채 항목을 세부적으로 살펴보자. 그런 다음에는 유독 크거나 작은 수치를 찾아내 그것들이 어떤 의미가 있는지 설명하겠다.

자산 항목 이해하기

기업은 영업활동을 하기 위해 자산에 투자한다. 따라서 자산을 깊이 이해하는 것은 매우 중요한 문제다. 어떻게 보면, 자산은 기업 자체라고도 할 수 있다. 하겐다즈를 예로 보자면 아직 판매되지 않은 아이스크림, 아이스크림을 생산하는 공장, 아이스크림을 운반하는 트럭 등이 하겐다즈 소유의 자산이다. 〈표 1-5〉에는 자산이 현금화하기 쉬운 순서로 열거되어 있다. 현금화하기 쉬운 자산을

유동자산이라고 하며, 표의 가장 상단에 나와 있다. 〈표 1-5〉에서 어떤 숫자가 유독 눈에 띄는가?

현금 및 유가증권

〈표 1-5〉의 첫 번째 항목부터 시작해보자. 기업 F와 G는 현금 및 유가증권이 전체 자산에서 차지하는 비중이 50%가 넘는다. 당신도 이 점을 특이하다고 생각했을 것이다. 이렇게 많은 현금을 보유하는 기업들은 어떤 곳일까? 근래에는 기업들이 역사상 어느 때

구분	A	B	C	D	E	F	G	H	I	J	K	L	M	N
자산														
현금 및 유가증권	35	4	27	25	20	54	64	9	5	16	4	2	16	7
매출채권	10	4	21	7	16	12	5	3	4	26	6	2	2	83
재고	19	38	3	4	0	1	0	3	21	17	21	3	0	0
기타 유동자산	1	9	8	5	4	4	6	6	2	4	1	2	5	0
유형자산 (순가치)	22	16	4	8	46	7	16	47	60	32	36	60	69	0
기타 자산	13	29	37	52	14	22	10	32	7	5	32	31	9	10
자산 합계*	100	100	100	100	100	100	100	100	100	100	100	100	100	100

〈표 1-5〉 산업 알아맞히기 게임을 위한 자산 항목

(단위: %)

* 항목의 합계가 100이 되도록 반올림했다.

보다 많은 현금을 보유하고 있는데, 이는 재무 측면에서 쉽게 설명할 수 있는 문제는 아니다.

미국 기업들의 현금 보유액만 해도 2~3조 달러에 달한다. 예를 들어 애플은 2,500억 달러의 현금을 보유하고 있다. 뒤에서 이 문제를 보다 구체적으로 다룰 텐데 여기서 간략하게나마 설명하자면, 현금 보유액이 많다는 것은 불확실한 시기에 대비한 보험, 앞으로 있을지 모르는 기업 인수를 위한 준비금, 투자할 곳이 없다는 증거 등으로 해석할 수 있다.

국채 같은 상품에 투자하면 이자를 받을 수 있다는 점을 고려할 때, 기업들이 현금을 과다하게 보유하는 것은 현명한 처사가 아니다. 실제로 기업들은 현금의 상당 부분을 즉시 현금화할 수 있는 국채에 투자하는데 이런 국채를 유가증권이라고 한다. 유가증권은 즉시 현금화할 수 있기 때문에 재무상태표에서는 현금과 같은 항목으로 처리하는 것이 일반적이다.

매출채권

매출채권은 미래에 고객으로부터 회수될 것으로 예상되는 금전채권을 말한다. 기업과 고객 간에 신뢰가 쌓임에 따라 기업은 고객이 대금을 차후에 결제하도록 허용할 수 있다. 서로 간의 신용을 바탕으로 거래를 한 뒤 고객들이 예컨대 30일, 60일, 90일 이후 대금을 지급하게 하는 기업이 많다. 기업 N은 자산 대부분을 매출채권의 형태로 보유하고 있다. 왜 그렇다고 생각하는가? 기업 B, H, I는 왜 매출채권이 그다지도 적을까?

🔍💲 생각해보기

월마트(다국적 소매 기업), 스테이플스(사무용품 체인), 인텔(반도체 생산 업체)이라는 3개의 기업이 있다. 이 중 매출액 대비 매출채권의 비율이 가장 높은 기업은 어디일까?

2016년 기준 월마트의 매출채권 총액은 560억 달러로, 매출액 대비 1.1%다. 스테이플스는 14억 달러로 6.7%, 인텔은 48억 달러로 8.9%다. 인텔은 기업을 고객으로 하기 때문에 매출액 대비 매출채권 비율이 상대적으로 높다. 월마트는 매출채권이 적은데 그 이유는 고객이 대부분 일반 소비자이기 때문이다. 스테이플스는 그 중간에 해당하는데 기업 고객도 있고 일반 소비자 고객도 있기 때문이다.

재고

재고는 판매할 예정인 제품 또는 제품이 될 원재료를 말한다. 재고에는 원재료, 생산 중인 제품, 최종 제품이 포함된다. 하겐다즈를 예로 들면 생산 중인 모든 아이스크림과 아이스크림 재료로 쓰일 초콜릿, 캐러멜, 커피콩 등이 재고에 포함된다.

기업 E, G, M, N은 재고가 없다. 판매할 제품이 없다는 게 말이 되는가? 이는 이 기업들이 서비스 업종에 속할 가능성이 크다는 것을 의미한다. 법무법인, 광고 대행사, 병원 같은 기업을 생각해볼 수 있다. 이런 기업들은 물리적인 형태가 있는 제품을 팔지 않고 서비스를 제공하므로 재고가 없는 것이다.

유형자산

유형자산Property, Plant, and Equipment, PP&E은 기업이 제품을 생산하거나 생산한 제품을 유통하는 데 활용하는 부동산·공장·설비를 일컫는 용어다. 본사 건물, 공장, 공장 내 기계, 직영판매점이 이에 포함된다. 예를 들어 전력을 생산하는 기업이라면 대규모의 수력 발전 댐을, 소매 기업이라면 많은 유통점을 소유하고 있을 가능성이 크다. 기업 I, L, M은 유형자산의 비중이 높아 60%가 넘는다. 이렇게 유형자산 비중이 높은 곳들은 어떤 기업일까?

기타 자산

앞서 설명한 것처럼 기업들이 다량의 현금을 보유하고 있는 현상에 더해, 기업 D처럼 다량의 기타 자산을 보유하는 사례도 심심치 않게 볼 수 있다. 현금과 기타 자산의 중요성이 커지는 것이 최근 재무 분야의 지배적 흐름이기도 하다. 그런데 여기서 '기타'는 무엇을 의미할까? 많은 것을 내포할 수 있지만, 무형자산일 가능성이 크다. 무형자산은 손으로 만질 수는 없지만 가치를 측정할 수 있는 자산을 말하며, 특허나 브랜드가 이에 속한다.

기타 자산과 관련해 주목해야 하는 것은, 그 가치를 정확히 알 수 없으면 회계사들이 무형자산에 가치를 부여하지 않는다는 점이다. 예를 들어 코카콜라는 브랜드 가치가 매우 크다. 코카콜라가 소유한 자산 중 가치가 가장 큰 자산이 브랜드일지도 모른다. 하지만 코카콜라는 자사의 브랜드 가치가 얼마인지 알지 못하며, 그래서 회계사들이 코카콜라의 브랜드 가치를 인정해주지 않는다. 이런 것이 바로 보수주의 회계다. 정확한 가치를 모르니 가치를 인정해주지 않는다는 논리는 재무를 하는 사람들이 회계를 불신하게 되는 원인이 되기도 한다.

한 기업이 다른 기업을 인수할 때, 예전에는 가치를 매길 수 없었던 무형자산들이 이제는 회계상으로 가치가 부여되는 경우가 늘어났다. 인수 대금의 일부를 무형자산에 대한 몫으로 지급하는 기업들이 많아진 것이다. 이런 흐름에 따라 주목받는 무형자산이 바로 영업권이다. 재무상태표상의 자산가치 이상으로 인수 대금이 책정되는 때도 있는데, 자산가치를 웃도는 차액은 인수 기업의 재무상태표에 영업권으로 잡힌다. 그러므로 기타 자산과 영업권 보유 금액이 큰 기업은, 예전에는 보수주의 회계 때문에 자산으로 잡히지 않았던 무형자산을 다량으로 보유한 기업을 인수한 곳일 가능성이 크다.

생각해보기

마이크로소프트는 2016년 262억 달러를 들여 자산 장부가치 70억 달러의 링크드인을 인수했다. 장부가치를 초과해 마이크로소프트가 지급한 192억 달러는 마이크로소프트 재무상태표의 영업권 및 기타 자산으로 잡혔다. 마이크로소프트는 왜 192억 달러를 더 지급한 것일까?

예컨대, 마이크로소프트는 4억 3,300만 명의 사용자를 보유한 링크드인의 사용자 정보를 사업에 활용해 수익을 키울 수 있다. 마이크로소프트의 기업용 소프트웨어 및 생산성 향상 프로그램을 링크드인 사용자들에게 마케팅하면 최적의 결과를 얻을 수 있기 때문이다. 링크드인 사용자 정보는 가치를 평가하기가 쉽지 않기에 링크드인의 재무상태표에는 잡혀 있지 않다. 그러나 마이크로소프트가 링크드인을 인수하면서 192억 달러나 더 지급함으로써 이 정보의 가치가 얼마인지 알 수 있게 해주었다.

부채 및 자본 항목 알아보기

부채 및 자본 항목은 기업이 자산을 구매할 때 자금을 어떻게 조달하는지에 대한 정보를 제공한다. 자산 구매 대금을 조달하는 방법에는 기본적으로 두 가지가 있다. 즉 타인의 돈을 빌려오는 방법과 주주로부터 자금을 제공받는 방법이다. 부채는 타인에게 빌린 자금, 자본금(순자산)은 주주가 제공한 자금을 말한다.

개인적으로도 부채 활용의 사례를 찾아볼 수 있다. 당신도 대출을 받아 자산을 구매한 일이 있을 것이다. 신용카드로 대금을 지급하거나 주택담보대출(모기지)·자동차 대출·학자금 대출을 통해 집을 사거나 자동차를 사거나 대학교 등록금을 내는 경우 등이다. 앞서 말했듯이, 당신이 보유한 자산 총액에서 부채 총액을 빼면 당신의 자본금(순자산)이 된다.

〈표 1-6〉에서 볼 수 있듯이, 자금을 조달하는 방법은 기업과 산업별로 다르다. 예를 들어 기업 G는 자금을 조달할 때 자본금에 대한 의존도가 높지만(78%), 기업 N처럼 자본금을 거의 활용하지 않는(10%) 기업도 있다. 자금 조달 방법별로 어떤 비중을 차지하는지를 자본 구조라고 한다(이에 대해서는 제4장에서 자세히 다룰 것이다).

부채 항목은 상환해야 하는 기간이 짧은 것부터 긴 것의 순서대로 정리되어 있다. 빠른 시일 내에 상환해야 하는 부채에는 '유동'

(단위: %)

구분	A	B	C	D	E	F	G	H	I	J	K	L	M	N
부채 및 자본														
지급어음	0	0	8	3	5	2	0	0	11	0	4	4	1	50
외상매입금	41	22	24	2	6	3	2	8	18	12	13	2	6	21
미지급 항목	17	15	8	1	5	3	3	9	4	5	5	1	6	0
기타 유동부채	0	9	9	9	6	18	2	7	11	10	4	2	12	3
장기부채	9	2	11	17	29	9	10	33	25	39	12	32	16	13
기타 부채	7	17	17	24	38	9	5	18	13	10	7	23	22	4
우선주	0	15	0	0	0	0	0	0	0	0	0	0	0	0
자본금	25	19	23	44	12	55	78	25	17	24	54	36	38	10
부채 및 자본 합계*	100	100	100	100	100	100	100	100	100	100	100	100	100	100

* 항목의 합계가 100이 되도록 반올림했다.

이라는 말을 붙인다.

외상매입금과 지급어음

외상매입금은 넓게는 타인에게 갚아야 할 채무를 말하며, 좁게는 주로 납품 업체에 갚아야 하는 단기채무를 말한다. 특정 기업의 외상매입금은 대체로 또 다른 기업의 매출채권이 된다. 기업 A는 외상매입금이 많다. 왜 그럴까? 기업에 재무적으로 문제가 있어 납품 업체에 대금을 지급할 수 없는 경우를 생각해볼 수 있다. 아니면 외상매입금 지급 기간을 장기로 계약했기 때문일 수도 있다. 어떤 설명이 더 설득력 있는가?

기업은 또 다른 단기채무인 지급어음을 활용하기도 한다. 기업 N은 지급어음 활용도가 매우 높은 유일한 기업이며 매출채권도 다른 기업보다 많다. 지급어음과 매출채권이 둘 다 많다는 점에서 특이해 보인다. N은 어떤 기업일까?

 생각해보기

앞서 매출채권을 다루면서 월마트, 스테이플스, 인텔의 사례를 검토했다. 이 세 개의 기업에 갚을 돈, 즉 외상매입금(월마트, 스테이플스, 인텔 입장에서는 매출채권)이 있는 기업으로는 어떤 곳이 있을까?

인텔이 가장 쉬운 예다. 인텔은 컴퓨터를 제조하는 업체에 반도체를 판매하므로, 레노보나 델 같은 컴퓨터 제조 기업들이 주요 고객이다. 따라서 인텔의 매출채권은 레노보나 델의 외상매입금이 된다.

미지급 항목

미지급 항목은 이미 제공된 용역이나 활동에 대해 그 대가가 아직 지급되지 않은 채무를 말한다. 대표적인 예가 임금이다. 임금 지급일 전에 재무상태표가 작성됐다면 기업의 미지급 항목에 그 액수가 포함되어 있을 것이다.

장기부채

〈표 1-6〉에서 장기부채로 넘어가면서 부채debt라는 용어가 처음으로 나왔다(debt와 liabilities는 둘 다 '부채'로 번역된다. 그런데 liabilities는 외상매입금, 지급어음, 차입금, 회사채 등 모든 형태의 금전 채무 또는 의무를 통칭하는 표현인 반면, debt는 회사채, 차입금과 같은 타인자본을 이르는 표현이다. 이 책에서 부채debt는 타인자본과 같은 개념으로 쓰였다-옮긴이). 부채debt는 명시적인 이자율이 적용된다는 점에서

생각해보기

기업 E(29%)와 I(25%)의 장기부채 비율을 보라. 둘 중 어느 기업의 부채가 리스크가 더 큰가?

질문에 답하기 위해서는 먼저 이 두 기업에 현금이 어느 정도 있는지 생각해봐야 한다. 기업 E는 현금 및 유가증권 비율이 20%이고 기업 I는 5%밖에 되지 않는다. 재무 분석가들은 현금을 '마이너스(-) 부채'라고 생각하기도 한다. 부채를 갚는 데 바로 사용될 수 있기 때문이다. 이번 사례로 적용해보면 기업 E는 순부채가 9%(29-20), 기업 I는 20%(25-5)다. 그런 의미에서 추가 자금 차입에 대한 리스크는 기업 E보다 기업 I가 더 크다.

부채liabilities와 구별된다. 당신의 삶에서도 부채debt를 찾아볼 수 있을 것이다. 예를 들어 대학 등록금을 내기 위해 대출을 받는 경우, 주택을 구매하기 위해 대출을 받는 경우 등이다. 〈표 1-6〉을 보면 일부 기업의 부채가 상당한 수준임을 알 수 있다. 자산의 30~40% 정도를 부채, 즉 타인자본을 활용해 구입했다.

우선주와 보통주

자본금은 기업 소유권인 주식을 받을 대가로 주주가 제공한 자금을 말하는데, 그 수익이 가변적이라는 특징이 있다. 그 이유는 비용과 부채 등을 차감하고 남은 현금에서 수익을 지급받기 때문이다. 부채는 이자율이라는 형태로 수익이 고정되어 있지만, 회사에 대한 소유권은 없다. 소유권이 없는 대신 해당 기업이 파산했을 경우 주주에 우선해서 변제받을 수 있는 권리를 갖는다. 주주는 수익이 변동적인 소유권을 가지지만, 해당 기업이 파산할 경우 아무것도 못 건지게 될 수도 있다.

일반적으로 자본금, 순자산, 보통주는 사실상 동일한 개념이다. 자본금이란 주주가 처음에 회사에 투자한 금액을 말한다. 회사가 순이익을 벌어들이면 그 순이익을 배당금으로 주주에게 나눠줄 수도 있고, 회사 내부에 유보하여 재투자할 수도 있다. 재투자를 위해 순이익의 일부를 사내에 유보하는 금액을 이익잉여금이라고 하는데, 이 이익잉여금도 자본금을 구성하는 항목 중 하나다. 왜냐하면 애초에 회사에 투자할 때 했던 것과 마찬가지로, 배당을 받은 주주가 배당금을 회사에 재투자하는 개념이기 때문이다.

우선주 항목을 보면 기업 B에만 있다. 왜 그럴까? 그에 앞서, 주식이 우선된다는 것이 대체 무슨 말일까? 우선주는 부채의 요소와 주식의 요소를 모두 가지고 있다는 점에서 종종 복합적 투자 수단으로 불린다. 부채 요소로는, 배당이 고정되어 있다는 점과 보통주에 우선해 변제받는다는 점을 들 수 있다. 주식 요소로는, 소유권을 가지고 있다는 점과 해당 회사가 파산했을 때 부채가 변제된 다음에 변제된다는 점을 들 수 있다. 우선주는 말 그대로 우선권을 보장받는다. 기업에 문제가 생기면 보통주에 우선해 변제받고, 기업이 잘 돌아가면 채권자보다는 아니지만 일반 주주보다는 우대를 받는다.

그렇다면 기업은 이런 우선주를 왜 발행할까? 기업이 어려운 시간을 맞아 미래를 장담할 수 없게 됐다고 해보자. 파산이 현실화될 가능성이 있을 때 당신 같으면 투자를 하겠는가? 기업의 리스크에 상응하지 않는 고정된 이자를 받는 셈인데, 그런 상태에서도 이 기업에 돈을 빌려줄 수 있겠는가? 우선주의 독특한 장점은 불안정한 시기에도 기업이 자금을 마련할 수 있게 해준다는 것이다.

재무비율 이해하기

지금까지 기업이 재무상태표라는 형식으로는 어떻게 표현되는지를 생각해봤다. 이제는 더 중요한 재무 분석의 도구를 살펴보자. 그 도구가 바로 재무비율이다. 재무비율은 기업의 언어다. 그래서 재무 전문가들은 재무비율을 생산하고, 논하고, 뒤집어보고, 분해하는 등 많은 작업을 벌인다.

재무비율은 숫자에 지나지 않는 재무 수치에 의미를 부여해준다. 재무비율이 있으면 한 기업을 동태적으로 분석할 수 있을 뿐만 아니라 기업과 기업을 정태적으로 비교·분석할 수도 있다. 예를 들어, 코카콜라의 2016년 순이익은 730억 달러였다. 이 정도 수준이면 순이익이 많은 것인가? 이것만으로는 단정 짓기가 어렵다. 하지만 코카콜라의 순이익이 매출액에서 차지하는 비중(순이익/매출액)이 16%라는 사실을 안다면 답하기가 훨씬 더 수월해진다. 마찬가지로 코카콜라의 부채가 640억 달러라는 사실을 안다고 해서 큰 의미가 있는 것은 아니다.

하지만 코카콜라가 자산을 구매할 때 부채를 활용한 비율(자산 대비 부채의 비율)이 71%라는 사실을 안다면 코카콜라에 대해 훨씬 더 많은 이야기를 할 수 있을 것이다. 이 비율들을 다른 기업과 비교할 수도 있고, 코카콜라의 과거 재무비율과 비교할 수도 있기 때문이다.

〈표 1-7〉의 재무비율은 대체로 네 가지 질문에 대한 답을 제공해준다. 첫째, 해당 기업이 이익을 얼마나 창출하고 있는가? 둘째, 해당 기업이 얼마나 효율적이고 생산적인가? 셋째, 자금은 어떻게 조달하는가? 그리고 마지막 질문은 유동성liquidity과 관련되는데, 얼마나 빨리 현금을 동원할 수 있는가 하는 것이다. 모든 자산을 부동산의 형태로 보유하고 있다면 유동성이 없는 것이며, 당좌예금의 형태로 보유하고 있다면 유동성이 높은 것이다.

구분	A	B	C	D	E	F	G	H	I	J	K	L	M	N
재무비율														
유동자산/유동부채	1.12	1.19	1.19	2.64	1.86	2.71	10.71	0.87	0.72	2.28	1.23	1.01	0.91	1.36
(현금+유가증권+매출채권)/유동부채	0.78	0.18	0.97	2.07	1.67	2.53	9.83	0.49	0.20	1.53	0.40	0.45	0.71	1.23
재고회전율	7.6	3.7	32.4	1.6	NA	10.4	NA	31.5	14.9	5.5	7.3	2.3	NA	NA
매출채권 회수 기간(일)	20	8	63	77	41	82	52	8	4	64	11	51	7	8,047
총부채/총자산	0.09	0.02	0.19	0.20	0.33	0.11	0.10	0.33	0.36	0.39	0.16	0.36	0.17	0.63
장기부채/자본금	0.27	0.06	0.33	0.28	0.70	0.14	0.11	0.57	0.59	0.62	0.18	0.47	0.29	0.56
매출액/총자산	1.877	1.832	1.198	0.317	1.393	0.547	0.337	1.513	3.925	1.502	2.141	0.172	0.919	0.038
순이익/매출액	−0.001	−0.023	0.042	0.247	0.015	0.281	0.010	0.117	0.015	0.061	0.030	0.090	0.025	0.107
순이익/총자산	−0.001	−0.042	0.050	0.078	0.021	0.153	0.004	0.177	0.061	0.091	0.064	0.016	0.023	0.004
총자산/자본금	3.97	2.90	4.44	2.27	8.21	1.80	1.28	4.00	5.85	4.23	1.83	2.77	2.66	9.76
순이익/자본금	−0.005	−0.122	0.222	0.178	0.171	0.277	0.005	0.709	0.355	0.384	0.117	0.043	0.060	0.039
EBIT/이자비용	7.35	−6.21	11.16	12.26	3.42	63.06	10.55	13.57	5.98	8.05	35.71	2.52	4.24	NA
EBITDA/매출액	0.05	0.00	0.07	0.45	0.06	0.40	0.23	0.22	0.05	0.15	0.06	0.28	0.09	0.15

유동성

기업이 파산한다면 그 원인은 대체로 현금이 부족하기 때문이다. 이처럼 기업의 파산 리스크가 어느 정도인지 알려주는 역할을 하는 것이 바로 유동성 지표다. 유동성 지표는 신속하게 현금화할 수 있는 자산으로 단기성 부채를 해결할 수 있는지 그렇지 않은지를 보여준다. 납품 업체라면 자신이 받을 납품 대금에 문제가 생기기를 원치 않기에 고객의 유동성이 높기를 바란다. 주주 입장에서는 자신이 투자한 기업의 유동성이 높으면 좋은 점도 있지만 나쁜 점도 있다. 파산하기를 원치 않는다는 측면에서는 좋은 점이지만, 현금이나 유가증권처럼 유동성이 높은 자산은 수익을 그다지 많이 창출해내지 못한다는 측면에서는 나쁜 점이다.

$$유동비율 = \frac{유동자산}{유동부채}$$

유동비율은 납품 업체를 대신해서 다음과 같은 질문을 제기하는 것과 같다. 납품 대금을 기업이 제대로 지급할 수 있는가? 그리고 (납품 대금을 비롯한) 유동부채를 해결하기에 충분한 유동자산이 있는가? 이 비율은 납품 업체가 해당 기업과 신용으로 거래할 수 있는지 또는 해당 기업이 향후 6개월에서 1년 동안 파산하지 않고 생존해나갈 수 있는지를 판단하는 데 핵심 지표가 된다.

$$당좌비율 = \frac{(유동자산 - 재고)}{유동부채}$$

당좌비율은 유동비율과 유사하기는 하지만 유동비율의 분자인 유동자산에서 재고를 빼고 계산한 것이다. 재고를 뺀다는 것이 어떤 의미를 가질까? 당신은 아마도 재고를 영업의 문제로 볼 것이

다. 그러나 재무에서는 재고를 리스크라고 보기 때문에 현금화해야 하는 대상으로밖에 생각하지 않는다. 실제로 재고는 기업에 매우 큰 리스크를 안겨줄 수도 있다.

신제품이 출시되기가 무섭게 구형으로 바뀌고 마는 스마트폰 시장에서 경쟁을 벌였던 블랙베리를 생각해보자. 2013년에 블랙베리

생각해보기

세계적인 광산 및 금속 기업 리오틴토, 소형 제철 기업 누코어, 명품 의류 기업 버버리 등 3개의 기업이 있다고 해보자. 각 기업에 대해 유동비율과 당좌비율 중 어떤 재무비율을 확인하는 것이 바람직할까?

이 질문에 답하기 위해서는 먼저 리스크가 큰 재고를 가장 많이 가지고 있는 기업이 어디지를 알아야 한다. 이상의 세 기업 중에서는 버버리가 그렇다고 할 수 있다. 왜냐하면 재고를 현금화할 수 있는 현물시장이 없기 때문이다. 신제품의 스타일에 문제가 있을 경우 할인해서 처분할 수는 있겠지만, 신제품 재고를 신속하게 처분하기는 불가능하다. 반면 리오틴토나 누코어의 경우 생산하는 제품을 거래하는 현물시장이 존재하므로 재고를 다소 신속하게 처분할 수 있다. 따라서 버버리는 당좌비율을, 리오틴토와 누코어는 유동비율을 먼저 확인하는 것이 바람직하다.

는 Z10이라는 모델의 출시가 늦어지는 바람에 10억 달러에 이르는 가치가 순식간에 증발했다고 발표해야 했다. 출시되자마자 재고가 되어버린 것이다. 리스크가 큰 재고를 보유한 기업의 당좌비율을 보면 유동성이 나쁘다는 사실을 확인할 수 있다.

수익성

수익성profitability은 다양한 방법으로 평가할 수 있는데 그 이유는 두 가지다. 첫 번째, 어떤 질문을 하느냐에 따라 검토해야 하는 수익성 측정 지표가 달라진다는 것이다. 두 번째, 수익성을 평가하기 위해 회계적인 이익 지표가 반드시 있어야 하는 것은 아니라는 것이다.

항상 그렇듯이, 이익 지표로 무엇을 보느냐 또는 이익 지표를 무엇과 비교하느냐가 중요하다. 예를 들어 이익 지표로 순이익을 보느냐 또는 법인세 차감 전 이익을 보느냐에 따라 달라지고, 순이익을 매출액과 비교(순이익률)하느냐 아니면 자본금과 비교(자기자본이익률)하느냐에 따라 달라진다. 순이익률과 자기자본이익률은 모두 핵심 수익성 지표다. 순이익률은 1달러의 매출을 올렸을 때 관련 비용을 다 제외하고 그중 얼마가 남느냐를 알려주는 지표다. 자기자본이익률은 자본금 1달러를 투자했을 때 매해 얼마의 수익을 올릴 수 있는가를 알려주는 지표다. 자기자본이익률은 흔히 ROEReturn

On Equity라고 표현한다.

$$순이익률 = \frac{순이익}{매출액}$$

〈표 1-1〉에서 볼 수 있듯이, 어떤 비용을 고려하는지에 따라 이익의 개념은 몇 가지 형태로 구분될 수 있다. 매출총이익은 매출액에서 매출원가(생산 기업이라면 생산과 관련된 모든 비용, 즉 생산원가)를 차감한 금액이다. 영업이익은 매출원가(생산원가)뿐 아니라 판매 및 관리비 같은 영업비용까지 차감한 금액이다. 마지막으로 순이익은 영업이익에서 이자비용과 세금을 차감한 금액이다. 흥미로운 것은 기업 A와 B는 순이익이 마이너스이며, 기업 D와 F는 순이익률이 25%에 육박한다는 점이다.

$$자기자본이익률_{ROE} = \frac{순이익}{자본금}$$

자기자본이익률은 주주가 1년 동안 벌어들인 수익을 측정하는 지표다. 구체적으로, 주주가 기업에 투자한 1달러가 1년 동안 주주에게 얼마의 수익을 창출해주었는가를 나타낸다. 두 기업을 예로 들어보면, 기업 C의 ROE는 22%이지만, 기업 M은 6%에 불과하다.

$$총자산순이익률_{ROA} = \frac{순이익}{총자산}$$

총자산순이익률Return on Asset, ROA은 1달러의 자산으로 얼마의 순이익을 창출했는지를 알려주는 지표다. 즉, 자산이 이익을 창출하는 데 얼마나 효과적으로 활용됐는지를 나타낸다.

$$EBITDA\ 이익률 = \frac{EBITDA}{매출액}$$

EBITDA는 가장 중요한 재무 용어로, 그냥 '에빗다'라고 읽으면 된다. 회계적 개념의 이익에서 현금 중시 개념의 이익으로 옮겨가고 있음을 알려주는 용어다. 그렇다면 EBITDA는 무엇일까? 'EBIT'와 'DA'로 나눠 그 의미를 알아보자.

EBIT는 당신이 이미 알고 있는 영업이익을 달리 이르는 재무 용어다. 손익계산서를 밑바닥인 순이익부터 올라가면서 역으로 추적해보면, 영업이익은 '이자비용 및 세금 차감 전 이익Earnings Before Interest And Taxes, EBIT'이라고 재규정할 수 있다. 기업마다 세금 부담도 다르고 자본 구조도 다른데, EBIT는 기업 대 기업의 실적을 보다 직접적으로 비교할 수 있게 해주는 개념이다. 예를 들어, 미국의 출판사와 독일의 출판사는 적용되는 세율이 다르다. 세금이 차감된 순이익은 기업의 이익을 왜곡할 수 있는 반면, EBIT는 세금이 차감되지 않은 개념이므로 그럴 가능성이 없다.

DA는 무엇일까? DA는 '감가상각비Depreciation and Amortization'를 말한다. D는 유형자산에 대한 감가상각비로 차량이나 설비 같은 물리적 자산이 시간이 지남에 따라 가치를 잃어가는 것을 말하며, A는 감가상각되는 대상이 무형자산이라는 차이점이 있다. DA를 강조하는 이유는 현금의 지출과는 무관한 비용이기 때문이다. 자산은 시간의 흐름에 따라 가치를 잃어가기 마련인데 감가상각비는 가치가 상실되는 정도를 나타내는 근사치일 뿐이다.

공장을 짓는다고 해보자. 회계에서는 공장을 감가상각해 그에 따른 감가상각비를 비용으로 처리해야 한다. 그러나 감가상각비는 실제로 현금이 지출되는 비용이 아니다. 그러므로 현금을 중시하는 재무에서는 EBITDA가 순수하게 영업활동에 의해 창출되는 현금이 얼마인지를 알려주는 지표가 된다. EBIT를 구하기 위해 DA를 차감했기 때문에 EBITDA로 돌아가려면 DA를 더해주어야 한다.

제2장에서 알아보겠지만, 현금주의는 재무의 핵심 원칙이다. 그러므로 재무에서는 EBITDA가 현금주의를 더 잘 반영하는 수익성 지표라고 생각한다. 뒤에서 더 자세히 다룰 텐데, 여기서 간략하게 한 가지 예를 살펴보자. 아마존은 수익성은 낮지만 EBITDA는 상당히 높은 기업으로 유명한데, 현금 기준으로 보면 아마존의 수익

성은 그리 나쁜 게 아니다. 〈표 1-7〉에 있는 기업 중 D는 EBITDA 이익률이 45%나 된다. 이는 1달러의 매출을 올리면 45센트의 현금이 남는다는 뜻이다. 기업 L도 그와 유사하게 순이익률은 9%로 그다지 높지 않지만, EBITDA 이익률은 28%로 매우 높은 수준이다.

자금 조달과 레버리지

레버리지leverage는 재무에서 가장 막강한 힘을 지닌 용어 중 하나다. 앞서 다뤘던 자금 조달 방법, 자본 구조와 거의 동일한 개념이다. 재무 분야에서 일하는 친구가 있다면, 당신에게 레버리지 이야기를 들려줄 때 아마도 만감이 교차한다는 듯한 표정을 지을 것이다. 위대한 기업들이 레버리지 때문에 흥하기도 하고 몰락하기도 했다는 사실을 알기 때문이다.

왜 '레버지리'라는 표현을 쓸까? 레버리지의 위력을 이해하는 가장 손쉬운 방법은 공학적 관점에서 지렛대lever의 위력을 떠올려보는 것이다. 혼자 힘으로는 도저히 움직일 수 없는 거대한 돌덩어리가 있다고 해보자. 이럴 때 지렛대를 사용하면 당신의 힘을 몇 배로 증가시켜주기 때문에 비교적 쉽게 움직일 수 있다. 재무에서 말하는 레버리지도 마찬가지다. 거대한 돌덩어리를 지렛대를 활용해 움직일 수 있듯이, 재무적 레버리지를 활용하면 자신의 현재 자금 사정을 훌쩍 뛰어넘는 자산을 보유할 수 있게 된다.

주택을 구매한 후의 개인 재무상태표를 생각해보자. 모기지(주택 담보대출)가 없었다면 주택을 구매할 수 있었을까? 모기지 시장이 없다면 100달러가 있을 때 100달러짜리 주택만 살 수 있을 것이다. 하지만 모기지 시장에서 주택 구매 자금을 빌리면 예컨대 500 달러짜리 주택도 구매할 수 있다. 이 두 가지 시나리오에 따라 개인 재무상태표가 어떻게 달라지는지 알아보자(표 1-8).

〈표 1-8〉 주택 구매에 따른 재무상태표			
사례 A		사례 B	
자산	부채 및 자본	자산	부채 및 자본
주택 100달러	자본금 100달러	주택 500달러	모기지 400달러 자본금 100달러

레버리지를 활용하면, 엄두도 내지 못했을 집에서 살 수 있다. 마치 거대한 돌덩어리를 들어 올리게 하는 지렛대처럼, 레버리지는 우리에게 마술을 선사한다.

중요한 질문이 있다. 사례 A와 B 중 어느 쪽이 더 부유한 걸까? 빌린 돈이 없기 때문에 A가 더 부유하다고 생각하는 사람도 있을 것이고, 더 큰 집에서 살 수 있으니 B가 더 부유하다고 생각하는 사람도 있을 것이다. 사실 재산에는 변화가 없다. 두 사례 모두 자본 모건 스탠리의 사모펀드 글로벌 본부장인 앨런 존스는 사모펀드에서 레버리지를 어떻게 활용하는지에 대해 다음과 같이 말했다.

"기업 인수도 주택 모기지에 비유하면 이해하기 쉽습니다. 100달러의 가치가 있는 기업을 인수한다고 해봅시다. 100달러 모두 자기 돈을 주고 인수할 수도 있고, 자기 돈 30달러에 제3자에게 빌린 돈 70달러로 인수할 수도 있습니다. 인수 후 자산의 가치가 2배(200달러)가 됐다고 치면 첫 번째 예에서는 인수에 따른 추가 수익이 100달러로, 보유하는 동안 100%의 수익률을 보인 것입니다. 하지만 두 번째 예에서는 애초에 30달러를 투자해 130달러(200-70)를 벌어들인 셈이 됩니다. 자산의 가치가 2배가 아니라 4배가 되면 벌어들이는 돈은 훨씬 더 커지죠. 이런 이유로 사람들은 '제3자의 돈'을 가능한 한 많이 빌리려 하는 것입니다."

금은 100달러이기 때문이다.

레버리지는 보유할 엄두도 못 냈을 자산을 보유할 수 있게 해줄 뿐 아니라 수익률도 증가시켜준다. 앞선 두 사례에서 주택 가치가 10% 상승했다고 해보자. 사례 A에서는 수익률이 10%다. 하지만 사례 B에서는 수익률이 50%에 이른다. 주택 가치가 550달러로 올랐으니 말이다.

불행하게도 좋은 점만 있는 것은 아니다. 주택 가치가 20% 하락한다면 사례 A의 수익률은 −20%[(80−100)/100]이지만 사례 B의 수익률은 −100%[(400−500)/100]가 된다. 그러므로 레버리지를 잘 관리하는 것이 무척 중요하다. 레버리지는 할 수 없는 일을 할 수 있게 해준다는 장점도 있지만, 그 결과로 많은 것을 얻게 해줄 수도 있고 많은 것을 잃게 할 수도 있다.

$$자산\ 대비\ 부채\ 비율 = \frac{총부채}{총자산}$$

자산 대비 부채 비율Debt to Assets은 부채에 의존해 자산을 구매한 비율을 나타낸다. 이 재무비율은 레버리지가 어느 정도인지를 재무상태표를 통해 알 수 있게 해준다.

$$가용자금\ 대비\ 부채\ 비율 = \frac{총부채}{(부채 + 자본금)}$$

가용자금 대비 부채 비율Debt to Capitalization은 부채와 자본금 조합을 강조한다는 점에서 레버리지를 측정하는 지표로는 특이한 면이 있다. 분모는 가용자금으로, 부채(타인자본)와 자본금(자기자본)을 합한 금액이다. 앞서도 말했듯이, 이 두 가지가 자금을 조달하는 방법인데 우리는 이 둘을 각각 별개의 것으로 생각한다. 부채에는 고정된 이자율이 적용되는 반면, 자본금은 수익률이 오르기도 하고 내리기도 하는 등 가변적인 소유권이기 때문이다.

그렇지만 기업 입장에서 보면, 부채든 자본금이든 (차이는 있지만) 이 둘은 모두 가용한 자금이다. 이 비율은 해당 기업의 가용자금 중 부채의 형태로 조달된 자금이 어느 정도인지를 보여준다. 그러므로 이 비율은 가용자금이 아닌 영업활동의 일환으로 발생하는 부채(외상매입금, 지급어음 등)에는 관심을 두지 않는다.

$$자본금\ 대비\ 자산\ 비율 = \frac{자산}{자본금}$$

보통 레버리지라고 부르는 자본금 대비 자산 비율Assets to Shareholders' Equity은 자기자본만으로 소유할 수 있었던 자산보다 더 많은 자산을 보유할 수 있게 해준다. 이 비율은 자본금 대비 얼마나 더 많은 자산을 보유하고 있는지를 정확히 보여준다. 따라서 레버리지를 활용함으로써 수익률이 양의 방향으로 어느 정도까지 늘어날 수 있는지 또는 음의 방향으로 어느 정도까지 떨어질 수 있는지도 이 비율을 통해 알 수 있다.

$$이자보상비율 = \frac{EBIT}{이자비용}$$

앞선 세 가지 비율은 재무상태표를 활용해 계산된다. 그러나 이자비용을 어느 수준까지 감당할 수 있는지가 중요한 문제로 부각될 때가 적지 않다. 이자보상비율Interest Coverage Ratio은 영업활동을 통해 창출된 현금으로 어느 정도 수준까지 이자비용을 부담할 수 있는지를 측정하는 지표로, 손익계산서를 활용해 계산된다.

예를 들어, 이 비율이 1이라고 해보자. 그 뜻은 현재의 영업활동을 통해 얻은 영업이익이 이자비용을 지급하고 나면 '0'이라는 말이다. 당신의 일상생활로 치자면, 월급을 받고 이번 달 주택담보대출 원리금을 갚고 나면 남는 것이 없게 되는 것과 같다.

손익계산서와 재무상태표를 모두 활용하는 지표로는 EBITDA 대비 부채 비율(부채/EBITDA)이 있다. 이 비율을 통해 손익계산서와 재무상태표의 정보를 통합적으로 바라볼 수 있다.

지난 20년 동안 제약 기업들은 점점 더 레버리리를 높여왔다. 예를 들어 2001년 기준 자본금 대비 부채 비율이 머크 0.53이고 화이자 1.14였지만, 2016년 기준으로는 머크 1.16, 화이자 1.58로 상승했다. 도대체 무슨 일 때문에 제약 산업에 이런 변화가 생겼을까?

이런 변화를 설명하는 한 가지 요소는 제약 기업들이 더 많은 부채를 감당할 수 있는 안정적인 현금흐름을 창출하고 있다는 점이다. 대형 제약 기업들은 자체적으로 새로운 치료법이나 신약을 개발하는 위험을 감수하기보다는 바이오 기업들로부터 유망한 바이오 기술을 사들이는 전략을 취하고 있다. 그 결과 자체 개발이 적어지면서 대형 제약 기업의 전체적 리스크가 줄어들었고, 이에 따라 대출기관들 역시 대형 제약 기업에 신용을 확대하려는 경향을 보인 것이다.

사모펀드는 **LBO**leveraged buyouts로 알려진 '차입 매수' 방식을 시도할 때가 있다. 이런 인수 방식을 활용하면 자금을 차입해 주식을 매수하게 되므로 인수하는 기업의 레버리지 비율은 예전보다 올라가기 마련이다. 어떤 산업이 LBO의 표적이 될까?

결론부터 말한다면, 비즈니스 모델이 안정되고 고객의 충성도가 높은 기업이 LBO의 표적이 되기 쉽다. 안정적인 현금흐름이 있는 기업이라면 리스크가 큰 기술을 보유한 기업보다 더 안전한 방법으로 높은 레버리지 비율을 유지할 수 있기 때문이다. 일반적으로 LBO의 표적이 되기 쉬운 기업으로는 담배 회사, 게임 회사, 전력 회사 등이 있는데 이런 기업들은 고객의 충성도가 높아 수요를 예측하기 쉽고 수요가 다른 기업으로 대체될 위험도 낮기 때문이다.

생산성(또는 효율성)

생산성productivity, 효율성efficiency은 누구에게나 익숙한 용어일 것이다. 하지만 재무 관점에서 이 용어는 어떤 의미일까? 간단히 말해, 생산성이 향상되면 전보다 적은 생산 요소를 투입해 더 많은 양을 생산할 수 있다는 뜻이다. 보다 범위를 좁혀 말하면, 생산성은 기업이 생산을 위해 자산을 얼마나 잘 활용했는가를 측정한다.

장기적인 관점에서 볼 때 생산성 향상은 경제 성장을 이끄는 가장 중요한 요인이다.

$$자산회전율 = \frac{매출액}{자산}$$

자산회전율은 기업이 매출을 창출하기 위해 자산을 얼마나 효율적으로 활용했는지를 보여주는 지표다. 이 비율은 기업의 생산성을 파악하는 데 매우 중요하다.

$$재고회전율 = \frac{영업원가}{재고}$$

재고회전율은 1년 동안 기업이 재고를 얼마나 많이 회전시켰는지, 즉 판매했는지를 보여주는 지표다. 수치가 클수록 영업활동을 하면서 재고를 효율적으로 관리했다는 뜻이다. 재고회전율이 높으냐 낮으냐 하는 문제는 재무적으로 특히 중요하다. 재무에서 재고

는 기본적으로 리스크로 간주되며 시급히 현금화해야 하는 자산이기 때문이다.

재고회전율을 활용해 또 다른 재고 관리 지표를 얻을 수 있다. 재고 일수가 그것이다.

$$재고\ 일수 = \frac{365}{재고회전율}$$

1년, 즉 365일을 재고회전율로 나누면 판매되기 전에 얼마나 오랫동안 회사의 창고에 제품이 보관되고 있는지를 알 수 있다. 〈표

🔍 생각해보기

지난 수십 년간, IT 기술의 발전은 생산성 향상을 보여주는 대표적인 본보기였다. 예를 들어 소매 기업이자 도매 기업인 월마트는 특히 1990년대 미국의 생산성 향상에 많은 기여를 했다. 맥킨지 국제연구소는 '소매업 분야에서 월마트는 경쟁력을 높이고 모범 경영 사례의 확산을 이끄는 등 경영 혁신을 연이어 선보이며 직간접적으로 생

산성을 급속도로 향상시켰다'[1]라고 발표하기도 했다. 전체 경제를 볼 때, 이런 생산성 향상은 두드러진 현상이었을까?

생산성 향상은 노동자에게는 임금 상승, 자본 제공자에게는 수익률 향상, 소비자에게는 가격 하락이라는 방식으로 표출될 수 있다. 생산성이 향상

됐는데도 임금이 상승하지 않았다고 아쉬워하는 호사가들이 적지 않지만, 당시 생산성 향상 덕에 상품의 가격이 큰 폭으로 하락했고, 많은 저소득층 가계가 그 덕을 톡톡히 봤다. 즉, 생산성 향상이 소득 불균형을 해소하지 못했는지는 몰라도 소비 불평등은 해소한 것이다.

1-7〉의 기업 C를 보라. 기업 C는 재고를 1년에 30번 이상 회전시켜 재고를 약 10일간 보관한다. 반면, 기업 B는 불과 1년에 4번을 회전시킬 뿐이므로 재고를 100일 가까이 보관한다.

$$매출채권\ 회수\ 기간 = \frac{365}{(매출액/매출채권)}$$

기업이 재고를 판매하면 돈을 받아야 한다. 판매 대금이 회수되기까지의 기간을 알려주는 매출채권 회수 기간은 그 수치가 낮으면 낮을수록 판매 대금을 더 빨리 회수한다는 뜻이 된다. 표에서 특히 두드러지는 곳은 기업 N이다. 판매 대금이 회수 기간이 8,047일로 22년이 넘는다. 이런 상황이 벌어지는 이유는 무엇일까?

기업 N 말고 다른 기업들의 매출채권 회수 기간을 보고 발견한 특이점은 무엇인가? 나머지 기업들은 대체로 두 부류로 나뉜다. 한 부류는 매출채권을 매우 신속하게(30일 미만) 회수하고, 나머지 부류는 보다 천천히 회수한다. 이 차이점이 기업의 이름을 찾아낼 단서가 된다.

재무상태표를 보고 기업을 알아맞히는 게임

재무 수치와 재무비율들이 모두 어떤 의미인지 전보다 더 많이 이해하게 됐을 것이다. 지금부터 본격적으로 게임을 진행해보자. 당연한 얘기지만, 수동적으로 읽어나가기만 하는 것보다 스스로 답을 찾고자 노력할 때 더 깊이 이해할 수 있다.

게임에 앞서, 〈표 1-9〉를 보라. 앞서 이미 거론했던 수치들은 음영으로 표시해두었다. 한 번에 14개 기업을 다 맞히려고 하지 말고, 알아맞히기 수월한 서비스 기업과 소매 기업에 초점을 맞추자. 그런 뒤 나머지 기업들도 어딘지 알아보자.

서비스 기업

서비스 기업은 재무비율을 통해 쉽게 찾아낼 수 있다. 서비스 기업은 유형의 제품이 아니라 무형의 서비스를 제공하기에 재고가 없기 때문이다. 그런 기업으로는 E, G, M, N이 있다. 그렇다면 어떤 기업이 E, G, M, N에 해당할까? 앞의 〈표 1-2〉에서 배송 서비스 업체인 UPS와 소셜 네트워킹 서비스 업체인 페이스북은 기업 명칭에 서비스를 포함하고 있으므로 당연히 서비스 기업에 속할 것이다. 나머지 두 기업은 어디일까? 은행과 항공사도 서비스 기업

구분	A	B	C	D	E	F	G	H	I	J	K	L	M	N
자산(%)														
현금 및 유가증권	35	4	27	25	20	54	64	9	5	16	4	2	16	7
매출채권	10	4	21	7	16	12	5	3	4	26	6	2	2	83
재고	19	38	3	4	0	1	0	3	21	17	21	3	0	0
기타 유동자산	1	9	8	5	4	4	6	6	2	4	1	2	5	0
유형자산(순가치)	22	16	4	8	46	7	16	47	60	32	36	60	69	0
기타 자산	13	29	37	52	14	22	10	32	7	5	32	31	9	10
자산 합계*	100	100	100	100	100	100	100	100	100	100	100	100	100	100
부채 및 자본(%)														
지급어음	0	0	8	3	5	2	0	0	11	0	4	4	1	50
외상매입금	41	22	24	2	6	3	2	8	18	12	13	2	6	21
미지급 항목	17	15	8	1	5	3	3	9	4	5	5	1	6	0
기타 유동부채	0	9	9	9	6	18	2	7	11	10	4	2	12	3
장기부채	9	2	11	17	29	9	10	33	25	39	12	32	16	13
기타 부채	7	17	17	24	38	9	5	18	13	10	7	23	22	4
우선주	0	15	0	0	0	0	0	0	0	0	0	0	0	0
자본금	25	19	23	44	12	55	78	25	17	24	54	36	38	10
부채 및 자본 합계*	100	100	100	100	100	100	100	100	100	100	100	100	100	100
재무비율														
유동자산/유동부채	1.12	1.19	1.19	2.64	1.86	2.71	10.71	0.87	0.72	2.28	1.23	1.01	0.91	1.36
(현금+유가증권+매출채권)/유동부채	0.78	0.18	0.97	2.07	1.67	2.53	9.83	0.49	0.20	1.53	0.40	0.45	0.71	1.23
재고회전율	7.6	3.7	32.4	1.6	NA	10.4	NA	31.5	14.9	5.5	7.3	2.3	NA	NA
매출채권 회수 기간(일)	20	8	63	77	41	82	52	8	4	64	11	51	7	8,047
총부채/총자산	0.09	0.02	0.19	0.20	0.33	0.11	0.10	0.33	0.36	0.39	0.16	0.36	0.17	0.63
장기부채/자본금	0.27	0.06	0.33	0.28	0.70	0.14	0.11	0.57	0.59	0.62	0.18	0.47	0.29	0.56
매출액/총자산	1.877	1.832	1.198	0.317	1.393	0.547	0.337	1.513	3.925	1.502	2.141	0.172	0.919	0.038
순이익/매출액	-0.001	-0.023	0.042	0.247	0.015	0.281	0.010	0.117	0.015	0.061	0.030	0.090	0.025	0.107
순이익/총자산	-0.001	-0.042	0.050	0.078	0.021	0.153	0.004	0.177	0.061	0.091	0.064	0.016	0.023	0.004
총자산/자본금	3.97	2.90	4.44	2.27	8.21	1.80	1.28	4.00	5.85	4.23	1.83	2.77	2.66	9.76
순이익/자본금	-0.005	-0.122	0.222	0.178	0.171	0.277	0.005	0.709	0.355	0.384	0.117	0.043	0.060	0.039
EBIT/이자비용	7.35	-6.21	11.16	12.26	3.42	63.06	10.55	13.57	5.98	8.05	35.71	2.52	4.24	NA
EBITDA/매출액	0.05	0.00	0.07	0.45	0.06	0.40	0.23	0.22	0.05	0.15	0.06	0.28	0.09	0.15

* 항목의 합계가 100이 되도록 반올림했다.

이다. 그러므로 나머지 두 기업은 사우스웨스트와 씨티그룹이다. 항공사가 서비스 기업이라니, 다소 의아하다고 느낄지도 모르겠다. 왜냐하면 비행기와 비행기 부품을 재고라고 생각했을 수도 있기 때문이다. 그러나 항공사의 주업은 비행기나 비행기 부품을 파는 것이 아니라 사람을 실어나르는 서비스다. 그런 의미에서 재고의 개념이 있을 수 없는 서비스 기업이다.

〈표 1-10〉을 통해 쉬운 것부터 차근차근 풀어나가자.

기업 N의 극단적 사례

기업 N은 매출채권을 회수하는 데 오랜 시간이 걸리고, 자금의 상당 부분을 지급어음으로 조달한다. 어떤 기업이 이럴까? 도대체 어떤 기업이길래 고객으로부터 매출채권을 회수하는 데 평균 22년이 걸릴까?

정답은 바로 은행이다. 은행이 어떻게 돌아가는지는 사실 외부인이 이해하기가 쉽지 않다. 마치 거울에 모든 것이 반대로 비치듯이, 은행의 재무상태표는 개인의 재무상태표와 모든 것이 정반대이기 때문이다. 당신이 은행으로부터 받은 대출은 당신 입장에서는 부채지만, 은행 입장에서는 자산이다. 예컨대 주택담보대출은 은행 입장에서는 자산이다. 예금도 마찬가지다. 당신 입장에서는 자산이지만 은행 입장에서는 부채, 구체적으로는 지급어음이다.

〈표 1-10〉 서비스 기업 알아맞히기

구분	E	G	M	N
자산(%)				
현금 및 유가증권	20	64	16	7
매출채권	16	5	2	83
재고	0	0	0	0
기타 유동자산	4	6	5	0
유형자산(순가치)	46	16	69	0
기타 자산	14	10	9	10
자산 합계*	100	100	100	100
부채 및 자본(%)				
지급어음	5	0	1	50
외상매입금	6	2	6	21
미지급 항목	5	3	6	0
기타 유동부채	6	2	12	3
장기부채	29	10	16	13
기타 부채	38	5	22	4
우선주	0	0	0	0
자본금	12	78	38	10
부채 및 자본 합계*	100	100	100	100
재무비율				
유동자산/유동부채	1.86	10.71	0.91	1.36
(현금+유가증권+매출채권)/유동부채	1.67	9.83	0.71	1.23
재고회전율	NA	NA	NA	NA
매출채권 회수 기간(일)	41	52	7	8,047
총부채/총자산	0.33	0.10	0.17	0.63
장기부채/자본금	0.70	0.11	0.29	0.56
매출액/총자산	1.393	0.337	0.919	0.038
순이익/매출액	0.015	0.010	0.025	0.107
순이익/총자산	0.021	0.004	0.023	0.004
총자산/자본금	8.21	1.28	2.66	9.76
순이익/자본금	0.171	0.005	0.060	0.039
EBIT/이자비용	3.42	10.55	4.24	NA
EBITDA/매출액	0.06	0.23	0.09	0.15

* 항목의 합계가 100이 되도록 반올림했다.

씨티그룹은 14개 기업 중 레버리지 비율이 가장 높은데 이는 은행 산업의 일반적인 특징이다.

은행은 어떻게 운영될까? 은행은 '스프레드spread'로 장사한다. 스프레드를 '예대마진'이라고도 하는데, 쉽게 말해 이자율에 차등을 두는 것이다. 즉, 은행은 예금을 하는 사람보다 대출을 받는 사람에게 더 높은 이자율을 적용하여 돈을 번다. 은행은 일반인들로부터 단기 자본(예금)을 받고 이를 장기 자본(대출)으로 전환하여 경제로 내보내는 역할을 한다. 이런 역할은 은행의 존립 이유이기도 하면서 파산하는 원인이기도 하다.

은행이 단기 자본을 받고 장기 자본을 내주는 역할을 한다는 것은 '자산과 부채의 불일치'라는 구조적 문제를 늘 안고 있음을 의미한다. 이런 구조적 불일치를 높은 레버리지와 결합하면 은행 시스템의 오작동 확률을 거의 제로 수준으로 낮출 수 있다. 그렇다면 크게 문제 될 것이 없을 것이다. 하지만 의심이 재앙의 씨앗이 된다. 대부분 금융위기는 은행들이 보유한 자산의 질에 대해 의심을 품는 데서 비롯된다.

이런 의심이 퍼지면 예금이 빠져나가기 시작한다. 은행은 빠져나간 예금으로 인한 자금 공백을 신속한 대출 판매로 메워야 한다. 그런데 은행들이 대출을 급하게 판매하려 하면서 대출 가격은 폭락하게 된다. 결국, 통제 불능의 사이클이 형성되고 은행들은 파국

적 종말을 맞게 된다.

자본집약적 서비스 기업

남은 3개의 기업을 어떻게 구별할 수 있을까? 기업 E와 M은 다른 기업들보다 더 많은 유형자산을 보유하고 있다. 사우스웨스트항공과 UPS는 기본적으로 운송 기업이라는 점에서 비행기를 비롯해 많은 설비를 보유하고 있을 것이다. 〈표 1-10〉의 수치를 보고 기업 E와 M이 어떤 측면에서 또 다른지 확인하라.

이 두 기업에서 가장 중대한 차이점은 매출채권 회수 기간이다. 기업 M은 매출채권을 회수하는 데 평균 7일이 걸린다. 7일에 불과하다는 것은 고객 대부분이 개인일 가능성이 크다는 뜻이다. 반면 기업 E는 매출채권을 회수하는 데 그보다 훨씬 더 오랜 시간이 걸리는 것으로 보아 고객 대부분이 기업일 가능성이 크다. 사우스웨스트항공은 고객이 주로 당신이나 나 같은 개인으로, 비행기 티켓 대금이 구매하는 즉시 결제된다. 반면, UPS는 물류 업체이므로 고객이 주로 기업이다. 그런 의미에서 기업 E는 UPS, 기업 M은 사우스웨스트일 가능성이 크다. 이 추론을 뒷받침할 수 있는 다른 증거도 찾을 수 있겠는가?

표를 보면 기업 E는 기타 부채가 많다. UPS가 보유한 장기적 성격의 기타 부채에는 어떤 것이 있을까? 이 기타 부채는 퇴직자에게

지급하는 연금과 관련돼 있는데, 왜 그런지를 이해하려면 UPS의 내부사정을 좀더 자세히 알 필요가 있다.

하지만 UPS가 직원 복리 후생에 관한 한 세계 최고 수준의 확정급여형 연금 제도Defined benefit pension plans를 자랑하는 기업이라는 점을 이미 알고 있다면 쉽게 이해할 수 있을 것이다. 이런 연금 제도는 저가 항공사들은 대체로 시행하기를 꺼린다. 하지만 한때 직원들이 소유한 적도 있는 등 긴 역사의 UPS는 이런 전통적인 연금 제도를 아직도 유지하고 있다.

현금이 풍부하고 자본금 의존도가 높은 서비스 기업

하나씩 제외해나가다 보니 결국 남은 기업 G는 당연히 페이스북이다. 당신은 기업 G가 페이스북이라고 예상했는가? 기업 G는 현금도 풍부하고 자본금도 풍부하다. 기업 G가 페이스북이라는 점과 일맥상통하는가?

페이스북은 14개 기업 중 역사가 가장 짧다. 최근인 2013년에 기업공개가 이루어졌다. 재무상태표상의 가치는 주식 발행이나 인수 시점에 책정(보수주의 회계를 기억하라)되기 때문에 자본금이 많다는 것은 역사가 짧다는 점과 궤를 같이한다. 페이스북은 유치한 자금을 어떻게 했을까? 당시 유치한 자금을 투자하지 않고 그대로 보유하고 있기 때문에 자본금이 많은 것이다.

페이스북이 성장함에 따라 재무상태표도 변화를 겪었다. 그 후 페이스북은 여러 차례의 대형 인수 프로젝트를 진행했다. 왓츠앱과 인스타그램이 대표적이다. 이런 기업 인수가 재무상태표상에는 어떤 방식으로 표출될까? 페이스북의 현금 보유가 줄고, 앞서 살펴본 '기타 자산'이 증가하는 방식으로 나타난다.

회계에서는 인정하지 않는 무형자산의 가치를 인정하면서 페이스북은 장부가치보다 훨씬 높은 금액을 주고 다른 기업들을 인수했다. 그래서 페이스북의 영업권 금액이 증가했다. 2014년에 왓츠앱을 190억 달러에 인수했는데, 당시 왓츠앱의 장부가치는 5,100만 달러에 불과했다. 장부가치를 넘어선 초과 인수 금액은 페이스북의 영업권으로 잡혔다.

소매 기업

매출채권 회수 기간을 검토하면서, 회수 기간이 짧은 기업과 매우 긴 기업으로 나뉜다는 사실을 알게 됐을 것이다. 고객으로부터 짧은 기간에 대금을 회수하는 기업은 어디일까? 소매 기업은 고객에게 직접 물건을 팔기 때문에 회수 기간이 짧기 마련이다. 고객이 현금이나 신용카드로 대금을 즉시 결제하기 때문이다. 반면, 기업 고객과 거래하는 기업은 최소 30일의 여유를 주어 대금 결제를 하도록 기업 고객들을 배려해준다.

〈표 1-11〉 소매 기업 알아맞히기

구분	A	B	H	I	K
자산(%)					
현금 및 유가증권	35	4	9	5	4
매출채권	10	4	3	4	6
재고	19	38	3	21	21
기타 유동자산	1	9	6	2	1
유형자산 (순가치)	22	16	47	60	36
기타 자산	13	29	32	7	32
자산 합계*	100	100	100	100	100
부채 및 자본(%)					
지급어음	0	0	0	11	4
외상매입금	41	22	8	18	13
미지급 항목	17	15	9	4	5
기타 유동부채	0	9	7	11	4
장기부채	9	2	33	25	12
기타 부채	7	17	18	13	7
우선주	0	15	0	0	0
자본금	25	19	25	17	54
부채 및 자본 합계*	100	100	100	100	100
재무비율					
유동자산/유동부채	1.12	1.19	0.87	0.72	1.23
(현금+유가증권+매출채권)/유동부채	0.78	0.18	0.49	0.20	0.40
재고회전율	7.6	3.7	31.5	14.9	7.3
매출채권 회수 기간(일)	20	8	8	4	11
총부채/총자산	0.09	0.02	0.33	0.36	0.16
장기부채/자본금	0.27	0.06	0.57	0.59	0.18
매출액/총자산	1.877	1.832	1.513	3.925	2.141
순이익/매출액	−0.001	−0.023	0.117	0.015	0.030
순이익/총자산	−0.001	−0.042	0.177	0.061	0.064
총자산/자본금	3.97	2.90	4.00	5.85	1.83
순이익/자본금	−0.005	−0.122	0.709	0.355	0.117
EBIT/이자비용	7.35	−6.21	13.57	5.98	35.71
EBITDA/매출액	0.05	0.00	0.22	0.05	0.06

* 항목의 합계가 100이 되도록 반올림했다.

그러므로 A, B, H, I, K가 소매 기업이다. 14개 기업 중 고객에게 직접 판매하는 기업은 어디일까? 아마존, 반스앤노블, 크로거Kroger, 월그린Walgreen, 얌!Yum!이다. 노드스트롬은 제외할 수 있는데, 자체 신용카드 서비스를 보유하고 있어 고객들이 물건값을 지급하는 데 시간적 여유를 가질 수 있기 때문이다. 자체 신용카드 서비스를 통해 노드스트롬은 소매 기업보다는 은행과 유사한 역할을 수행한다.

5개의 기업을 어떻게 가려낼 수 있을까? 소매점에서 일해본 적이 있다면 소매 기업의 모든 활동은 재고를 처리하는 것이라고 해도 과언이 아니라는 사실을 알고 있을 것이다. 이들은 재고를 회전시키는 방식에서 큰 차이를 보인다. H처럼 재고를 신속하게 회전시키는 기업이 있는가 하면, B처럼 오래 걸리는 기업도 있다.

재고회전율이 다른 기업들

그렇다면 5개 기업 중에 어떤 기업이 매우 신속하게 재고를 회전시킬까? 기업 H는 1년에 32번씩이나 재고를 회전시켜 재고 보유 기간이 11일에 불과하다. 혹시 레스토랑 체인 기업 얌!이 아닐까 하고 생각했는가? 맞다, 얌!이다. 식료품 체인도 부패하기 쉬운 제품을 취급하기는 하지만 건조식품이나 캔에 담긴 식품을 취급한다는 점을 고려하면 식료품 체인의 재고회전율은 레스토랑 체인보다 상당히 낮아야 한다.

다른 극단치를 살펴보자면, 기업 B는 재고회전율이 매우 낮아 재고 보유 기간이 90일에 가깝다. 어떤 기업이 이처럼 오랜 기간을 버틸 수 있는 제품을 취급하고, 재고를 처리하는 데에도 오래 걸릴까? 서점에 가봤다면 잘 알 수 있을 것이다. 그러나 기업 B가 서점이라고 생각하게 하는 다른 근거는 없을까?

기업 B가 눈에 띄는 또 다른 이유는 적자를 내고 있다는 점이다. 전 세계적으로 서점들이 사라지고 있다. 아마존의 부상을 생각하면 서적 판매가 이제는 쉬운 업종이 아님을 누구라도 알 수 있다. 따라서 적자를 기록한 기업이 서점이라고 추정할 수 있다. 그리고 기업 B는 우선주를 발행한 유일한 기업이다. 이 점도 기업 B가 재무적으로 어려운 처지에 있다는 증거가 된다.

나머지 3개의 소매 기업은?

이제 남은 기업은 A, I, K 3개다. 이 세 기업은 유형자산에서 큰 차이점을 보인다. 기업 A는 유형자산을 가장 적게 갖고 있다. 3개 중 2개가 오프라인 소매 기업인 월그린이나 크로거라는 사실을 이미 알고 있으므로 유형자산이 적은 온라인 상거래 업체 아마존이 A일 것이다.

그래도 명색이 아마존인데 기업 A가 아마존인 이유가 그것밖에 없을까? A를 아마존으로 확증할 만한 특징으로 어떤 것이 있을까? 첫 번째는 기업 A가 이윤이 적다는 점이다. 아마존을 지켜봐 왔다면 이윤을 남기지 않는 것으로 명성이 자자하다는 사실을 알고 있을 것이다. 아마존에 대해서는 제2장에서 자세히 알아볼 것이다.

두 번째는 기업 A가 외상매입금이 많다는 점이다. 외상매입금이 많다는 것은 그 기업이 재무적으로 곤란에 빠져 있다는 증거일 수도 있다. 아니면 대기업이기 때문에 납품 업체들이 기꺼이 신용으로 거래한다는 증거일 수도 있다. 기업 A가 보유한 현금의 양을 고려하면 재무적으로 곤란한 상황은 아니라는 사실을 알 수 있다. 그러므로 A는 시장에서 확고한 지위를 확보하고 있고, 납품 업체에 대한 영향력도 막강한 기업인 아마존으로 보인다.

결국, 약국 체인 기업 월그린과 식료품 소매 기업 크로거만 남았으므로 이들이 I와 K가 될 것이다.

한 가지 두드러지는 차이점은 I가 K보다 유형자산을 다량으로 보유하고 있다는 것이다. 마트나 약국에 갔던 기억을 떠올려보자. 어떤 곳이 더 설비가 많은가? 식료품 업체는 냉장 공급 체인을 운영해야 하므로 상당한 비용이 든다. 따라서 설비가 더 많은 I가 아마도 식료품 기업일 것이다. 여기서 끝내지 말고 단서를 좀더 찾아보자.

I가 K보다 대금 회수를 더 신속하게 한다는 점도 식료품 기업이라는 증거가 된다. 식료품 기업은 즉각적으로 판매 대금을 지급받

을 가능성이 크기 때문이다. 약국 체인 매출의 상당 부분은 보험 회사에서 나올 것이다. 그 말은 약국 체인이 B2B 기업에 더 가깝다는 뜻이다. 그리고 I에는 식료품 기업에서 찾아볼 수 있는 또 다른 특징이 있다. 재고 회전이 빠르다는 점이다. 그러므로 K는 약국 체인 기업인 월그린이며, I는 식료품 기업인 크로거라고 결론 내릴 수 있다.

남아 있는 기업들

서비스 기업과 소매 기업 다음으로 남아 있는 기업들은 성격이 매우 다양하다. 마이크로소프트, 노드스트롬, 듀크에너지, 화이자, 델이 남아 있다. 〈표 1-12〉의 C, D, F, J, L이 이들이다.

C, D, F는 유형자산이 거의 없고, J와 L은 많다. 둘 중 하나는 발전소를 보유하고 있는 듀크에너질 가능성이 크며, 나머지 하나는 오프라인 매장 건물을 보유하고 있는 오프라인 소매 기업 노드스트롬일 가능성이 크다. 어느 기업이 J이고 어느 기업이 L일까?

한 번 더 확인하는 차원에서, 나머지 세 기업이 유형자산을 얼마나 보유하고 있는지 확인하라. 델, 화이자, 마이크로소프트는 대규모 생산을 하는 기업이 아니므로 유형자산이 많지 않다는 걸 알 수 있다.

유형자산을 다량으로 보유하고 있는 두 기업 중 어디가 듀크에너

〈표 1-12〉 남아 있는 기업들 알아맞히기

구분	C	D	F	J	L
자산(%)					
현금 및 유가증권	27	25	54	16	2
매출채권	21	7	12	26	2
재고	3	4	1	17	3
기타 유동자산	8	5	4	4	2
유형자산 (순가치)	4	8	7	32	60
기타 자산	37	52	22	5	31
자산 합계*	**100**	**100**	**100**	**100**	**100**
부채 및 자본(%)					
지급어음	8	3	2	0	4
외상매입금	24	2	3	12	2
미지급 항목	8	1	3	5	1
기타 유동부채	9	9	18	10	2
장기부채	11	17	9	39	32
기타 부채	17	24	9	10	23
우선주	0	0	0	0	0
자본금	23	44	55	24	36
부채 및 자본 합계*	**100**	**100**	**100**	**100**	**100**
재무비율					
유동자산/유동부채	1.19	2.64	2.71	2.28	1.01
(현금+유가증권+매출채권)/유동부채	0.97	2.07	2.53	1.53	0.45
재고회전율	32.4	1.6	10.4	5.5	2.3
매출채권 회수 기간(일)	63	77	82	64	51
총부채/총자산	0.19	0.20	0.11	0.39	0.36
장기부채/자본금	0.33	0.28	0.14	0.62	0.47
매출액/총자산	1.198	0.317	0.547	1.502	0.172
순이익/매출액	0.042	0.247	0.281	0.061	0.090
순이익/총자산	0.050	0.078	0.153	0.091	0.016
총자산/자본금	4.44	2.27	1.80	4.23	2.77
순이익/자본금	0.222	0.178	0.277	0.384	0.043
EBIT/이자비용	11.16	12.26	63.06	8.05	2.52
EBITDA/매출액	0.07	0.45	0.40	0.15	0.28

* 항목의 합계가 100이 되도록 반올림했다.

지이고, 어디가 노드스트롬일까? 이 둘을 가르는 핵심 요인은 재고다. 노드스트롬은 재고가 많지만, 듀크에너지는 전기를 보관할 수는 없는 노릇이므로 재고가 거의 없을 것이다. 따라서 L이 듀크에너지이고, J가 노드스트롬이다. 또한 EBITDA 이익률이 높은 L은 감가상각비가 많은 기업일 것이다. 이는 전력 기업의 특징이다. 전력 산업에서는 순이익이나 영업이익이 아니라 EBITDA를 가지고 수익성을 따지는 경우가 많다. 감가상각비가 수익성을 왜곡할 가능성이 크기 때문이다.

마지막으로 남은 세 기업 중에서 C는 순이익률이 매우 낮고, D와 F는 순이익률(20% 이상)과 EBITDA 이익률(40% 이상)이 굉장히 높다. 나머지 세 기업 중 어디가 대중화된 제품을 취급하는 산업에 속해 있는가? 지난 10년에서 15년 사이에 노트북 산업은 없어서는 안 될 필수품을 생산하는 산업으로 자리 잡으며 대중화를 이끌었다. 대중화가 이뤄지면, 이는 낮은 이익률로 표출된다. 이런 규모의 대중화는 소프트웨어 산업이나 제약 산업에서는 발생해본 적도 없고 발생하기도 힘들다.

게다가 C는 재고 보유 기간이 10일을 약간 넘을 뿐이다. 이 점은 델의 적시생산 Just-In-Time 사업 모델과 일맥상통한다. 델은 주문이 접수된 후에야 생산을 시작하므로, 재고를 최대한 낮은 수준으로 유지할 수 있다.

최종적으로 두 기업이 남았는데 이들은 유사한 점이 많다. 모든 게임이 그렇듯이, 우리도 가장 어려운 단계를 남겨두고 있다! 기업 D는 기타 자산이 많다. 따라서 시장 지배력이 일부 기업으로 집중되고 있는 자본집약적 산업에 속한 기업일 가능성이 크다.

제약 산업을 지켜봐 왔다면 기업 D가 화이자가 아닐까 하고 추측할 수 있다. 실제로 화이자는 파마시아, 와이어스, 호스피라 등 제약 관련 기업들을 많이 인수했고 시장 지배력이 화이자로 집중되고 있다. 그러므로 기업 D는 화이자, 기업 F는 마이크로소프트다. 이를 뒷받침하는 또 다른 확실한 증거가 있다.

D는 F보다 기타 부채가 훨씬 많다. 이 점도 D가 화이자임을 보여주는 증거인데, 전통적인 연금 제도를 시행하는 기업이기 때문이다. 반면 역사가 상대적으로 짧은 마이크로소프트는 직원들도 재직 중에 일정액을 부담해야 하는 확정 기여형 연금 제도defined contribution pension plan를 운용한다. 따라서 마이크로소프트는 현금 보유량이 많기 때문에 기업 F라는 것을 알 수 있다.

드디어 14개 기업을 모두 맞혔다! 정말 힘든 게임이었지만 재무 비율들과 그 배경 논리를 한 번 더 복습한다면 이 책의 나머지 부분도 잘 이해할 수 있을 것이다.

가장 중요한 재무비율 살펴보기

우리가 방금 했듯이 많은 수치를 검토하고 나면, 이 수치들 중에서 무엇이 가장 중요할까 하는 생각이 들 것이다. 또 이렇게 많은 비율 중에서 어떤 비율을 경영자들이 눈여겨봐야 할까?

이 질문에 대한 답은 의견이 분분한데, 많은 재무 분석가가 꼽는 것이 바로 자기자본이익률ROE이다. 논란의 여지는 있지만, 기업의 최종적인 주인은 주주다. ROE는 주주에게 돌아가는 수익이 어느 정도 되는지를 알려주는 지표이기 때문에 매우 중요한 의미를 갖는다. ROE는 폭넓게 활용되는 지표이므로, 어떤 요인이 ROE에 영향을 미치는지를 이해해야 한다. 20세기 초 듀퐁사가 개발한 재무 건전성 평가 방식의 하나인 듀퐁 방정식The DuPont framework은 ROE에 영향을 미치는 요인이 무엇인지 이해할 수 있게 해준다(그림 1-1).

듀퐁 방정식은 ROE를 대수적으로 수익성, 생산성, 레버지리라는 세 가지 요소로 분해한다.

● **수익성**: ROE에 영향을 미치는 첫 번째 요인이다. 순이익률 개념을 정의할 때 다뤘던 내용으로, 매출액 1달러 중 얼마를 순이익으로 벌어들이는가를 나타낸다.

● **생산성**: 수익성이 중요한 요인이기는 하지만 ROE는 생산성을 통해서도 증가시킬 수 있다. 기업이 매출을 창출하기 위해 자산을 얼마나 효율적으로 활용했는지를 알려주는 지표인 자산회전율을 활용해 기업의 생산성을 측정한다.

● **레버리지**: 앞에서 알아봤듯이, 레버리지는 수익률을 양의 방향으로 또는 음의 방향으로 증폭하는 역할을 한다. 레버리지도 ROE를 결정하는 주요 요인이다. 여기서는 레버리지를 측정하기 위해 자산을 자본금으로 나눈 값을 활용한다.

〈그림 1-1〉 듀퐁 방정식

자기자본 이익률 (ROE)	=	수익성	×	생산성	×	레버리지
		순이익률		자산 회전율		레버리지
		순이익 /매출액		매출액 /자산		자산/자본금

이 간단한 방정식 덕에 당신은 ROE를 높일 수 있는 요인이 무엇인지 파악할 수 있다. 다른 모든 재무 수치와 마찬가지로 ROE도 불완전한 개념이라는 점에서 두 가지 문제점이 있다. 첫째, 레버리지의 영향을 받는 개념이기 때문에 순수한 영업활동에 따른 실적만을 측정할 수 없다. 그런 이유로 투하자본이익률Return on capital, ROC을 활용하는 사람들이 있다. 즉, 가용자금(부채+자본금) 대비 EBIT의 비율이다. 둘째, 나중에 알게 되겠지만 ROE는 해당 기업의 현금 창출 능력과는 일치하지 않는다.

듀퐁 방정식의 활용

앞에서 배운 내용을 복습해보자. 서로 다른 10개의 기업을 보고 ROE를 결정하는 요인이 어떻게 다를지 파악해보라(표 1-13). 이 10개의 기업을 살펴보면서 두 가지 질문에 대한 답을 찾아볼 것이다.

첫째, 듀퐁 방정식을 구성하는 네 가지 구성 요소, 즉 ROE, 수익성, 생산성, 레버리지 중 어떤 요소가 10개 기업 모두에서 유사하게 나타날까? 둘째, ROE를 결정하는 세 가지 요인, 즉 수익성, 생산성, 레버리지 각각의 값이 어떤 기업에서 가장 높고, 어떤 기업에서 가장 낮을까?

첫 번째 질문의 경우 값들이 차이를 보인다면 그렇게 차이가 나게 하는 원인이 무엇이며, 값들이 큰 편차 없이 같은 방향성을 가지고 움직인다면 그렇게 움직이게 하는 원인은 무엇일지 생각해보라. 두 번째 질문의 경우 ROE를 결정하는 세 가지 요소 각각이 개념적으로 무엇을 뜻하는지 생각해보라.

첫 번째 질문에 대한 답은 ROE다. 〈표 1-14〉에 제시된 ROE 수치들의 범위는 나머지 세 가지 구성 요소의 값의 범위보다 훨씬 좁다. 그렇다면 ROE가 모든 기업에서 유사한 값을 보이는 원인은 무엇일까?

이 기업들이 제품시장에서는 경쟁 관계에 있지 않지만, 자본시장에서는 경쟁 관계에 있다는 것이 그 원인이다. 자본시장에서의 경쟁 탓에 주주에게 돌아가는 보상이 큰 편차를 보일 수 없다는 말이다. 수익률이 차이를 보인다면 자본은 수익률이 낮은 기업에서 높은 기업으로 흘러가 버릴 것이기 때문이다. 그래서 시장 균형의 원리가 작동하면서 각 기업의 ROE 값이 큰 차이를 보이지 않고 유사하게 나타나는 것이다.

그렇다면 모든 ROE 값이 동일한 값으로 수렴하게 될까? 아니다. 그 원인은 수익률과 리스크의 관계(제4장에서 자세히 다룰 것이다)에 있다. 주주들은 더 많은 리스크를 감수할수록 더 높은 수익률을 요구하기 마련이다. 그래서 자본시장 내의 기업 간 경쟁은 주주에게 돌아가는 수익률들이 큰 편차 없이 같은 방향으로 움직이게 하는 요인이 되고, 리스크는 수익률 간에 편차가 생기게 하여 이들이 서

구분	ROE(%)	=	순이익률(%)	×	자산회전율(배)	×	재무 레버리지(배)
뱅크오브아메리카		=		×		×	
캐롤라이나전력		=		×		×	
엑손		=		×		×	
푸드라이언		=		×		×	
할리데이비슨		=		×		×	
인텔		=		×		×	
나이키		=		×		×	
사우스웨스트		=		×		×	
티파니앤드컴퍼니		=		×		×	
팀버랜드		=		×		×	

로 다른 방향으로 움직이게 하는 요인이 된다.

두 번째 질문으로 넘어가 수익성, 생산성, 레버리지의 최고치와 최소치의 문제를 살펴보자. 수익성부터 시작할 것이다. 푸드라이언의 순이익률은 낮은 편으로, 2.7%다. 그에 비해 인텔은 23.1%로 매우 높다. 왜 그럴까?

이런 차이를 보이는 원인이 경쟁에 있다고 생각하는 사람도 있을 것이다. 푸드라이언은 경쟁이 치열한 산업에 속해 있으니 수익성이 낮고, 인텔은 경쟁이 덜 치열한 산업에 속해 있으니 수익성이 높다고 말하고 싶을지도 모르겠다. 하지만 이들 모두 각자의 시장에서 매우 치열하게 싸우고 있는 기업들이라는 점에서 경쟁의 강도가 수익성의 차이를 만든다고 할 수는 없을 것이다. 수익성을 다르게 말하면 해당 기업이 창출한 부가가치를 측정하는 지표라고 할 수 있다. 즉, 얼마의 부가가치가 창출되느냐에 따라 수익성에 편차가 생긴다. 식료품 기업은 부가가치가 크지 않다. 그래서 최고

구분	ROE(%)	=	순이익률(%)	×	자산회전율(배)	×	재무 레버리지(배)
뱅크오브아메리카	11.2	=	10.8	×	0.1	×	13.5
캐롤라이나전력	13.5	=	12.8	×	0.4	×	2.8
엑손	14.6	=	6.3	×	1.1	×	2.1
푸드라이언	17.0	=	2.7	×	2.8	×	2.3
할리데이비슨	20.7	=	9.9	×	1.1	×	1.9
인텔	26.0	=	23.1	×	0.8	×	1.3
나이키	12.3	=	4.2	×	1.8	×	1.7
사우스웨스트	18.1	=	10.4	×	0.9	×	2.0
티파니앤드컴퍼니	17.4	=	7.7	×	1.1	×	2.0
팀버랜드	22.2	=	6.9	×	1.8	×	1.8

의 식료품 소매 기업이라고 해도 순이익률이 4%를 넘지 않는다. 반면, 인텔을 생각해보자. 보잘것없는 모래를 반도체로 탈바꿈시키고, 생산한 반도체를 컴퓨터 조립 공정에 투입하는 기업이 바로 인텔이다. 그야말로 진정한 부가가치를 창출하는 기업이다. 따라서 수익성은 기본적으로 기업이 어떻게 부가가치를 창출하고 있는지를 반영할 수밖에 없다.

푸드라이언의 자산회전율이 가장 높은 이유는 무엇일까? 식료품 가게를 운영한다는 건 어떤 것일까? 시리얼 한 박스를 판다고 해서 돈을 벌 수 있는 건 아니다. 재고를 얼마나 빨리 회전시키느냐가 관건이다. 따라서 식료품 소매 기업의 경우에는 자산회전율이 ROE를 결정하는 가장 중요한 요인이 된다.

마지막으로, 앞서 논의했듯이 레버리지는 재무적으로 매우 중요한 도구다. 레버리지가 높은 기업은 어디이고 낮은 기업은 어디일까? 은행이 가장 높기는 하지만 은행은 예외적인 경우에 속한다.

그렇다면 나머지 기업들을 살펴보자.

남은 기업 중에서 레버리지가 가장 높은 곳은 어디이고, 가장 낮은 곳은 어디일까? 캐롤라이나전력이 가장 높고, 인텔이 가장 낮다. 왜 그럴까? 다양한 레버리지 수준은 사업 고유의 리스크가 얼마나 큰지를 반영한다. 사업 고유의 리스크에 더해 재무적 리스크까지 쌓는 것은 현명한 전략이 아니기 때문이다. 캐롤라이나전력은 수요가 안정되어 있기 때문에 가격이 일정하다. 그 덕에 현금흐름도 안정적이어서 사업 고유의 리스크가 낮다. 따라서 캐롤라이나전력은 레버리지를 높게 가져갈 수 있다.

반면, 인텔처럼 사업 고유의 리스크가 크면 레버리지를 높게 가져갈 수 없다. 인텔의 사업을 생각해보라. 성능은 2배로 좋지만 생산 비용은 절반이고 크기는 절반 수준인 반도체 신제품을 2년마다 개발하는 기업이다. 그뿐 아니라 차세대 반도체를 생산하기 위해 수십억 달러를 들여 새로운 공장을 전 세계에 건설한다. 새로 개발한 반도체에 문제가 생기면 인텔은 파산할지도 모른다. 인텔은 사업 고유의 리스크가 이렇게 크기 때문에 재무 리스크를 낮출 필요가 있다. 레버리지에서 우리가 일반적으로 관찰할 수 있는 패턴이 이런 것이다.

지금까지 산업별로 재무비율이 정태적으로 어떻게 다른지 살펴봤다. 그러나 재무 분석을 활용하는 최선의 방법은 특정 기업의 재무비율이 동태적으로 어떤 양상을 보이는지를 산업 평균과 비교하며 살펴보는 것이다. 듀퐁 분석법을 활용해 팀버랜드라는 한 기업에 집중해 재무비율들이 동태적으로 어떤 양상을 보이는지 살펴볼 것이다. 이번에도 수치들을 이야기로 풀어내는 시도를 병행할 것이다.

개념 응용: 팀버랜드의 사례

아웃도어용 의류 생산 및 소매 판매 기업 팀버랜드는 1990년대에 재무적·조직적으로 큰 변화를 겪었다. 〈표 1-15〉에 1994년 팀버랜드의 재무비율과 1998년 기준 산업 평균을 비교해놓았다.

듀퐁 방정식을 구성하는 네 가지 구성 요소, 즉 ROE, 수익성, 생산성, 레버리지는 이탤릭체로 표시해두었다. 이 수치들을 보고 가능한 한 많은 결론을 생각해보라. 팀버랜드와 산업 평균을 비교해가며 이야기로 풀어내려고 노력해보라.

우선 팀버랜드의 실적이 어떤가? 내가 CEO라면 ROE가 11.9%이고 산업 평균인 12.3%에 비해 큰 차이를 보이지 않고 있다는 점을 강조하여 잘 해나가고 있다는 결론을 낼 것 같다. 동의하는가?

〈표 1-15〉 팀버랜드의 듀퐁 분석(1994)

1994년 팀버랜드 재무비율과 1998년 기준 산업 평균

구분	1994	산업 평균*
수익성 비율(%)		
자기자본이익률(ROE)	11.9	12.3
투자자본이익률(ROIC)	7.1	9.7
순이익률	2.8	4.2
총이익률	35.0	38.4
회전율		
자산회전율	1.3	1.8
재고회전율	1.9	2.7
매출채권 회수 기간(일)	73.5	39.1
지급어음 지급 기간(일)	32.6	36.3
레버리지와 유동성 비율		
자산/자본	3.2	1.7
부채/자산(%)	68.5	39.6
이자보상 배수	2.9	9.1
유동비율	3.5	3.0

* 산업 평균은 업계를 대표하는 5개의 신발 생산 기업인 브라운그룹, 케네스콜, 나이키, 스트라이드라이트, 울버린월드와이드다.

그러나 듀퐁 분석을 하면 얘기가 달라진다. ROE가 이렇게 나온 요인이 무엇일까? 수익성? 아니다. 팀버랜드는 수익성이 낮은 기업이다. 생산성? 아니다. 생산성도 낮은 기업이다.

팀버랜드의 ROE는 주로 레버리지에서 창출됐다. 그런 의미에서 팀버랜드는 주주에게 리스크를 전가하는 방법을 활용해 저조한 영업 실적을 만회하고 있다고 해도 지나친 말이 아니다.

이 점이 바로 ROE가 안고 있는 한계 중 하나다. 레버리지는 그 자체로는 소중하지만 ROE를 왜곡할 수 있다는 문제점이 있다. 그래서 총자산순이익률ROA이나 투하자본이익률ROC 같은 약간은 다른 지표를 듀퐁 분석에 활용하는 사람들도 있다. 총자산순이익률이나 투하자본이익률은 레버리지의 교란 효과를 제거해주기 때문에 팀버랜드의 경영자가 다른 경영자보다 자본을 덜 효율적으로 활용하고 있다는 사실을 ROE보다 명확하게 보여준다.

투자자본이익률Return On Invested Capital, ROIC 또는 동원자본이익률Return On Capital Employed, ROCE로도 알려진 투하자본이익률ROC은 자본 제공자들이 누구인지만이 아니라 자본 제공자들의 종합 수익이 얼마인지까지 함께 고려하는 지표라는 점에서 특히 중요한 의미를 지닌다. 여기서 자본 제공자들에게 돌아가는 종합 수익이란 EBIAT를 말한다. 즉, 세금을 차감한 영업이익(EBIT-세금)이다.

$$\text{투하자본이익률}_{ROC} = \frac{EBIAT}{(\text{부채} + \text{자본금})}$$

팀버랜드의 저조한 실적을 알려주는 다른 지표도 있다. 이자비용을 감당할 수 있는 정도를 알려주는 이자보상비율이 그것이다. 팀버랜드는 3 미만이지만 산업 평균은 10에 가깝다. 이는 어떤 의미일까? 팀버랜드가 재무적으로 외줄 타기를 하고 있다는 뜻이다. 즉, 경쟁 업체들은 하지 않는 위험천만한 행동을 팀버랜드는 벌이고 있다는 얘기다.

팀버랜드의 영업활동을 보라. 우선 재고회전율이 산업 평균에 비해 매우 낮다. 두 번째로, 매출채권 회수 기간이 73.5일로, 산업 평균(39.1일)에 비해 매우 길다. 여기에는 몇 가지 원인이 있을 것이다. 매출채권 회수에 적극적이지 않은 경영진이 그 원인일 수도 있고, 매출을 늘리기 위해 거래 업체에 회수를 독촉하지 않는 것도 원인이 될 수 있다. 더 위험한 것은 팀버랜드 고객 중에는 200일이 넘도록 매출채권(고객 입장에서는 외상매입금)을 결제하지 않는 이들이 있어 매출채권이 회수될 가능성이 거의 없을 수도 있다는 점이다. 한편, 납품 업체에 대금을 지급하기까지의 기간인 지급어음 지급 기간은 산업 평균과 유사한 수준을 보인다.

1년 후의 수치 변화

1995년 기준 팀버랜드의 수치들을 보라(표 1-16). 듀퐁 분석을 보면, 마이너스를 기록한 수익성의 영향으로 ROE 역시 마이너스가 됐다. 생산성은 약간 상승했고, 레버리지는 약간 하락했다.

이 수치들이 의미하는 바를 좀더 깊이 들여다보자. 이자보상비율이 3에서 1 이하로 줄었다. 그 말은 이자를 지급하기에 충분한 영업이익을 창출하지 못하고 있음을 뜻한다. 팀버랜드로서는 사망선고나 마찬가지다. 이런 암울한 상황에서 팀버랜드는 무엇을 해야 할까? 무엇보다, 더 많은 현금을 마련해야 한다. 수치를 보면 팀버랜드가 실제로 그렇게 했다는 사실을 알 수 있다.

첫째, 재고회전율이 상당히 증가한 한편 총이익률이 상당히 감소했다. 이는 제품을 염가에 판매했음을 증명한다. 현금을 확보해 이자비용을 마련하기 위해서 가능한 한 신속하게 제품을 팔아치우며 현금화한 것이다. 유사한 양상이 전개된 매출채권 회수 기간을 보라. 20일이나 줄었다. 이런 일은 우연히 나타나지 않는다. 현금을 마련하는 또 다른 방법은 팀버랜드에 지급해야 할 채무를 지고 있는 고객에게 연락해 채무를 깎아주는 것이다. 이를테면, 1달러의 채무가 있을 경우 0.8달러로 깎아주는 식이다. 간단히 말해 팀버랜드는 이자비용을 지급하기 위해 현금이 필요했고, 현금을 마련하기 위해 제품 가격과 매출채권을 할인해준 것이다.

1994~1995년 팀버랜드 재무비율과 1998년 기준 산업 평균

구분	1994	1995	산업 평균*
수익성 비율(%)			
자기자본이익률(ROE)	11.9	-8.2	12.3
투자자본이익률(ROIC)	7.1	0.7	9.7
순이익률	2.8	-1.8	4.2
총이익률	35.0	33.7	38.4
회전율			
자산회전율	1.3	1.6	1.8
재고회전율	1.9	2.4	2.7
매출채권 회수 기간(일)	73.5	53.4	39.1
지급어음 지급 기간(일)	32.6	21.2	36.3
레버리지와 유동성 비율			
자산/자본	3.2	3.0	1.7
부채/자산(%)	68.5	66.2	39.6
이자보상 배수	2.9	0.2	9.1
유동비율	3.5	4.8	3.0

* 산업 평균은 업계를 대표하는 5개의 신발 생산 기업인 브라운그룹, 케네스콜, 나이키, 스트라이드라이트, 울버린월드와이드다.

재고와 매출채권을 제외하고 운전자본working capital을 마련하는 마지막 방법은 외상매입금이다. 외상매입금 지급 기간이 1994년에는 양호한 수준이었다. 그런데 1995년에는 납품 업체에 외상매입금을 신속하게 지급했음을 알 수 있다. 현금이 부족한 기업치고는 이상한 일이 아닐 수 없다. 외상매입금 지급 기간이 줄어든 것은 납품 업체가 요청했기 때문일 가능성이 매우 크다. 팀버랜드의 재무상태를 고려해 신용거래를 할 수 없다고 판단한 것이다. 신용거래 대신 납품과 동시에 현금으로 결제받는 조건을 내세웠다고 추정할 수 있다(운전자본이 현금에 어떤 영향을 미치는지에 대해서는 제2장에서 자세히 다룰 것이다).

1994년과 1998년 사이의 수치 변화

1996년과 1997년의 수치를 보라(표 1-17). 상황이 역전되면서 안정적인 모습을 찾고 있음을 알 수 있다.

1996년, 팀버랜드의 수익성은 산업 평균보다 여전히 약간 낮은 수준이다. 하지만 생산성이 상승했고, 레버리지는 하락했다. 팀버랜드는 더 많은 재고를 회전시키면서도 가격을 인하하지 않았다. 총이익률을 보면 더 많은 제품을 판매하면서도 오히려 가격 지배력이 늘었음을 알 수 있다.

1997년에는 상황이 더 호전됐다. ROE가 업계 평균의 2배에 육

〈표 1-17〉 팀버랜드의 듀퐁 분석(1994~1998)

1994~1998년 팀버랜드 재무비율과 1998년 기준 산업 평균

구분	1994	1995	1996	1997	1998	산업 평균*
수익성 비율(%)						
자기자본이익률(ROE)	11.9	-8.2	12.3	22.1	22.2	12.3
투자자본이익률(ROIC)	7.1	0.7	9.6	18.3	17.9	9.7
순이익률	2.8	-1.8	3.0	5.9	6.9	4.2
총이익률	35.0	33.7	39.4	41.9	41.9	38.4
회전율						
자산회전율	1.3	1.6	1.5	1.9	1.8	1.8
재고회전율	1.9	2.4	2.6	3.3	3.8	2.7
매출채권 회수 기간(일)	73.5	53.4	53.2	34.7	33.4	39.1
지급어음 지급 기간(일)	32.6	21.2	18.6	16.0	18.9	36.3
레버리지와 유동성 비율						
자산/자본	3.2	3.0	2.7	2.0	1.8	1.7
부채/자산(%)	68.5	66.2	63.2	48.8	43.3	39.6
이자보상 배수	2.9	0.2	2.5	5.6	10.2	9.1
유동비율	3.5	4.8	3.7	3.5	4.0	3.0

* 산업 평균은 업계를 대표하는 5개의 신발 생산 기업인 브라운그룹, 케네스콜, 나이키, 스트라이드라이트, 울버린월드와이드다.

박하는 등 주요 수치들이 상당히 양호한 수준을 보인다. 바람직하게도, ROE가 수익성에서 창출되고 있다. 재고회전율도 1994년에 비해 2배 정도 빠르다. 총이익률을 보면 팀버랜드가 가격을 올리고 있음을 알 수 있다.

1998년에도 상승세가 이어지고 있다. 팀버랜드의 ROE는 산업 평균의 2배에 육박하는 수준을 유지하고 있다. ROE가 레버리지나 생산성에서 창출되는 것이 아니라 수익성에서 창출되는 바람직한 상황이 연출되고 있다. 그렇다면 어떻게 해서 그렇게 된 것일까?

사망선고 직전의 상황을 겪은 것이 가족 경영 체제에서 전문인 경영 체제로 전환하는 계기가 됐다. 경영 체제가 바뀌면서 팀버랜드는 힙합 가수들이 즐겨 찾는 브랜드로 탈바꿈할 수 있었고, 그 덕에 재무 실적이 눈에 띄게 호전됐다.

팀버랜드의 사례 연구를 통해 무엇을 배울 수 있을까? 기업의 변천사를 이야기로 풀어내는 데 재무비율과 재무 수치를 활용할 수 있다는 것이다. 스스로 탐정이 되어 이야기를 만들어내는 데 재무 수치와 재무비율이 한몫할 수 있다. 상장기업이라면 어디든 재무 상태표를 공개하므로 재무 수치를 구하는 것은 식은 죽 먹기다. 방금 배운 대로, 당신이 좋아하는 기업을 분석해보기를 권한다.

하이네켄의 CFO인 로런스 드브뤼는 재무를 공부하는 학생에게 가장 중요한 것이 무엇인지에 대해 다음과 같이 말했다.

"20년 전에 '재무 분야에서 성공하려면 가장 중요한 자질이 무엇인가요?'라고 제게 물었다면, 열심히 일해 전문가가 되고 의욕을 가지는 것이라고 말했을 것입니다.

물론 그렇게 하면 어느 정도 수준까지는 올라갈 수 있습니다. 하지만 웬만한 수준에 이른 후에는 그렇게 하는 것만으로는 실망스러운 결과를 얻게 될 것입니다. 열심히 일하는 것은 언제든지 할 수 있습니다. 지금 제게 묻는다면 이렇게 답할 것입니다. '근성과 호기심이 가장 중요합니다'라고 말이죠.

근성이 중요한 이유는 첫 번째로 얻은 해답이 최종적인 해답이 될 수 없기 때문입니다. 재무는 땅을 파서 무언가를 발굴하는 작업과 같습니다. 수치 이면에 무엇이 있는지 찾으려고 노력해야 할 뿐 아니라 그 수치가 도출된 가정들이 제 역할을 하고 있는지도 확인해야 합니다.

수치가 제대로 된 것인가? 제대로 된 수치가 아니라면, 왜 그런가? 수치가 현실을 제대로 반영하고 있는가, 아니면 현실을 왜곡하고 있는가? 수치를 수치로 다룬다면 무미건조하기 그지없습니다. 하지만 수치 이면의 현실을 알고자 하는 순간 흥미로워지기 시작합니다. 당신이 다른 사람들이 하는 일에 관심과 호기심을 가져야 그들도 비로소 당신이 어떤 능력을 가진 사람인지 관심을 보이는 것처럼 말입니다."

퀴즈

1. **기업이 레버리지를 증가시키면 더 많은 자산을 보유할 수 있고 ROE도 증가시킬 수 있다. 다음 중 레버리지의 단점은 무엇인가?**

   ① 레버리지는 생산성을 감소시킨다. 그 결과 전체적인 ROE가 감소할 수 있다.

   ② 레버리지에 의해 창출된 이익은 현금이 아니므로 재무에서는 인정해주지 않는다.

   ③ 레버리지는 기업의 리스크를 키우기 때문에 손실 또한 확대시킨다.

   ④ 레버리지에는 단점이 없다. 다른 사람의 돈을 활용하는 것은 기업의 가치를 증대시킬 수 있는 좋은 방법이다.

2. 다음 중 레버리지가 가장 높을 것 같은 기업은 어디인가?

① 신규 산업 분야에 속해 있어 성장 가능성이 큰 기업

② 현금흐름이 안정되어 있을 뿐 아니라 소속 산업도 안정되고 예측 가
능성이 큰 기업

③ 기술 기업

④ 수익성이 낮은 기업

3. 2009년, 워런 버핏은 우선주를 인수하는 방식으로 다우케미칼에
30억 달러를 투자했다. 다음 중 우선주를 보유한 주주가 누릴 수
있는 장점이 아닌 것은 무엇인가?

① 기업이 파산할 경우, 우선주를 보유한 주주들은 보통주를 보유한 주
주보다 우선해서 변제받는다.

② 보통주를 보유한 주주들이 배당을 못 받을 때도 우선주를 보유한 주
주들은 배당을 받을 수 있다.

③ 부채와 달리, 우선주는 해당 기업에 대한 소유권과 관련이 있다.

④ 우선주 배당 비율은 짝수(2%, 4%…)여야 한다.

4. 다음 중 재무상태표상 자산으로 잡힐 가능성이 가장 작은 것은 무
엇인가?

① 자체적으로 개발됐을 뿐 아니라 높은 수익성까지 기대되는 C형 간
염 치료제에 대한 길리어드사이언스의 특허

② 구글의 본사 건물

③ 자동차 대리점이 차량을 구매하면서 포드로부터 빌린 차량 대금

④ 2017년 말 기준 420억 달러가 예치되어 있는 페이스북의 예금 계좌

5. 다음 중 재고회전율이 가장 높은 기업은 어디인가?

① 패스트푸드 업체 서브웨이

② 서점 체인 북스어밀리언

③ 식료품 체인 홀푸드

④ 브리티시항공

6. 다음 중 소매 기업의 가장 두드러진 특징이 되는 재무비율은 무엇
인가?

① 높은 ROE

② 짧은 매출채권 회수 기간

③ 높은 재고회전율

④ 높은 총자산 대비 총부채 비율

7. BHP빌리튼은 세계에서 가장 규모가 큰 광산 기업으로, 2016년 기준 매출채권이 총자산의 21%를 차지한다. 이 매출채권의 상대 기업, 즉 BHP빌리튼에 금전 채무를 가진 기업으로 다음 중 어디가 가장 가능성이 크겠는가?

① 세계적 은행 뱅크오브아메리카

② 광부 채용을 전문으로 하는 인력 소개 기업 마이닝리쿠르트먼트

③ 식료품 유통 업체 시스코

④ 제철 기업 US스틸

8. 다음 중 유동비율에 가장 관심이 큰 기업의 이해관계자는 누구인가?

① 주주

② 납품 업체

③ 경쟁 업체

④ 고객

9. '높은 ROE는 항상 바람직하다'는 참인가, 거짓인가?

① 참   ② 거짓

10. 주택 자재를 판매하는 홈디포는 2016년 말 2억 달러의 자금을 차입했다. 부채$_{debt}$와 외상매입금 같은 기타 부채$_{liabilities}$의 가장 큰 차이점은 무엇인가?

① 부채$_{debt}$에는 명시적으로 이자율이 붙는다.

② 부채$_{debt}$는 회사의 소유권을 의미한다.

③ 부채$_{debt}$는 잔여수익청구권이다.

④ 부채$_{debt}$는 납품 업체들에서 빌린 돈만을 말한다.

💡 제1장 요약

재무 분석은 수치 이상의 의미를 지닌다. 재무 수치는 산업별·기업별·시간별로 경영 실적을 결정하는 요인이 무엇인지를 이해하기 위한 도구일 뿐이다. 재무 수치들이 나름의 유익한 정보를 담고 있는 건 사실이다. 하지만 저마다 고유의 한계와 문제점 또한 안고 있다. 그러므로 재무 수치만으로는 기업이라는 큰 그림을 모두 파악하기가 불가능하다. 이런 재무 수치들에서 이야기를 끌어내는 방법을 활용해야만 기업을 제대로 이해할 수 있다.

더 많은 시간을 재무를 이해하는 데 투자한다면 재무 분석의 과

정이 훨씬 더 쉬워질 것이며, 그 과정에서 보람도 더 커질 것이다. 산업 알아맞히기 게임을 동료나 친구들에게 소개하고 가르쳐보기 바란다. 그렇게 해보면 당신이 책의 내용을 제대로 이해했는지 점검할 수 있을 것이다.

재무 수치나 비율을 읽어내는 기초 능력이 전보다 탄탄해졌기를 바란다. 이번 장에서 시도한 것과 마찬가지로, 재무의 기초 능력은 대체로 직관에 의존해 재무 수치나 비율을 이야기로 풀어내려고 노력하는 과정에서 쌓인다.

다음 장에서는 현금이 왜 중요한지 깊이 생각해보고, 왜 미래 문제가 과거나 현재보다 중요한지도 살펴볼 것이다. 가능하다면 이번 장에서 배운 도구들을 활용해 당신의 기업을 비롯한 여러 기업의 재무 수치를 검토해보기 바란다.

재무적 세계관

재무는 왜 현금과 미래에 집중하는가

재무제표는 기업의 실적을 이해하는 데 매우 중요한 도구이지만, 그렇다고 해서 단점이 없는 것은 아니다. 이런 단점을 극복하기 위해 재무 분야에서는 독특한 원칙을 고안하여 의사결정과 기업 실적 분석에 활용해왔다.

이 원칙의 주축을 이루는 두 가지 개념이 있다. 첫 번째는 현금주의다. 재무 전문가들은 경제적 수익을 측정하는 최선의 방법을 오랫동안 고민해왔다. 회계에서는 순이익을 중시하지만, 재무 전문가들은 순이익에는 중요한 사항들이 고려되지 않기 때문에 한계가 있다고 생각한다. 이를 극복하고 경제적 수익을 더 잘 측정하는 해법의 하나로 제기된 개념이 현금주의다.

재무 전문가들이 현금이라는 개념에 목을 매는 이유가 바로 여기에 있다. 현금의 대체 개념에는 여러 가지가 있는데, 여기서는 세 가지를 알아볼 것이다. EBITDA, 영업 현금흐름Operating Cash Flows, OCF, 잉여 현금흐름Free Cash Flows, FCF이 그것이다. 투자를 결정하거나 가치를 평가할 때 잉여 현금흐름이 왜 중요한 역할을 하는지와 함께, 재무에서는 왜 잉여 현금흐름을 가장 이상적인 현금 개념으로 생각하는지도 알아볼 것이다.

두 번째 개념은 미래의 문제다. 재무 분야는 미래에 몰두한다. 그래서 기본적으로 미래 지향적이다. 자산의 가치는 얼마인가? 가치는 어디서 오는가? 미래의 현금흐름에서 창출되는 가치는 어떻게 측정하는가? 재무에서 가장 중요한 이런 질문들이 다 미래 지향적이다. 여기에 답하려면 재무상태표에서 어느 정도 거리를 두어야 한다. 미래 지향적으로 생각해야 화폐의 시간 가치도 의식할 수 있고, 미래의 현금흐름을 현재의 현금흐름으로 바꿀 방법도 모색할 수 있다. 결국, 미래 지향적으로 생각할 수 있어야 올바른 투자 의사결정이나 가치평가 의사결정의 기초를 마련할 수 있다.

현금과 관련된 개념 세 가지

제1장에서는 기업 실적을 측정하는 지표로 순이익이라는 개념을 활용했다. ROE를 다루면서 알아봤듯이, 주주에게 돌아가는 수익률이 어느 정도 되는지를 파악할 수 있는 강력한 척도가 된다는 점에서 순이익이라는 개념이 장점이 없는 것은 아니다. 하지만 단점도 적지 않다. 첫째, 현금성 비용과 비현금성 비용을 동등하게 취급한다는 점에서 그렇다. 둘째, 이자비용도 차감해버리는데, 그런 점 때문에 사업이 매우 유사하지만 자금을 조달하는 방법은 다른 기업들 간의 비교가 어려워진다.

마지막이자 가장 중요한 단점은 경영자의 재량이 순이익에 영향을 미칠 수 있다는 점이다. 회계 부서는 경영자에게 수익 구조가 좋아 보이게 하는 결정을 내려달라고 요청한다. 회계 담당자들은 그렇게 하는 것이 현실에 더 부합한다고 생각하기 때문이다. 예를 들어, 설비 한 대를 구매하면서 대금을 일시불로 지급했다고 해보자. 설비 취득 비용을 자본화하여 재무상태표에 해당 설비를 자산으로 잡고, 그 설비를 활용해 수익이 매해 발생하는 만큼 비용도 설비의 내용 연수에 따라 배분해줘야 한다.

그런데 수익과 비용을 인식하는 과정에 자의적이고 주관적인 판단이 개입할 가능성이 있어 수익 구조를 좋아 보이게 할 수 있다. 즉, 관리자들이 자신에게 유리한 방향으로 순이익을 조작할 수 있다는 뜻이다. 반면 현금은 그야말로 현금이다. 논란의 여지가 없는 것은 아니지만, 현금은 경영자가 재량을 부릴 여지가 없다.

경제적 수익을 평가하는 대체 개념을 만들기 위해서는 순이익이 아니라 현금흐름을 인정할 필요가 있다. '현금'이라고 표현하지만 이것은 대체 무엇일까? 실망스럽게도, 그 질문에 대한 답은 '상황에 따라 다르다'라는 것이다.

지금부터는 제1장에서 잠깐 논의한 EBIT와 EBITDA 개념부터 다시 살펴볼 것이다. 그런 뒤 영업 현금흐름으로 논의를 이어가고, 재무에서 가장 중시하는 현금 개념인 잉여 현금흐름으로까지 나아갈 것이다.

재무 vs. 회계

재무에서 문제가 있다고 보는 회계 원칙으로는 **보수주의 회계**conservatism principle와 **발생주의 회계**accrual accounting가 있다.

● **보수주의 회계**

보수주의 회계는 자산은 되도록 낮은 가치로, 부채는 되도록 높은 가치로 회계 처리돼야 한다는 원칙이다. 간단히 말해 보수적인 게 낫다는 것이다. 이 원칙에 따라, 자산가치는 현재 시점의 가치나 그에 상응하는 가치가 아니라 구매원가로 계상된다. 게다가 일부 자산은 재무상태표에 아예 잡히지도 않는다. 예를 들어, 2016년 기준 재무상태표에 애플의 브랜드 가치는 0달러이지만, 40년

의 역사를 자랑하는 포브스의 브랜드 가치는 1,541억 달러에 이른다. 이것이 현실을 제대로 반영한다고 보는가?

● **발생주의 회계**

발생주의 회계 원칙은 수익과 비용 사이의 격차를 완화해 경제적 현실을 더 잘 반영하기 위한 것이다. 예컨대 자산을 취득했다고 해보자. 발생주의 회계 덕에 자산 취득 비용을 자본화하여 자산으로 계상하고, 그 후 감가상각비라는 형식으로 내용 연수에 걸쳐 차례차례 비용화할 수 있다. 예를 들어, 유럽의 항공기 제조 기업이자 군수 기업인 에어버스그룹은 6억 달러를 들여 앨라배마주

에 신규 공장을 건설했다. 발생주의 회계가 없었더라면 6억 달러를 한 번에 비용으로 처리해야 했을 것이다. 그러나 발생주의 회계 덕에 비용을 점진적으로 처리할 수 있었고, 더 나아가 순이익까지 낼 수 있었다. 이후 공장이 가동되고 나서는 더 큰 순이익을 냈다.

그러나 발생주의에 따른 이런 순이익 구조는 진정한 현금흐름과는 거리가 멀다. 발생주의는 화폐의 시간 가치라는 개념도 모호하게 한다. 게다가 현금주의에서는 그럴 여지가 전혀 없지만, 발생주의에서는 미래의 수익은 현재로 앞당기고 현재의 비용은 미래로 연기해 순이익을 조정하는 경영자의 재량이 개입할 여지도 있다.

현장의 목소리

하이네켄의 **CFO** 로런스 드브뤼는 현금의 중요성에 대해 다음과 같이 말했다.

"저는 항상 이 문장을 떠올립니다. '매출은 헛되며, 결과는 중요하고, 현금은 왕이다.' 매출이 얼마 늘었는지만을 강조하는 것은 말도 안 되고 위험한 발상입니다. 순이익이 얼마 늘었는지만을 강조하는 것도 위험하죠. 가장 중요한 것은 현금입니다. 사업을 통해 현금을 만들어 기업 경영을 위한 자금을 조달하고, 부채를 갚고, 주주들에게 현금을 배분해줄 수 있게 하는 것은 매우 중요한 일입니다."

$$EBIT = \begin{array}{l} \text{순이익} \\ + \text{ 이자비용} \\ + \text{ 세금} \end{array}$$

앞서 말했듯이 EBIT, 즉 영업이익은 영업활동과는 관련이 없는 이자비용과 세금을 차감하지 않는 개념이기 때문에 특정 기업의 수익성과 생산성을 순이익보다 더 명확하게 바라보게 해준다. 그렇지만 EBIT 역시 현금의 개념이 충실히 반영된 지표는 아니다. 감가상각비 같은 비현금성 비용을 차감한 개념이기 때문이다. 기업의 실상을 더 제대로 들여다보기 위해 재무 전문가들은 EBITDA, 즉 이자비용, 세금 및 감가상각비 차감 전 이익을 활용한다.

$$EBITDA = \begin{array}{l} \text{순이익} \\ + \text{ 이자비용} \\ + \text{ 세금} \\ + \text{ 감가상각비}\text{(무형자산 상각비 포함)} \end{array}$$

아마존의 순이익, EBIT, EBITDA

〈표 2-1〉의 아마존 사례를 통해 이 세 지표를 비교해보자. 2014년 아마존의 순이익은 마이너스 2억 4,100만 달러를 보이며

적자를 기록했다. 그에 반해 아마존의 EBIT은 1억 7,800만 달러의 흑자를 기록했다. 세금, 이자, 외화환산손익 등으로 인해 두 지표 간 차이는 4억 1,900만 달러에 달한다. EBITDA는 어떤가? 47억 4,600만 달러라는 엄청난 감가상각비 덕분에 아마존의 EBITDA는 같은 해 49억 2,400만 달러의 흑자를 기록했다. 이렇듯 아마존의 EBITDA는 2억 7,800만 달러의 순손실과는 큰 차이를 보인다. 따라서 아마존은 EBITDA라는 지표를 기준으로 볼 때는 많은 현금을 창출했지만, 수익성 지표를 기준으로 볼 때는 손실을 면치 못했다고 할 수 있다.

〈표 2-1〉 아마존 손익계산서(2014)	
	(단위: 백만 달러)
매출액	88,988
매출원가(47억 4,600만 달러 감가상각비 포함)	−62,752
매출총이익	26,236
영업비용	−26,058
영업이익(EBIT)	178
이자비용	−289
세금	−167
영업외 비용	37
순이익(손실)	241

EBITDA가 의미를 갖는 기업이 있고 그렇지 않은 기업이 있다. 게임 개발 기업 일렉트릭아츠EA, 예술품 및 공예품 소매 체인 기업 마이클스컴퍼니, 인터넷·전화·유선방송 사업자 컴캐스트라는 3개의 기업을 생각해보자. 이 중에서 감가상각비가 가장 높은 기업은 어디일까?

감가상각비가 기업별로 어떤 차이를 보이는지 알아내는 방법 중 하나는 감가상각비와 순이익을 비교하는 것이다. 2015년 기준 EA, 마이클스컴퍼니, 컴캐스트의 순이익 대비 감가상각비 비율은 각각 17%, 34%, 106%다. 소프트웨어 기업인 EA와 달리, 컴캐스트는 전국적인 유선용 인터넷 네트워크를 구축하기 위해 많은 투자를 하는 기업

이라는 점에서 논리적으로 수긍이 간다.

이런 투자가 많기 때문에 순이익을 실적의 지표로 활용하면 왜곡된 결과가 나오고 비교에 오류가 있을 수밖에 없다. 마이클스컴퍼니는 오프라인 매장을 보유한 기업이라는 점에서 EA와 컴캐스트의 중간 어딘가에 있게 된다.

영업 현금흐름

재무의 현금 중시 경향을 고려할 때, 현금흐름표라는 현금 전용 재무제표가 별도로 존재한다는 사실은 놀랄 일이 아니다. 현금흐름표가 가장 중요한 재무제표라고 보는 이들도 적지 않다. 손익계산서에는 비현금성 비용과 경영진의 재량 개입이라는 문제점이 있고, 재무상태표에는 역사적 원가주의historical costs와 보수주의 회계라는 문제점이 있다. 이에 비해 현금흐름표는 현금의 개념이 비교적 충실히 반영된 재무제표라고 할 수 있다.

일반적으로 현금흐름표는 크게 세 가지 항목으로 구성된다. 영업활동으로 인한 현금흐름(영업 현금흐름), 투자활동으로 인한 현금흐름(투자 현금흐름), 재무활동으로 인한 현금흐름(재무 현금흐름)이다. 첫 번째 항목인 영업 현금흐름은 현금을 측정하는 대체 지표가 되며 앞서 다뤘던 많은 요인을 합산하여 계산된다. 특히, 팀버랜드가 현금을 창출하기 위해 재고와 매출채권을 어떻게 관리했는지를 다룬 제1장의 내용을 떠올려보기 바란다. 좀 더 일반화하여 말하자면, 매출채권·재고·외상매입금으로 구성되는 운전자본은 현금흐름에 중대한 영향을 미친다.

순이익

+ 감가상각

영업 현금흐름 = − 매출채권의 증가

− 재고의 증가

+ 현금 유입이 없는 수익의 증가

+ 외상매입금의 증가

영업 현금흐름은 몇 가지 면에서 EBITDA와는 구별된다. 가장 중요한 차이는 영업 현금흐름이 운전자본을 고려한다는 것이며, 두 번째 차이점은 영업 현금흐름은 순이익에서부터 계산해나가기 때문에 세금과 이자비용을 고려한다는 것이다. 마지막 차이점은 감가상각비 이외의 비현금성 비용(예: 스톡옵션 같은 주식 관련 보상)도 고려되어 최종 계산에 반영된다는 점이다.

현금흐름표의 나머지 항목은 구체적으로 어떤 것일까? 요컨대, 투자 현금흐름 항목은 손익계산서를 건너뛰고 재무상태표에 직접 계상되는 투자 현황을 보여준다. 예를 들어, 자본적 지출Capital Expen-ditures, CAPEX이나 인수 등이 투자활동으로 인한 현금흐름에 속한다. 재무 현금흐름은 어딘가에 돈을 빌려준 적이 있는지, 부채를 상환했는지, 주식을 발행했는지, 자기주식을 취득했는지 등 재무활동의 결과로 발생한 현금 변동 내역을 반영한다.

〈그림 2-1〉은 스타벅스의 2017년 기준 현금흐름표다. 영업활동, 투자활동, 재무활동으로 인해 현금 포지션이 1년 동안 어떻게 변동했는지를 보여준다.

운전자본

운전자본은 기업의 일상적인 운영을 위해 활용되는 자금을 말하며, 영업 현금흐름을 이해하는 데 매우 중요한 역할을 한다. 재무라고 하면 부채와 주식만을 떠올리기 쉬운데, 사실 기업의 일상적인 영업활동과 깊은 관련이 있다.

운전자본 = 유동자산 − 유동부채

운전자본은 일반적으로는 유동자산과 유동부채의 차액을 일컫는 용어이지만 통상적으로는 세 가지 주요 요소, 즉 매출채권, 재고, 외상매입금으로 구성된다.

● **매출채권**: 매출채권은 고객(일반적으로는 기업 고객)이 해당 기업에 갚아야 할 금전 채무를 말한다. 매출채권 금액으로부터 매출채권 회수 기간을 구할 수 있다. 매출채권 회수 기간은 고객이 해당 기업에 대금을 지급하는 데 얼마나 오래 걸리는지를 나타낸다.

(단위: 달러)

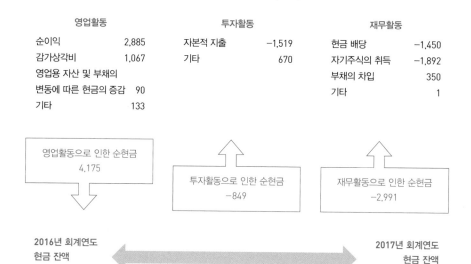

(a) 현금흐름표

영업활동
순이익
(+) 감가상각비
(±) 영업용 자산 및 부채의 변동에 따른 현금의 증감
영업활동으로 인한 순현금
투자활동
(−) 부동산·공장·설비의 취득
(±) 합병·투자자산의 처분
투자활동으로 인한 순현금
재무활동
(−) 현금 배당
(−) 자기주식의 취득
(+) 부채의 차입, 주식 발행
재무활동으로 인한 순현금
현금 및 현금성 자산의 순 증감

(b) 스타벅스의 현금흐름표(2017)

영업활동	
순이익	2,885
감가상각비	1,067
영업용 자산 및 부채의 변동에 따른 현금의 증감	90
기타	133

투자활동	
자본적 지출	−1,519
기타	670

재무활동	
현금 배당	−1,450
자기주식의 취득	−1,892
부채의 차입	350
기타	1

영업활동으로 인한 순현금 4,175

투자활동으로 인한 순현금 −849

재무활동으로 인한 순현금 −2,991

2016년 회계연도 현금 잔액 2,129

2017년 회계연도 현금 잔액 2,464

• **재고**: 아직 판매되지 않아 기업이 보관 중인 제품과 제품 생산에 쓰일 원자재를 말한다. 재고로부터 재고 보유 기간을 구할 수 있다. 재고 보유 기간이란, 원자재와 제품을 재고로 보유하고 있는 기간을 말한다.

• **외상매입금**: 해당 기업이 납품 업체에 지급해야 할 금전 채무를

외상매입금이라고 한다. 외상매입금으로부터 외상매입금 지급 기간을 구할 수 있다. 외상매입금 지급 기간은 해당 기업이 납품 업체에 대금을 지급하는 데 얼마나 걸리는지를 나타낸다.

세 가지 개념을 활용해 운전자본을 계산하는 방법은 다음과 같다.

운전자본 = 매출채권 + 재고 − 외상매입금

운전자본이 어떤 영향을 미치는지를 이해하는 가장 간단한 방법은, 자산을 가동하려면 비용이 들어가듯이 기업의 일상적 운영을 위해서도 자금이 필요하다고 생각하는 것이다. 운전자본의 금액이 줄면 자금을 조달할 필요성도 줄어든다. 그러므로 운전자본이 어떻게 관리되느냐가 재무에 큰 영향을 미친다.

현금전환주기

운전자본이 재무적으로 어떤 영향을 미치는지를 알 수 있는 효과적인 방법은 운전자본을 액수가 아니라 기간의 개념으로 이해하는 것이다. 이를 현금전환주기cash conversion cycle라고 한다.

당신이 철물점을 운영하는데 도매상에게 망치를 사서 주택 수리 전문가들에게 판매하는 일만 한다고 해보자. 망치가 가끔 1개씩 판매될 뿐 동시에 여러 개의 주문이 들어오지는 않는다. 철물점을 운영하는 당신은 망치를 구매하고, 망치 구매 대금을 결제하고, 구매해 온 망치를 판매하고, 판매 대금을 회수하는 과정을 거친다. 망치를 구매해 오면 70일 후에 팔려나가고, 판매 후 40일이 지나면 대금이 회수된다고 해보자. 즉, 재고 보유 기간은 70일이고, 매출채권 회수 기간은 40일이다. 사업의 관점에서 이를 해석해보면, 망치를 구매해 온 시점부터 매출채권이 회수되기까지 총 110일이 걸린다는 말이다. 또한 망치를 구매해 온 뒤 30일이 지나면 납품 업체에 망치 구매 대금을 결제한다고 해보자.

현금의 관점에서 바라보면, 망치 판매 대금을 회수하기에 앞서 망치 구매 대금을 현금으로 결제해야 하므로 현금을 창출할 필요가 생긴다. 판매 대금을 받기 전에 망치 구매 대금을 결제한다면 현금전환주기상의 자금 공백 기간을 메우기 위해 자금을 조달해야 한다는 말이다. 이런 상황은 순이익이나 EBITDA에는 전혀 나타나지 않지만, 망치를 사고파는 것만으로도 자금을 조달해야 할 필요성이 생겨난다(그림 2-2).

현금전환주기의 자금 공백 기간과 관련해서 몇 가지 질문을 해볼 수 있다. 이 공백 기간이 자금 조달 비용을 발생시킬까? 기업은 이런 비용을 줄이기 위해 행동을 어떻게 수정할까? 이런 행동 수정이 자금 조달 비용을 줄이는 것보다 더 많은 비용을 발생시키진 않을

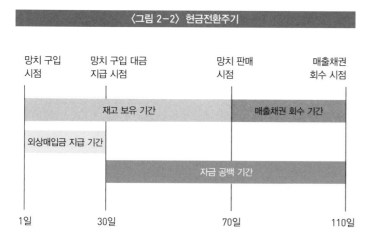

〈그림 2-2〉 현금전환주기

| 망치 구입 시점 | 망치 구입 대금 지급 시점 | 망치 판매 시점 | 매출채권 회수 시점 |

재고 보유 기간 / 매출채권 회수 기간

외상매입금 지급 기간

자금 공백 기간

1일   30일   70일   110일

까?

현금전환주기가 근본적으로 어떻게 작동하는지 이해하기 위해 경기 침체가 오면 어떤 일이 벌어지는지 생각해보자. 상품이 잘 팔리지 않기 때문에 기업들의 재고 보유 기간이 늘어난다. 그러면 기업들은 납품 업체에 대금 회수를 늦춰달라고 요구할 것이고, 납품 업체는 그 요구를 들어줄 수밖에 없다. 이렇게 해서 주기 전체가 늘어난다.

2008년 금융위기 때도 동일한 현상이 발생했다. 경기 침체로 재고 보유 기간이 늘고 매출채권 회수 기간도 늘어나며, 그 여파로 은행이 위축돼 제구실을 하지 못했다. 따라서 확대된 자금 공백 기

간을 메울 수 있는 메커니즘이 작동하지 않게 됐다. 2008년에 국제 무역이 50% 감소한 원인이 바로 여기에 있다.

철물점 이야기로 돌아가 보자. 납품 업체가 대금의 2%를 할인해주는 대신 10일 이내에 대금을 지급하도록 유도한다고 해보자. 매우 통상적인 거래 제안이다. 철물점 주인인 당신에게 좋은 조건일까?

이 제안에 즉각적인 반응을 보이고 싶을 수도 있겠지만, 그러기에는 정보가 충분치 않다. 자금 조달과 관련된 의사결정이므로 자금을 조달할 수 있는 다른 방법도 검토해야 한다. 30일이 아니고 10일 이내에 대금을 결제해야 하므로 20일의 자금 공백 기간을 메우려면 어딘가에서 자금을 조달해야 한다. 이 20일 동안 누구한테 자금을 조달하는 게 더 저렴할까? 은행일까, 아니면 납품 업체일까? 당신이 거래하는 은행은 연 12%의 이자를 부과한다고 해보자. 월 1%의 이자율로 20일 동안 자금을 조달하는 셈이다. 즉 은행을 활용하면 1% 미만의 이자율을 부담하게 된다는 뜻이다.

납품 업체가 제안한 2%의 대금 할인은 20일 동안의 자금 조달 비용으로 바꿔 말할 수 있다. 2%의 대금 할인 제안을 거절하면, 당신은 대금 할인을 포기하는 대신 20일 동안 2%의 이자율로 자금을 조달해 오는 효과를 누릴 수 있다. 이를 납품 업체 입장에서 바꿔 말하면, 납품 업체는 사실상 2%의 이자를 받고 20일 만기의 대출

당신이 애틀랜타주에 있는 홈디포 매장의 운전자본을 관리하는 사람이라고 해보자. 현재 재고 보유 기간은 50일이고, 매출채권 회수 기간은 20일이며, 외상매입금 지급 기간은 25일이다. 즉 자금 공백 기간이 45일[(50+20)-25]이다. 자금 공백 기간을 줄이기 위해 현금전환주기의 개념을 어떻게 활용하겠는가?

다음은 당신이 할 수 있는 조치다.

· 재고 보유 기간을 줄인다.
· 매출채권 회수 기간을 줄인다.
· 외상매입금 지급 기간을 늘린다.

재고 보유 기간을 줄이면 어떤 부작용이 있을까? 재고 보유 기간을 줄이고 싶다면 그 이유는 무엇인가? 줄이고 싶지 않다면 그 이유는 무엇인가?

재고 보유 기간을 줄이는 가장 손쉬운 방법은 재고를 줄이는 것이다. 즉, 빨리 팔아치워 자금 조달의 필요성을 줄이는 것이다. 하지만 고객이 특정 브랜드의 페인트를 찾거나 특정 종류의 공구를 찾는데 당신이 재고를 가지고 있지 않다면, 고객은 경쟁 점포로 가고 말 것이다.

매출채권 회수 기간을 줄이면 어떤 부작용이 있을까?

신용거래를 줄이면 매출채권 회수 기간을 줄일 수 있다. 하지만 신용거래가 필요하거나 익숙한 상황에서 신용거래를 못 하게 하면, 고객은 경쟁 점포로 가고 말 것이다.

외상매입금 지급 기간을 늘리면 어떤 부작용이 있을까?

납품 업체에 대금 지급을 미루면 관계에 문제가 생길 수 있다. 제품을 납품하기를 꺼리거나 신용 거래를 하지 않으려 할 가능성이 있다. 허리케인이 곧 상륙한다는 뉴스에 모두가 주택 수리용 자재나 공구를 사려 하는 상황인데, 납품 업체는 당신의 점포가 아니라 경쟁 점포와 거래하려 할 것이다.

을 해주는 셈이다. 20일 동안 대출받고 2%의 이자를 부담할 것인가, 아니면 1% 미만의 이자를 부담할 것인가?

바람직한 답은 당연히 1% 미만이다. 그러므로 납품 업체의 제안을 받아들이고, 은행을 활용하는 선택을 해야 한다.

아마존의 지속적인 성장 비결

기업의 재무 모델에 운전자본이 얼마나 막강한 힘을 발휘하는지 알아보기 위해 아마존의 예를 살펴보자. 아마존은 재고, 매출채권, 외상매입금을 관리해 운전자본 사이클, 즉 현금전환주기를 사실상

⏎

생각해보기

세일즈포스닷컴은 잡지를 구독하는 것처럼 소프트웨어를 서비스화하여 제공하는 사업을 한다. 기업 고객은 선불로 요금을 지급하고 일정 기간 동안 서비스를 이용할 수 있다. 이런 요금제는 현금전환주기에 어떤 영향을 미칠까?

세일즈포스닷컴의 매출채권 회수 기간은 무려 마이너스다. 서비스를 제공하기 전에 돈을 받기 때문이다. 재고가 없으므로 재고 보유 기간도 없다. 또한 납품 업체에 물품 대금을 바로 지급하지는 않을 것이므로 외상매입금 지급 기간도 발생한다. 먼저 요금을 지급받은 뒤 서비스를 제공하는 방법을 통해 세일즈포스닷컴은 납품 업체뿐 아니라 고객으로부터도 운영 자금을 조달한다.

델컴퓨터처럼, 적시생산방식을 활용해 필요한 경우에만 제품을 생산하는 기업이 많다. 이런 생산 방식은 현금전환주기에 어떤 영향을 줄까?

델컴퓨터는 고객으로부터 주문을 접수한 뒤 제품 생산을 시작한다. 그래서 재고 보유 기간을 줄여 운전자본 조달 비용을 낮추고, 현금전환주기를 줄일 수 있다.

프리미엄 전기차를 생산하는 테슬라는 아직 출시되지 않은 신규 모델의 구입을 희망하는 고객으로부터 보증금을 받는 정책을 시행하고 있다. 이런 조치는 현금전환주기를 어떻게 변화시킬까?

보증금은 차량 가격의 일부이기는 하지만 이 또한 고객으로부터 운영 자금을 조달하는 방법이 된다. 제품이 인도되기 전에 고객이 보증금을 지급하므로, 테슬라는 자본 제공자에게 의존해야 하는 자금의 규모를 줄일 수 있다.

마이너스로 떨어뜨린다. 철물점 사례를 보면, 운영하는 것만으로도 자금을 조달할 필요성이 생긴다. 망치를 사고파는 일이 현금이 드는 일이 아니라 오히려 현금이 생기는 일이라면 어떻겠는가? 아마존이 바로 이런 경우다.

2014년 기준 아마존의 재고 보유 기간은 46일이며 매출채권 회수 기간은 평균 21일(일반적인 소매 기업보다 긴데, 그 원인은 기업 고객을 상대로 하는 클라우드 컴퓨팅 사업이 포함되어 있기 때문이다)이다. 아마존은 시장에서 지배적 지위를 보유하고 있다. 그래서 납품 업체에 막강한 영향력을 행사하면서 대금이 지급되기까지 기다리게 할 수 있는데, 외상매입금 지급 기간이 91일에 이른다. 그런 이유로 아마존의 현금전환주기는 −24일[(46일+21일)−91일]이다.

결국 아마존 입장에서는 사업 자체가 현금을 캐내는 금맥이나 마찬가지다. 아마존과 애플 같은 기업은 외부에서 자금을 조달하지 않아도 자신들을 빠른 속도로 성장시켜줄 수 있는 운전자본을 보유하고 있다. 운전자본으로부터 현금을 창출해낼 수 있으므로 이런 기업의 비즈니스 모델은 아주 강력하다.

사실상 아마존과 애플이 성장하는 데 납품 업체들이 돈을 대는 형국이다. 아마존과 애플은 운전자본을 값비싼 외부의 자본 제공자에게서 조달하지 않고, 값싼 내부의 자금원으로 대체하고 있다. 이처럼 운전자본은 경제적 수익에 영향을 미치지만 그 영향이

생각해보기

아마존닷컴은 영업 현금흐름을 계산할 때 스톡옵션 같은 주식 관련 보상을 더한다. 왜 그럴까?

주식 관련 보상은 손익계산서에서는 비용으로 잡혀 순이익을 낮추는 역할을 한다. 하지만 감가상각비와 마찬가지로 현금이 지출되는 비용이 아니다. 그래서 영업 현금흐름에 주식 관련 보상을 포함하는 것이다. 스톡옵션 같은 주식 관련 보상은 지난 20여 년 동안 미국 기업의 비현금성 비용으로 그 중요성이 점차 커졌다.

아마존닷컴은 성장을 위한 자금을 마련하기 위해 주식을 발행해왔다. 예를 들어, 아마존의 웹서비스를 호스팅할 수 있는 대규모의 서버 시스템을 구축하여 성장을 도모하는 데 주식 발행을 활용하고 있다. 현금흐름표에는 이런 움직임이 어떻게 나타날까?

주식 발행은 자금을 조달하는 방식의 하나다. 따라서 현금흐름표에서는 재무활동으로 인한 현금흐름 항목에 나타난다.

2014년 기준 아마존의 운전자본을 보면 현금이 줄고 있는 것으로 보인다. 아마존의 운전자본이 현금을 창출하는 원천이 된다는 내 주장과는 배치되는 측면이 있는데, 이는 어떻게 된 것일까?

2013년과 2014년 사이 아마존의 현금전환주기는 −27일에서 −24일이 됐다. 그래서 아마존은 같은 기간 현금을 투자하여 운전자본을 늘려야 했다. 마이너스의 운전자본 주기가 떨어지는 것(−27일에서 −24일로)은 양의 운전자본 주기가 길어지는 것과 같은 효과가 있다.

EBITDA, EBIT, 순이익으로는 포착되지 않는다.

영업 현금흐름은 현금의 궁극적 경지로 가는 길이 멀지 않다는 신호다. 지금까지 순이익을 비롯해 비현금성 비용(예: 감가상각비와 스톡옵션 같은 주식 관련 보상)을 고려한 현금 대체 개념을 알아봤고, 운전자본이 현금에 미치는 영향까지 살펴봤다. 이제 잉여 현금흐름을 논할 차례다.

가장 이상적인 현금 개념: 잉여 현금흐름

마지막 현금 지표는 잉여 현금흐름이다. 경제적 실적을 평가하는 데 재무에서 가장 중시하는 지표다. 기업의 가치나 실적의 평가와 관련된 내용을 접할 때 잉여 현금흐름 수치는 빠지지 않고 등장하는 단골손님이다.

잉여 현금흐름을 계산하는 방정식은 영업활동을 통해 창출되는 현금 중 자유롭게 처분할 수 있는 현금이 얼마인지를 알게 해준다. 잉여 현금흐름은 현금 지표 중 현금과 가장 가까우며 가치평가의 기초가 되는 현금 개념이다. 게다가 EBITDA와 마찬가지로 비현금성 비용의 왜곡 효과를 바로잡아주며, 기업이 성장하는 데 반드시 필요한 자본적 지출이 고려된 유일한 개념이다. 간단히 말해 잉여 현금흐름은 경영자의 재량이 개입할 여지가 없는 현금이 얼마인지, 그야말로 자유롭게 배분하거나 처분할 수 있는 현금이 얼마인지를 분명하게 보여주는 현금 개념이다.

잉여 현금흐름을 계산하기 위해 영업 실적을 파악하게 해주는 EBIT에서 시작해보자. 말 그대로 잉여의 현금흐름이어야 하기 때문에 세금을 고려해야 한다. 세금을 차감하면 '이자비용 차감 전 세금 차감 후 이익', 즉 EBITDA가 된다. 그런 뒤 감가상각비 같은 비현금성 비용을 더한다. 두 번째 단계에서는 영업 현금흐름을 계산할 때와 마찬가지로, 운전자본 사이클에 대한 자본 투자가 필요한 상황이라면 운전자본의 증가분을 차감한다.

세 번째 단계에서는 집행 예정이거나 집행해야 하는 자본적 지출이 발생한 경우라면 이를 차감한다. 자본적 지출은 현금성 지출이지만 잉여 현금흐름을 계산하는 데는 아직 반영되지 않아 차감되지 않았기 때문이다.

〈그림 2-3〉은 잉여 현금흐름이 어떻게 도출되는지를 보여준다.

 생각해보기

아마존닷컴은 핵심 사업인 소매 사업에서 기업을 주 고객으로 하는 클라우드 컴퓨팅 사업인 웹 서비스로 사업을 확장해나가고 있다. 이런 사업 확장이 아마존의 잉여 현금흐름에 어떤 영향을 미칠까?

첫째, 클라우드 컴퓨팅은 소매 사업과는 수익성 구조가 다르다. 그런 의미에서 EBIT가 영향을 받을 것이다. 둘째, 클라우드 컴퓨팅 가입자는 이용료를 미리 결제하므로 아마존의 운전자본 사이클이 변하게 될 것이다. 마지막으로, 아마존은 클라우드 컴퓨팅을 위한 대규모 서버를 구축해야 하므로 자본적 지출을 늘려야 할 것이다. 그 영향으로 감가상각비도 변할 것이다.

재무상태표를 간략히 시각화하여 이해하기 쉽게 만든 자료다. 재무상태표의 순자산(왼쪽)은 운전자본(즉, 재고+매출채권-외상매입금)과 고정자산(예컨대 부동산·공장·설비)으로 구분되며, 재무상태표의 자본 조달(오른쪽)은 부채(타인자본)와 자본금(자기자본)으로 구분된다. 이를 영업활동(왼쪽)과 자본 제공자(오른쪽)로 구분할 수도 있다. 영업활동으로 창출된 현금흐름이 결국 자본 제공자로 귀결되는데 그것이 바로 잉여 현금흐름이다.

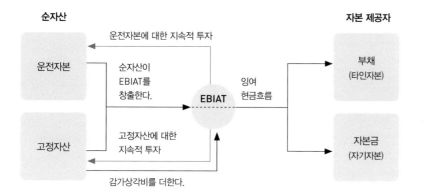

순자산

운전자본에 대한 지속적 투자

운전자본

순자산이 EBIAT를 창출한다.

EBIAT

잉여 현금흐름

고정자산에 대한 지속적 투자

고정자산

감가상각비를 더한다.

자본 제공자

부채 (타인자본)

자본금 (자기자본)

$$EBIT - 세금 = EBIAT$$

$$EBIAT + 감가상각비 \pm 운전자본$$
$$변동분 - 자본적 지출 = 잉여 현금흐름$$

잉여 현금흐름은 다음과 같이 구한다. 먼저, 영업활동이 EBIT를 창출한다. 여기에서 정부의 몫인 세금을 차감하면 EBIAT가 된다. 그런 다음, 감가상각비 같은 비현금성 비용은 현금 지출을 수반하는 비용이 아니므로 더해야 한다. 거기에 기업이 성장함에 따라 지속적으로 발생하는 운전자본과 고정자산에 대한 투자를 고려해야 한다. 이렇게 해서 나온 금액이 바로 잉여 현금흐름이다.

지난 50년 동안 재무 분야에서는 경제적 수익을 평가할 지표를 찾고자 노력해왔다. 그렇게 해서 다다른 결론이 바로 잉여 현금흐름이다. 왜 잉여 현금흐름일까? 잉여 현금흐름에는 현금에 영향을 미치는 모든 요인이 망라되어 있기 때문이다. 또한 자본 제공자에게 제공할 수 있는 현금흐름, 즉 자유롭게 처분할 수 있는 현금흐름이 얼마인지도 확인하게 해준다. 〈그림 2-4〉는 1960년대 이래 관심 현금 지표가 매출액을 시작으로 순이익, EBITDA, 영업 현금흐름을 거쳐 잉여 현금흐름으로까지 이행해온 과정과 함께 각 지표 간에 어떤 차이가 있는지를 보여준다.

아마존 vs. 넷플릭스

미래의 문제로 넘어가기에 앞서, 현금주의적 관점을 취하는 것이

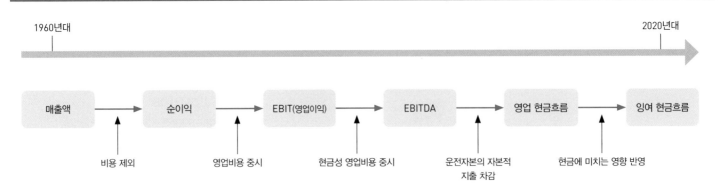

〈그림 2-4〉 매출액에서 잉여 현금흐름으로의 이행

| 1960년대 | | | | | | 2020년대 |

매출액 → 순이익 → EBIT(영업이익) → EBITDA → 영업 현금흐름 → 잉여 현금흐름

비용 제외

영업비용 중시

현금성 영업비용 중시

운전자본의 자본적
지출 차감

현금에 미치는 영향 반영

왜 중요한지 알아보기 위해 아마존과 넷플릭스를 비교해보자. 〈그림 2-5〉와 〈그림 2-6〉에 두 기업의 매출액 수치를 제시해두었다. (아마존이 넷플릭스보다 훨씬 더 큰 기업이기 때문에) 매출액 단위가 다르기는 하지만, 2001~2017년에 두 기업 모두 큰 성장을 보였음은 분명하다. 하지만 그건 매출액만 봤을 때의 이야기다. 〈그림 2-7〉과 〈그림 2-8〉에서 다른 재무 수치를 보라.

아마존의 순이익은 적자를 보이다가 비교적 최근에 와서야 흑자를 기록하고 있다. 순이익 지표로는 넷플릭스가 아마존보다 앞서는 것으로 나타난다. 아마존은 순이익률이 2%에 불과하지만, 넷플릭스는 5%에 달하기 때문이다.

그렇다면 영업 현금흐름을 보라. 여기서부터 상황이 반전된다. 왜 다른 수치도 봐야 하는지 알 수 있을 것이다. 영업 현금흐름은 어떤가? 아마존의 경우, 현금흐름이 비현금성 비용과 운전자본의 관리 때문에 큰 폭으로 증가하는 양상을 보인다. 반면 넷플릭스는 높았던 순이익이 마이너스의 영업 현금흐름으로 바뀌고 있다. 콘텐츠에 많은 투자를 하기 때문이다. 간단히 말해, 넷플릭스는 콘텐츠 구매량이 증가함과 함께 콘텐츠 구매 대금을 신속하게 결제하게 되면서 현금이 다량으로 빠져나가고 있음을 알 수 있다.

마지막으로, 잉여 현금흐름을 보라. 자본적 지출이 반영되니 양상이 좀 바뀔 것이다. 넷플릭스는 자본적 지출이 많지 않다. 그래

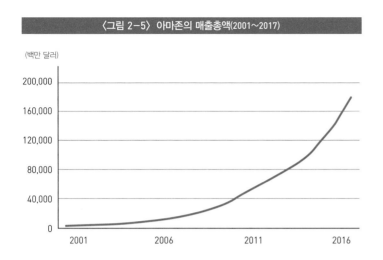

〈그림 2-5〉 아마존의 매출총액(2001~2017)

(백만 달러)

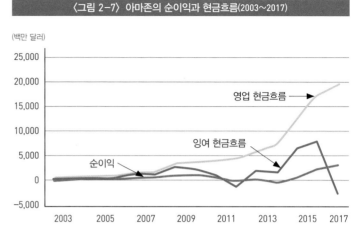

〈그림 2-7〉 아마존의 순이익과 현금흐름(2003~2017)

(백만 달러)

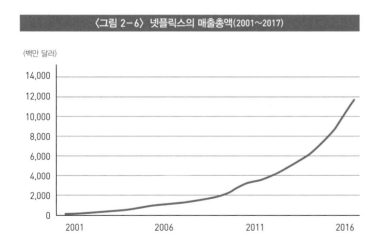

〈그림 2-6〉 넷플릭스의 매출총액(2001~2017)

(백만 달러)

〈그림 2-8〉 넷플릭스의 순이익과 현금흐름(2003~2017)

(백만 달러)

모건 스탠리의 사모펀드 글로벌 본부장 앨런 존스는 다음과 같이 말했다.

"기업을 인수할 때는 우리가 인수 기업에 어떤 변화를 가져올 수 있는지 다양하게 검토합니다. 이를 위해 손익계산서, 현금흐름표, 재무상태표를 활용하죠. 제일 먼저 손익계산서를 보고 매출액을 성장시킬 수 있는지, 매출총이익을 개선할 수 있는지를 검토합니다. 그러고 나서 밑으로 내려가 영업비용을 줄일 여지가 있는지, 세금과 관련해 부담을 줄일 수 있는지를 따져봅니다.

그다음으로 현금흐름표를 보면서 자본적 지출에 어떤 변화를 줄 수 있는지, 예상 수익률을 높게 유지하기 위해 자본적 지출을 보류하고 2~3년 동안의 실적을 철저히 모니터링할 것인지 등을 살펴봅니다. 특히 운전자본은 개선할 여지가 많습니다. 운전자본에 거의 신경을 쓰지 않아 매출액 대비 운전자본 비율이 어떻게 손써볼 방도가 없는 지경이 된 기업들이 놀라운 정도로 많습니다. 현금흐름표를 검토할 때는 매출채권, 재고, 외상매입금을 철저히 따집니다.

그런 뒤 재무상태표로 넘어갑니다. 여기서는 비핵심 자산을 검토하고, 보유 자산의 자본집약도를 보다 잘 관리할 여지가 있는지 검토합니다."

서 잉여 현금흐름이 영업 현금흐름만큼 나빠지지는 않았다. 아마존은 (홀푸드를 인수하는 등의 이유로) 자본적 지출이 많다. 그래서 최근 몇 년 사이에 잉여 현금흐름이 마이너스를 보였다.

어떤 현금 지표를 보느냐에 따라 이 두 기업이 처한 상황을 놓고 다른 이야기를 할 수 있다. 순이익이나 매출액에 집중했다면 놓치고 지나갔을 이야기다. 잉여 현금흐름에 방점을 두면, 이 두 기업의 잉여 현금흐름에 가장 큰 영향을 미치는 요인이 자산의 자본집약도라는 사실이 명확해진다.

콘텐츠 구매에 쓰는 자금이 많은 넷플릭스는 잉여 현금흐름에 결정적 영향을 미치는 요인이 콘텐츠 구매량과 그에 따른 운전자본임을 알 수 있다. 반면, 오프라인 소매업으로 사업을 확장하기 위해 홀푸드를 인수한 아마존은 잉여 현금흐름에 결정적 영향을 미치는 요인이 인수 행보와 그에 따른 자본적 지출임을 알 수 있다.

재무의 미래 지향성

회계와 재무 분석은 과거와 현재에서 해답을 찾는다. 반면 재무적 의사결정은 가치평가를 비롯한 가장 중요한 질문에 대한 해답을 미래에서 찾는다. 간단히 말해, 모든 가치는 미래의 실적으로부터 나오므로 현금흐름에 드러나게 되어 있다는 뜻이다. 그렇게 바라보면 미래의 모든 현금이 동일한 가치를 창출하는 것은 아니라는 문제가 발생한다.

오늘 받는 현금 1달러와 10년 후에 받는 1달러가 같은가? 분명히 아니다. 그렇다면 재무는 자산에서 창출될 미래의 잉여 현금흐름을 어떻게 평가할 것인가를 규정해야 할 뿐 아니라 미래의 잉여 현금흐름이 현재 기준으로 얼마이며, 그 현재 기준의 가치를 어떻게 계산할 것인가도 규정해야 한다.

그러려면 미래의 현금흐름을 모두 합산하는 것만으로는 해결되지 않는다. 그보다 더 복잡한 문제다. 그 이유는 화폐의 시간 가치로 알려진 재무의 기본 개념 때문이다. 재무에서 핵심적인 위치를 차지하는 이 개념은 의외로 매우 간단하다. 예를 들어, 오늘의 1달러는 1년 뒤의 1달러보다 가치가 더 높다는 것이다.

왜 그럴까? 이 간단한 발상이 뜻하는 바는, 오늘 1달러가 있다면 그걸 가지고 수익을 창출해 1년 후에는 1달러 이상의 금액으로 늘릴 수 있다는 것이다. 역으로, 1년 뒤에 받는 1달러의 가치가 오늘의 1달러보다 적다는 것이다. 그런데 얼마나 적은 것일까?

그 차이는 그 돈의 기회비용에 달려 있다. 다른 선택을 했다면 얼마를 벌 수 있었을 텐데 그것을 포기했는가? 1년이라는 시간을 기다리지 않아도 된다고 한다면, 그 돈을 가지고 무엇을 할 것인가? 기다림에 따른 비용을 알 수 있다면 기회비용만큼 미래 현금흐름을 '벌punish'할 수 있다. 이처럼 미래의 현금흐름을 '벌'하는 기회비용을 할인율 discount rate이라고 한다. 현금흐름을 벌한다는 개념이 이상해 보일 수도 있을 텐데, 할인을 한다는 것이 말 그대로 벌을 주는 것이다. 돈을 받기까지 기다리게 한 사람을 벌하는 것으로 생각하면 된다. 기다리기를 원치 않았기 때문에, 그리고 기다리지 않았다면 그 돈을 가지고 무언가를 할 수 있었는데 그럴 수 없었기 때문에 벌을 주는 것이다.

뒤에서 이 개념을 활용해 기업을 평가할 것이다. 여기서는 할인이 기본적으로 어떤 의미인지와 함께 할인의 개념이 적용되는 기초 공식을 알아보는 것으로 만족하자.

할인

화폐의 시간 가치와 기회비용이라는 개념을 수식으로 어떻게 표현할 수 있을까? 간단한 방법은 이자율을 적용하는 것이다. 오늘

은행에 돈을 맡기면 연 10%의 이자율이 적용되어 1년 뒤에 1.1달러가 된다고 해보자. 그렇다면 오늘의 1달러와 1년 뒤의 1.1달러는 기본적으로 동등한 가치를 지닌다고 할 수 있다.

오늘의 1달러가 1년 뒤의 1달러보다 가치가 높다고 하는 이유를 이제 눈치챘을 것이다. 그렇다면 돈을 받는 데 기다리게 한 것에 대해 미래의 현금흐름을 어떻게 벌해야 하는지를 알게 된 셈이다. 1년을 기다려야 할 때마다 머리를 자르듯 '1+이자율'로 미래의 현금흐름을 잘라내야 한다. 기다리지 않았다면 돈을 은행에 맡겨 이자율만큼 불릴 수 있었을 것이기 때문이다.

$$\text{할인 공식} = \frac{\text{현금흐름}}{1+r}$$

r: 할인율

여기서 할인율 r은 다른 데 투자했다면 받을 수 있었을 이자율을 말한다. 다른 말로 하면, 기다린 대가로 당신이 부과하는 기회비용이다. 예를 들어, 오늘부터 1년 뒤 1,000달러를 받게 되는데 오늘 기준으로 미래의 1,000달러가 얼마의 가치가 될지 알고 싶다고 해보자. 은행에 가면 5%의 이자율을 받을 수 있고, 당신에게 오늘 1,000달러가 있다면 은행에 맡겼을 것이라고 가정해보자. 앞서 말

한 공식에 할인율 5%를 적용하면 1년 뒤에 받는 1,000달러의 현재 가치는 952.38달러라는 것을 알 수 있다. 즉 오늘 952.38달러를 은행에 맡긴다면 1년 뒤에는 1,000달러가 될 것이다.

이자율이 갑자기 10%로 상승했다고 해보자. 1년 뒤 1,000달러가 아직도 현재 기준으로 952.38달러일까? 그보다 가치가 더 높을까, 아니면 더 낮을까? 반대로 이자율이 하락하면 어떻게 될까?

이자율이 10%로 상승하면, 1년 뒤 1,000달러를 받기 위해서는 지금 952.38달러가 아니라 909.9달러를 맡기면 된다. 이자율이 2%로 떨어지면, 1년 뒤 1,000달러를 받기 위해서는 지금 980.39달러를 맡겨야 한다. 이 말은 곧 이런 뜻이다. 이자율이 10%로 상승하는 경우(1년 뒤의 1,000달러가 오늘 909.9달러와 가치가 같은 경우)에는 미래의 현금흐름을 더 많이 벌줘야 한다. 기회비용이 높기 때문이다. 2%로 하락하는 경우(1년 뒤의 1,000달러가 오늘 980.39달러와 가치가 같은 경우)에는 미래의 현금흐름을 덜 벌줘야 한다.

다년간 할인

다년간에 걸친 미래의 현금흐름이라면 어떨까? 앞서 설명한, 벌을 주는 논리를 생각해보라. 1년 이상을 기다려야 한다면 현금흐름을 수차례 할인해야 할 것이다. 다년간에 걸쳐 할인하는 것은 1년을 할인하는 것과 거의 같은데, 다만 할인이 반복돼야 한다는 점만

다르다. 다년간에 걸친 할인 공식은 원래의 공식을 변형하면 쉽게 도출할 수 있다.

$$다년간\ 할인\ 공식 = \frac{현금흐름_1}{(1+r)} + \frac{현금흐름_2}{(1+r)^2} + \frac{현금흐름_3}{(1+r)^3} + \cdots$$

r: 할인율

여기서도 r은 연간 할인율, 즉 이자율이다. 구분을 위해 현금흐름마다 그 옆에 숫자로 표시해두었는데 해당 현금을 받게 되는 해를 뜻한다. 1년을 더 기다리게 될 때마다 현금흐름을 한 번 더 할인해주어야 한다. 기회비용을 더 부과해야 하기 때문이다.

은행에서 향후 3년 동안 해마다 1,000달러를 주기로 했으며 시장 이자율이 5%라고 가정해보자. 당신에게 얼마의 가치가 있을까? 우선은 해마다 주는 1,000달러의 현재가치를 알 필요가 있다. 다년간 들어오는 현금흐름이 있다면 공식을 활용해 해마다 들어오는 금액을 현재가치로 우선 환산할 필요가 있다. 그렇게 하지 않는다면, 사실상 가치의 우열을 가리기 힘든 사과와 오렌지 중 뭐가 더 나은지 고르는 격이 되고 만다. 현재가치를 모르면 어떤 것이 얼마의 가치가 있는지 알 수 없으므로 현재가치로 환산해야 하고, 그 값들을 다 더하면 된다.

$$\frac{1,000}{(1+0.05)} + \frac{1,000}{(1+0.05)^2} + \frac{1,000}{(1+0.05)^3} + \cdots$$

즉, 952.38달러 + 907.03달러 + 863.84달러 = 2,723.25달러가 된다.

할인율의 영향

할인율이 현금흐름의 현재가치에 얼마나 큰 영향을 미치는지 생각해보자. 10년 동안 해마다 1,000달러를 받을 수 있다고 가정해보자. 할인율에 따라 이 현금흐름 전체의 가치가 어떻게 바뀔까? 할인율은 현재가치에 큰 영향을 미친다(그림 2-9).

매몰비용과 순현재가치

회계와 재무의 차이점뿐 아니라 가치 할인의 과정이 우리에게 주는 교훈은 매몰비용이 중요하지 않다는 점이다. 매몰비용이란, 이미 발생했기 때문에 회수할 수 없는 비용을 말한다. 회계에서는 재무상태표와 손익계산서에 매몰비용을 세세하게 따져 고려하지만, 재무에서는 자산 구매를 위해 사용한 금액이 영원히 사라지고 마는 비용이라고 생각한다.

예를 들어, 당신이 경영하는 기업이 새로운 제품을 출시할 시장

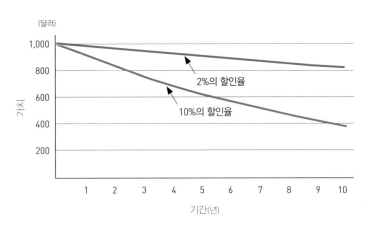

〈그림 2-9〉 할인율: 2%의 영향 vs.10%의 영향

(달러)

가치

기간(년)

2%의 할인율

10%의 할인율

· 2%의 할인율을 적용했을 경우 총액: 9,982달러 · 10%의 할인율을 적용했을 경우 총액: 7,144달러

을 조사하는 데 10만 달러를 썼다고 해보자. 신제품의 미래에 대해 무엇을 알게 됐든지 상관없이, 그 10만 달러는 영원히 날아가 버리고 만다. 신제품의 미래(예컨대, 시장에 내놓아야 하는가?)에 대해 어떤 결정을 내리든 거기에는 시장 조사의 결과가 반영될 것이다. 하지만 당신이 시장 조사용으로 써버린 1만 달러는 돌아오지 않는다. 시장 조사 비용만 그런 것이 아니다. 신제품을 개발하고 출시하는 데 들어간 시간 역시 돌아오지 않는다. 당신이 아무리 원한다고 해도 비용, 시간 모두 돌아오지 않을 것이다.

간단히 말해, 가치를 평가하려면 당신은 다음과 같이 해야 한다.

① 미래를 주시한다.

② 시간에 걸쳐 창출되는 현금흐름을 파악한다.

③ 자본에 대한 기회비용을 활용해 그 현금흐름들을 현재가치로 할인한다.

프로젝트의 현재가치는 현재가치로 할인된 잠재적 현금흐름을 음의 값이든 양의 값이든 모두 더하면 된다. 들어오는 현금흐름은 양의 현금흐름, 나가는 현금흐름은 음의 현금흐름이다. 순현재가치Net Present Value, NPV를 구하는 작업에도 동일한 과정이 적용되지만, 프로젝트의 초기 비용을 차감한다는 차이점이 있다. 예로, 나이키가 7,500만 달러를 들여 신규 공장을 짓는다고 해보자. 그 공장은 앞으로 5년 동안 나이키 신발을 생산해 매해 2,500만 달러의 현금을 창출할 것이다. 여기에 10%의 할인율을 적용해보자.

나이키 공장의 현재가치 ①

$$\frac{2,500}{(1+0.1)} + \frac{2,500}{(1+0.1)^2} + \frac{2,500}{(1+0.1)^3} + \frac{2,500}{(1+0.1)^4} + \frac{2,500}{(1+0.1)^5} = 9,480만 달러$$

한 친구가 당신에게 돈을 빌려달라고 한다. 당신은 친구가 1년 후에 갚기를 원하는가, 아니면 2년 후에 갚기를 원하는가?

1년 뒤에 받고 싶다는 사람이 대부분일 것이다. 그 돈으로 다른 걸 할 수 있기 때문이다. 이것이 바로 기회비용의 개념이다. 기다림의 비용은 그 돈이 있다면 할 수 있었던 것들과 관련이 있다. 재무의 핵심 개념 중 하나는 적절한 기회비용을 찾아내는 것이다. 왜냐하면 기다리는 대신 그 대가로 얼마를 부과할지를 결정할 수 있기 때문이다.

모든 투자에 대해 동일한 기회비용이 적용되는 것은 아니다. 모든 투자 대안이 아니라 의미 있는 투자 대안이 반영되기 때문이다.

친구가 2년 뒤에 갚고 싶어 할 때, 그만큼 더 기다릴 수 있으려면 당신은 어떤 요구를 해야 할까?

1년 더 기다리는 대신 금액을 추가하는 것은 매우 정당한 요구다. 더 기다릴 수밖에 없는 상황이라면 추가적 수익을 요구하는 것이 일반적이다.

친구에게 얼마를 더 요구할 것인가 하는 문제에 영향을 미치는 요인은 무엇인가?

과거에 당신에게 얼마 만에 돈을 갚았는지, 친구의 직업이 얼마나 안정적인지, 친구의 수입이 얼마인지 등 그 친구가 믿을 만한지를 염두에 두는 사람들이 많을 것이다. 1년 더 기다리는 대신 당신이 부과하는 추가 금액은 그 친구의 리스크가 얼마나 큰지를 반영해야 한다. 리스크에 대한 대가 청구의 문제는 제4장에서 다룰 것이다.

이 프로젝트의 현재가치는 9,480만 달러다. 즉, 7,500만 달러를 들여 9,480만 달러를 벌어들인다는 의미로, 나이키는 1,980만 달러의 추가 가치를 창출할 것이다. 1,980만 달러가 이 프로젝트의 순현재가치다. 1,980만 달러의 추가 가치를 창출하는 프로젝트이기 때문에 나이키는 공장 건립을 추진해야 한다. 재무적 관점의 의사결정이란 바로 이런 것이다. 기업은 순현재가치가 양의 값을 갖는 프로젝트만 추진해야 한다.

다음 해에 나이키가 생산량을 다시 검토해봤는데, 안타깝게도 매출액이 양호하지 않다. 첫해 2,500만 달러가 들어올 것으로 예상했으나 1,000만 달러만 들어왔고, 이 추세가 앞으로 4년 동안 지속될 것으로 예상된다.

2008년 금융위기 이래 중앙은행이 금리를 낮게 유지해오고 있다. 그 결과로 주식시장이 급상승했다고 주장하는 사람들이 많다. 왜 그럴까?

최근의 상승장을 해석하는 한 가지 방법은 이자율의 하락이 주가 상승으로 이어졌다고 보는 것이다. 배당에 따른 미래 현금흐름이든, 자본이득capital gain에 따른 미래 현금흐름이든 현금흐름에 대한 할인율이 하락한 것이 주가 상승을 이끌었다는 것이다.

리스크가 큰 것으로 간주되는 국가의 경우, 투자자들은 대개 리스크에 대한 보상으로 높은 수익률을 요구한다. 그런 투자 환경과 높은 할인율을 적용할 수밖에 없는 상황을 고려할 때, 기업들은 어떤 투자 행태를 보일까?

리스크가 크고 이자율이 높은 나라에 대해 투자자들은 단기에 수익을 거둘 수 있는 투자 기회를 노릴 가능성이 크다. 먼 미래의 현금흐름일수록 가치가 낮기 때문이다. 따라서 예컨대 몇 년의 시간이 소요되고 비용도 많이 드는 대규모의 알루미늄 제련 공장은, 비교적 짧은 시간 내에 설립할 수 있는 무역 회사에 비해 정당화되기 힘든 투자 행태가 된다.

나이키 공장의 현재가치 ②

$$\frac{1,000}{(1+0.1)} + \frac{1,000}{(1+0.1)^2} + \frac{1,000}{(1+0.1)^3} + \frac{1,000}{(1+0.1)^4} = 3,170만\ 달러$$

미래 현금흐름의 현재가치가 이제는 3,170만 달러가 됐다. 이처럼 첫해에 실망스러운 실적이 나온 이후, 경쟁 업체가 나이키에 접근해 4,000만 달러에 공장을 인수하겠다고 제안하면 어떻게 해야 할까?

나이키는 지체 없이 제안을 수락해야 한다. 공장에서 창출되는 미래 현금흐름의 가치가 3,170만 달러에 불과하니, 4,000만 달러라는 제안은 훨씬 이로운 것이다. 나이키는 3,170만 달러의 현금흐름을 포기하게 되는 셈이므로 거래 제안의 순현재가치, 즉 거래를 수락함으로써 나이키가 창출되게 될 가치는 830만 달러가 된다. 공장을 짓는 데 들어간 7,500만 달러는 어떻게 하느냐고? 그것은 이미 발생했고 회수할 수 없는 매몰비용이다. 매몰비용은 제안을 수락할지 말지 결정하는 데 아무런 영향도 미치지 못한다. 나이키 당신이 NBA 팀의 단장이라고 해보자. 새로운 선수를 선발할 때 당신이 1순위로 선택한 선수와 10순위로 선택한 선수가 기량이 같다는 사실을 선수 선발을 마친 이후에 알게 됐다. 어떤 선수에게 더 많은 출전 시간을 줄 것인가?

두 선수의 기량이 같다면, 당신은 두 선수를 차별 없이 대하고 출전 시간도 동일하게 줘야 한다. 그러나 1995년 행정학 학술지 〈계간 행정학 Administrative Science Quarterly〉에 게재된 논문에 따르면, NBA 팀들은 선순위로 지명되어 몸값이 비싼 선수들에게 더 많은 출전 시간을 줄 뿐 아니라 그들이 성적이 안 좋고 부상을 당한 경우 포지션을 변경해서라도 더 오랫동안 보유하는 것으로 드러났다.[1] 농구에서조차도 매몰비용에 대한 미련을 버리지 못한다는 사실을 보여주는 연구 결과다.

값이다.

현재가치 방정식

$$\text{현재가치}_0 = \frac{\text{현금흐름}_1}{(1+r)} + \frac{\text{현금흐름}_2}{(1+r)^2} + \frac{\text{현금흐름}_3}{(1+r)^3} + \frac{\text{현금흐름}_4}{(1+r)^4} + \cdots$$

둘째, 투자의 순현재가치는 적정한 할인율을 활용해 현재가치로 할인된 미래의 현금흐름들과 현재의 현금흐름들을 모두 합한 값이다.

순현재가치 방정식

$$\text{순현재가치}_0 = \text{현금흐름}_0 + \frac{\text{현금흐름}_1}{(1+r)} + \frac{\text{현금흐름}_2}{(1+r)^2} + \frac{\text{현금흐름}_3}{(1+r)^3} + \frac{\text{현금흐름}_4}{(1+r)^4} + \cdots$$

의 경쟁 업체는 나이키가 예상하는 것보다 더 좋은 실적을 낼 복안을 가지고 있을 것이다. 그렇지 않다면 공장을 인수하는 데 4,000만 달러를 제안할 수 없었을 테니 말이다.

나이키의 사례를 통해 재무에서 가장 중요한 두 가지 방정식을 일반화하여 도출할 수 있다. 첫째, 투자의 현재가치는 적정한 할인율을 활용해 현재가치로 할인된 미래의 현금흐름들을 모두 합한

경영자들이 가치 창출을 중시한다면 따라야 할 가장 중요한 재무 의사결정 원칙은 순현재가치가 양의 값을 갖는 프로젝트만 추진하는 것이다.

개념 응용: 코닝글래스, 샤프전자의 사례

코닝글래스 주식 분석

당신이 증권 애널리스트나 투자자라고 해보자. 특정 기업에 대한 투자 여부를 어떻게 판단할 수 있을까? 증권 애널리스트인 알베르토 모엘의 코닝글래스Corning Glass 기업 분석 사례를 살펴보자. 이 사례는 가치평가가 어떻게 이루어지는지뿐 아니라 가치평가를 올바르게 적용하면 어떤 효과를 기대할 수 있는지까지도 잘 보여준다.

코닝글래스는 스마트폰, TV, 노트북 등을 제조하는 데 쓰이는 디스플레이용 유리를 생산한다. 생산이 쉽지 않은 디스플레이용 유리 생산 공정을 완벽하게 이해하고 있는 몇 안 되는 기업 중 하나다. 이런 점 때문에 코닝글래스는 시장을 주도해올 수 있었다.

평면 TV와 스마트폰에 대한 수요가 치솟음에 따라 코닝글래스는 2000년대 초 급속하게 성장했다. 그런데 수요가 둔화되기 시작했다. TV 시장과 스마트폰 시장이 예전처럼 빠른 성장세를 보이지 않자 디스플레이용 유리 시장도 성장이 둔화됐다. 코닝글래스는 기술력, 규모, 시장 주도적 지위를 모두 겸비한 기업이었다. 그런데도 자사 고객인 디스플레이 생산 업체들의 이익률이 감소함과 함께 코닝 주가도 하락세를 면치 못하게 됐다.

〈그림 2-10〉은 2008년부터 2012년까지 코닝글래스의 주가 추이를 보여준다. 여기에 미국 주식시장을 대표하는 지수인 S&P500 지수와 코닝글래스의 고객인 LG디스플레이의 주가 추이도 표시되어 있다.

디스플레이 패널 가격이 15%에서 20%까지 하락하면서 2010년 초부터 LG디스플레이로 대표되는 디스플레이 업체들의 이익률이 하락하기 시작했다. 이와 함께 코닝글래스로 대표되는 납품 업체의 주가에도 디스플레이 업체의 이익률 감소가 반영되기 시작했다.

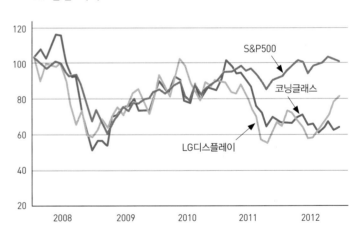

〈그림 2-10〉 코닝글래스 주가 추이(2008~2012)

2008년 연초 주가 = 100

● 당신이 투자자라면 이런 모든 요인을 고려해 코닝의 주식을 매수하겠는가, 아니면 매도하겠는가?

한편으로 보면, 코닝글래스의 고객들이 곤란한 상황에 빠진 것처럼 보인다. LG디스플레이를 비롯한 모든 디스플레이 업체의 이익률이 압박을 받고 있으며, 그에 따라 현금흐름이 감소하고 있기 때문이다. 그렇다면 이런 상황은 코닝글래스에 어떤 의미가 있을까?

사실, 코닝글래스의 이익률에 영향을 미치는 디스플레이용 유리 가격은 디스플레이 가격만큼 내려가지 않았다. 제품의 경쟁력 덕에 코닝글래스는 가격을 결정할 수 있는 지위에 있었기 때문이다. 디스플레이 업체들의 코닝글래스에 대한 의존도가 높았기 때문에 코닝글래스는 디스플레이 가격이 내려가는 상황에서도 높은 유리 가격을 유지할 수 있었다.

그래서 모엘은 코닝글래스가 디스플레이용 유리 가격을 결정할 수 있음에도 시장이 수요 감소의 영향을 과대평가하고 있다고 판단했다.

● 제1장에서 다룬 인텔과 푸드라이언의 이익률 논의를 코닝글래스에 적용하면, 코닝글래스의 이익률이 낮다고 생각하는가, 아니면 높다고 생각하는가?

코닝글래스의 EBITDA 이익률은 2017년에 27%에 달했다. 코닝글래스는 기본적으로 모래를 유리로 탈바꿈시킨다는 점에서 높은 부가가치를 창출하는 기업이다. 그러므로 이익률이 높아야 한다.

● 코닝글래스의 성장을 고려할 때 EBIT/매출액 비율과 EBITDA/매출액 비율 간의 차이가 크다고 생각하는가, 아니면 작다고 생각하는가?

2000년대 초 코닝글래스가 급격히 성장한 비결은 생산 설비에 막대한 투자를 단행한 덕분이었다. 그 영향으로 감가상각비는 많았고 EBIT는 낮았다. EBIT/매출액 비율과 EBITDA/매출액 비율 간의 차이가 클 수밖에 없고, 따라서 EBITDA/매출액 비율이 코닝글래스의 실적 지표로서 신뢰성이 더 크다. 2012년 기준 코닝의 EBIT/매출액 비율은 14%였고, 그에 반해 EBITDA/매출액 비율은 27%였다.

예상 현금흐름

코닝글래스에 대한 가치평가 작업에 착수하기 위해 모엘은 현금흐름을 예측하는 작업을 진행했다. 그런 뒤 현금흐름 예측치를 가지고 코닝글래스의 잉여 현금흐름을 추정해나갔다(표 2-2). 2014년 기준 잉여 현금흐름을 계산할 수 있겠는가? (힌트: 2012년과 2013년 기준 잉여 현금흐름을 보고 어떻게 계산했는지를 파악하라.)

잉여 현금흐름 공식을 활용하면, 17억 6,200만 달러(21억 9,500만 달러+11억 800만 달러-14억 9,100만 달러-5,000만 달러)가 나온다.

이제 현재가치를 알아내기 위해 잉여 현금흐름을 할인할 차례다. 그러기에 앞서 할인계수[1/(1+할인율)^n]를 구해야 하는데, 할인계수는 할인 공식에서 도출된다. 즉, 1년 뒤의 1달러가 현재 기준으로 얼마인가 하는 문제다. 할인계수를 구했다면(모엘은 할인율로 6%를 적용했다), 잉여 현금흐름을 할인계수로 곱하라. 2015년 잉여 현금흐름의 현재가치를 구하되 2014년 수치들을 참조하라(표 2-3).

잉여 현금흐름을 할인계수로 곱하면 13억 8,100만 달러가 나오는데, 이 금액이 2015년 예상 현금흐름의 현재가치다.

코닝글래스의 가치를 구하기 위해 모든 미래 현금흐름들의 할인 가치를 더하라. 그러면 182억 5,100만 달러가 나올 것이다(〈표

〈표 2-2〉 코닝글래스 가치평가①						

(단위: 백만 달러)

구분	2012(E)	2013(E)	2014(E)	2015(E)	2016(E)	2017(E)
EBIAT	2,046	2,136	2,195	2,144	2,154	2,126
+감가상각비	983	1,056	1,108	1,169	1,238	1,315
-자본적 지출	1,775	1,300	1,491	1,615	1,745	1,864
-운전자본 증가분	112	32	50	53	46	47
잉여 현금흐름	1,142	1,860	?			
할인계수						
잉여 현금흐름 현재가치						
잉여 현금흐름 현재가치 누적치						
-부채	3,450					
+현금	6,351					
주주 가치						
발행주식 수(백만 주)	1,400					
추정 주가(달러)						

2-2〉와 〈표 2-3〉은 관련된 모든 현금흐름을 포함하고 있지 않은데 그 이유에 대해서는 제5장의 '종료가치'를 참조하라). 182억 5,100만 달러는 기업의 가치를 나타낸다. 하지만 우리가 알고 싶은 것은 주식에 투자하는 것이 좋은가 하는 점이다. 이를 알기 위해, (미래 현금흐름만이 아니라 현금도 해당 기업이 소유한 것이기 때문에) 현금을 더해야 한다. 또한 부채가 채권자에게 변제된 후에야 주주가 변제를 받기 때문에 부채를 빼야 한다. 그러므로 코닝글래스의 주식 가치는 211억 5,200만 달러가 된다. 전체 발행주식 수가 14억 주이므로 주당 가치는 15.11달러가 된다. 당시 주가가 11달러에 불과하므로 투자자들은 코닝글래스의 고객들이 체감하는 실적보다 주식의 가치를 더 낮게 평가하고 있다는 사실을 알 수 있다.

그래서 2012년 12월 자 보고서에서 모엘은 코닝글래스 주식을

〈표 2-3〉 코닝글래스 가치평가②

(단위: 백만 달러)

구분	2012(E)	2013(E)	2014(E)	2015(E)	2016(E)	2017(E)
EBIAT	2,046	2,136	2,195	2,144	2,154	2,126
+감가상각비	983	1,056	1,108	1,169	1,238	1,315
−자본적 지출	1,775	1,300	1,491	1,615	1,745	1,864
−운전자본 증가분	112	32	50	53	46	47
잉여 현금흐름	1,142	1,860	1,762	1,645	1,601	1,530
할인계수		0.9434	0.8900	0.8396	0.7921	0.7473
잉여 현금흐름 현재가치		1,755	1,568	?		
잉여 현금흐름 현재가치 누적치						
−부채	3,450					
+현금	6,351					
주주 가치						
발행주식 수(백만 주)	1,400					
추정 주가(달러)						

현장의 목소리

증권 애널리스트 알베르토 모엘은 가치평가 시 현금흐름의 중요성에 대해 다음과 같이 말했다.

"'현금이 왕'이라는 말은 사실입니다. 투자자라면 너나 할 것 없이 찾는 것이 바로 현금 수익이기 때문입니다. 돈을 어딘가에 넣어두었다면 나중에 다시 찾아가길 원하죠. 돈을 돌려받는 유일한 방법은 그 금액이 현금화가 가능해야 한다는 것입니다. 당신이 주주인데 주가가 올라 그 주식을 처분했다면 현금이 돌아옵니다. 배당금을 노리는 투자자라면 약간의 현금이 배당으로 돌아올 거라 예상합니다. 돈을 빌려준 투자자라면 현금을 내준 대가로 수입이 들어올 거라 예상합니다. 주주든 채권자든, 현금이 돌아올 수 있다는 점이 중요하죠.

각종 지표를 보면 기업이 어떻게 성장하고 있는지 알 수 있습니다. 현금을 창출하고 있는가? 그렇다면 당신에게 좋은 일입니다. 그렇지 않다면 문제가 생깁니다.

현금은 너무도 중요합니다. 따라서 현금 지표를 검토하는 것이 중요합니다. 결국, 현금은 가치평가의 초석이라고 할 수 있습니다. 그런 의미에서 가치평가의 시작과 끝은 할인된 현금흐름입니다. 중요한 것은 할인된 이익흐름이 아니라, 현금흐름입니다. 저 자신도 현금을 어딘가에 넣어두면 수익과 함께 되돌아오기를 원합니다. 그래서 할인된 현금흐름이 왕이라고 하는 것입니다."

〈그림 2-11〉 코닝글래스 주가 추이(2013~2014)

2013년 연초 주가 = 100

'매수' 추천했다. S&P500 지수와 LG디스플레이 주가와 비교하며 2012년 이후 2년 동안 코닝글래스의 주가가 어떻게 움직였는지를 보라(그림 2-11).

코닝글래스의 이익률이 디스플레이의 가격이 아니라 디스플레이용 유리 가격에 의해 좌우된다는 사실을 이해한 덕에, 모엘은 코닝글래스의 현금흐름이 디스플레이 업체들보다 더 나을 거라는 사실을 알 수 있었다. 게다가 EBITDA가 EBIT나 순이익보다 더 믿을 만한 수익 지표라는 사실도 알 수 있었다. 할인율 개념과 화폐의 시간 가치 개념을 활용해 코닝글래스 주식의 현재가치를 판단할 수 있었고, 훌륭한 매수 추천 의견도 제시할 수 있었다. 이렇듯 증권 애널리스트들은 투자자에게 투자 의견을 제시하고, 투자자들은 그 의견을 참조해 투자를 결정한다.

샤프전자의 공장 건설

TV를 비롯한 전자제품을 설계하고 생산하는 일본 기업 샤프전자와 세계 최대의 전자기기 OEM(주문자 상표 부착 생산 기업)이자 '폭스콘'이라는 이름으로 더 잘 알려진 홍하이정밀공업에 대해 알아보자. 코닝글래스와 마찬가지로, 이 사례도 뒤에서 또 검토할 것이다.

이 사례의 핵심은 샤프전자의 사카이 LCD 공장이다. 샤프전자는 평면 디스플레이의 개발과 양산에 성공한 세계 최초의 기업이다. 그런데 이에 만족하지 못한 샤프전자는 초대형 디스플레이(이를테면, 65인치 TV) 개발을 저울질하고 있었고, 초대형 디스플레이의 생산 여부를 결정해야 하는 갈림길에 놓였다.

당시만 해도 평면 디스플레이 시장은 소형 LCD가 주도하고 있었다. 그런 상황이었기에 시장을 선점하고 규모의 경제를 달성하면 대형 디스플레이에서 경쟁 우위를 충분히 확보할 수 있다는 게 샤프전자의 생각이었다. 하지만 생산이 문제였다. 대형 디스플레이를 생산하려면 대형 유리판이 필요했고, 대형 유리판을 처리하려면 큰 규모의 공장이 필요했다.

2011년, 샤프전자는 세계 최대 규모의 디스플레이 공장을 일본 오사카 근교 사카이에 건설하려면 기간은 3년, 자금은 48억 달러가 필요하다고 추산했다. 샤프전자는 공장이 완공되는 2014년부터 그곳에서 현금을 창출해낼 수 있으리라고 예상했다.

할인율을 8%로 가정하고 순현재가치를 계산해 샤프전자가 공장을 지어야 하는지를 판단해보자. 〈표 2-4〉에는 연도별 예상 현금흐름이 나와 있다. 이를 활용해 할인된 잉여 현금흐름을 모두 더하면 사카이 공장 건설 프로젝트의 순현재가치를 구할 수 있다.

사카이 공장의 순현재가치는 마이너스 29억 8,811만 달러다. 샤프전자는 이 공장을 건설해야 할까? 우리가 방금 다룬 내용을 모두 동원해 판단해보면, 건설하지 말아야 한다.

하지만 순현재가치가 마이너스인데도 샤프전자는 공장 건설을 강행했다. 대형 디스플레이는 생산하기가 기술적으로 매우 어려웠다. 그래서 양산에 성공하면 자사의 기술력을 입증할 수 있을 뿐 아니라 경쟁 우위를 확보해 시장을 선도할 수 있다는 생각에 도취되어 있었다. 샤프전자의 경영진도 여타 기업의 경영진과 똑같은 실수를 범했다. 순현재가치 분석 결과를 불신한 것이다. 순현재가치 분석이 자신들이 원하는 답을 제공해주지 않았기 때문이다. 그런데 그 불신이 문제였다. 아니나 다를까, 샤프전자가 문제에 봉착

(단위: 백만 달러)

연도	잉여 현금흐름	할인계수*	할인된 잉여 현금흐름
2007	-1,378.00	0.93	-1,275.93
2008	-3,225.00	0.86	-2,764.92
2009	-282.00	0.79	-223.86
2010	-430.35	0.74	-316.32
2011	-177.30	0.68	-120.67
2012	-83.33	0.63	-52.51
2013	6.83	0.58	3.99
2014	89.91	0.54	48.57
2015	166.32	0.50	83.20
2016	236.49	0.46	109.54
2017	300.80	0.43	129.01
2018	359.61	0.40	142.81
2019	413.26	0.37	151.95
2020	462.08	0.34	157.32
2021	457.46	0.32	144.21
2022	452.88	0.29	132.19
2023	448.36	0.27	121.18
2024	443.87	0.25	111.08
2025	439.43	0.23	101.82
2026	435.04	0.21	93.34
2027	430.69	0.20	85.56
2028	426.38	0.18	78.43
2029	422.12	0.17	71.89
순현재가치			-2,988.11

* 할인계수는 소수점 셋째 자리에서 반올림했다.

하는 데는 오랜 시간이 걸리지 않았다.

샤프전자는 왜 예측을 무시한 것일까? 우선, 초대형 LCD TV에 대한 소비자 수요가 강렬할 것이라고 착각했다. 그래서 LCD TV를 수천 달러의 가격에 판매할 수 있다고 오판했고, 그러면 충분한 이익률·EBITDA·현금흐름이 만들어져 가치를 창출할 수 있으리라고 본 것이다. 하지만 소비자들은 대형 LCD TV의 가격이 너무 비싸다고 생각했다.

샤프전자는 가격을 내리는 수밖에 없었다. 이는 곧 수익성 악화를 의미했고, 악화된 수익성을 만회하는 유일한 방법은 판매량을 늘리는 것이었다. 하지만 소비자들을 충분히 끌어들이려면 가격을 큰 폭으로 내려야 했다. 그런데 그런 가격 수준은 경제성이 없었다. 안타깝게도, 사카이 공장은 이럴 수도 없고 저럴 수도 없는 골칫거리 자산으로 전락하고 말았다. 투자를 통해 수익을 거둬들이지 못하자 이익률이 압박을 받았고, 결국 손실을 내게 됐다. 주주들은 주가가 하락하면서 걱정이 커졌고, 회계 문제까지 불거지면서 샤프전자는 공장을 매각해야 했다.

● **2011년, 샤프전자는 공장 매각 대금으로 최소 얼마의 제안을 받아야 수락할 수 있을까? 문제 해결에 도움을 준다는 차원에서 다음 사항을 고려해보라.**

① 샤프전자는 공장을 짓는 데 48억 달러를 썼다.

② 프로젝트의 순현재가치는 마이너스 29억 달러였다.

③ 샤프전자는 공장에서 창출될 현금흐름의 현재가치를 2011년 기준 32억 달러로 추산했다.

결국, 절박한 처지에 놓인 샤프전자는 사카이 공장 지분 46%를 7억 8,000만 달러에 홍하이정밀공업의 회장인 테리 구Terry Gou에게 넘기기로 했다. 공장의 가치가 약 17억 달러(7억 8,000만 달러/0.46)로 상정된 것이다. 샤프전자는 공장을 처분해 좋았겠지만, 당시 기준으로 실제 가치인 32억 달러보다 훨씬 싼 가격에 공장을 처분한 셈이다.

샤프전자는 두 가지 점에서 잘못된 결정을 내렸다. 하나는 공장의 순현재가치가 마이너스였기 때문에 애초에 공장을 짓지 말았어야 했다는 것이다. 또 다른 하나는, 공장이 가치가 매우 큰 자산이었기 때문에 더 비싼 가격에 처분하려고 노력했어야 했다는 것이다.

1. **당신은 전자제품 소매 기업 베스트바이의 구매부서를 관리하는 부서장으로, 현금전환주기의 자금 공백 기간을 걱정하고 있다. 다음 중 자금 공백 기간을 줄일 수 있는 방안이 아닌 것은 무엇인가?**

① 외상매입금 지급 기간을 늘린다.

② 매출액을 늘린다.

③ 매출채권 회수 기간을 줄인다.

④ 재고 보유 기간을 줄인다.

2. **재무와 회계의 차이점은 다음 중 무엇인가? (해당하는 것을 모두 고르라.)**

① 경제적 수익(순이익 vs. 잉여 현금흐름)

② 자산을 평가하는 법(역사적 원가주의 vs. 미래 현금흐름)

③ 재고를 계상하는 곳(손익계산서 vs. 재무상태표)

④ 주식 가치평가법(장부가치 vs. 시장가치)

3. **2016년, 화이자는 3억 5,000만 달러를 들여 중국에 신규 공장을 건설했다. 다음은 공장에서 창출될 현금흐름의 현재가치를 나타낸**

다. 공장을 건설하는 것이 합리적 결정이 되게 하는 현재가치 금액은 얼마인가? (해당하는 것을 모두 고르라.)

① 3억 달러

② 4억 달러

③ 5억 달러

④ 상기 금액 모두

4. 당신은 햄버거 프랜차이즈 가맹점 창업을 고려하고 있다. 예상 비용은 25만 달러이며, 창업하면 향후 5년간 상당한 잉여 현금흐름이 창출될 것으로 기대하고 있다. 5년 뒤 가맹점을 20만 달러에 매각할 생각이다. 5년간 현금흐름을 할인한 금액은 햇수별로 9만 달러, 8만 달러, 7만 달러, 6만 달러, 18만 달러다. 이 금액들은 5년간의 현금흐름이자 매출액이다. 당신의 투자에 대한 순현재가치는 얼마인가?

① 18만 달러

② 23만 달러

③ 48만 달러

④ 60만 달러

5. 경제적 수익을 측정할 때 재무에서는 왜 감가상각비를 더하는가?

① 감가상각비는 매우 불확실해서 계산에 포함돼서는 안 되므로

② 기업들이 자산을 구매하는 데 지나치게 많은 돈을 지출해 감가상각비가 너무 많으므로

③ 감가상각비는 현금성 비용이 아니므로

④ 감가상각비는 재무상태표에는 잡히지만 손익계산서에는 잡히지 않으므로

6. 페이스북 주식이 주당 150달러에 거래되고 있다고 할 때, 다음 중 사실이라고 할 수 있는 것은 무엇인가?

① 페이스북의 사업에서 창출될 모든 미래 현금흐름의 현재가치에서 현금과 부채를 차감하여 계산된 페이스북의 주당 가치가 150달러다.

② 페이스북 주식을 언제든지 최소 150달러에 팔 수 있다.

③ 매수한 페이스북 주식 1주의 현재가치가 150달러다.

④ 페이스북의 가치를 평가하는 데 활용된 미래 현금흐름에 대한 할인율이 15%다.

7. US스틸은 매출채권 회수 기간은 33일, 재고 보유 기간은 68일, 외상매입금 지급 기간은 49일이다. 그렇다면 자금 공백 기간은 며칠

인가?

① -14일

② 52일

③ 84일

④ 150일

8. 기존보다 20일 일찍 대금을 결제하면 납품 대금을 2% 할인해주겠다고 납품 업체가 제안했다면, 납품 업체가 20일 동안 부채를 내주는 데 어느 정도의 이자율을 부과하는 셈이 되는가?

① 0%

② 1%

③ 2%

④ 그것은 할인이지 부채가 아니다. 그러므로 이자율이 없다.

9. 당신이 경영하는 기업이 1억 달러를 들여 신규 공장을 건설한다. 공장에서 창출된 미래 현금흐름의 예상 현재가치가 1억 5,000만 달러다. 2년이 지나자, 신제품이 기대만큼 팔리지 않고 미래 현금흐름의 현재가치가 5,000만 달러에 불과하다는 사실이 분명해졌다. 그렇다면 공장 가동을 중단해야 하는가?

① 그렇다(순현재가치가 마이너스이기 때문에).

② 아니다(현재가치가 여전히 5,000만 달러이기 때문에).

10. 잉여 현금흐름에 대한 다음의 진술 중 참인 것은 무엇인가?

① 잉여 현금흐름은 자본금equity 제공자만을 위한 것으로 세금이 조정된다.

② 잉여 현금흐름은 모든 자본capital 제공자를 위한 것으로 세금이 조정된다.

③ 잉여 현금흐름은 자본금 제공자만을 위한 것으로 세금이 조정되지 않는다.

④ 잉여 현금흐름은 모든 자본 제공자를 위한 것으로 세금이 조정되지 않는다.

 제2장 요약

이 장에서는 재무의 핵심 원칙 두 가지를 살펴봤다.

첫째, 현금은 경제적 수익이라는 측면에서 순이익보다 우월하다. 그런데 문제는 '현금'이라는 개념이 다소 모호하다는 것이다.

그래서 EBITDA, 영업 현금흐름, 가장 이상적인 현금 개념인 잉여 현금흐름을 활용하면 현금을 정교하게 측정해주는 지표를 얻을 수 있다. 현금을 중시하면, 이익은 창출하지만 현금은 창출하지 못하는 기업들이 왜 살아남지 못하는지, 순이익은 창출하지 못하지만 현금은 많이 창출하는 기업이 왜 가치가 있는지 알 수 있다.

둘째, 오늘의 현금은 내일의 현금보다 가치가 더 크다. 그 이유는 자본의 기회비용에 있다. 기회비용의 개념을 무시했다가는 가치 창출은커녕 가치를 남에게 넘겨주거나 파괴하고 마는 결과를 맞이하게 된다. 모든 가치는 미래의 현금에서 나온다. 따라서 양의 값을 갖는 순현재가치에 기반한 의사결정은 자본 관리자로서의 역할을 충실히 수행하는 경영자인지 아닌지를 가르는 기준이 된다. 이 책의 나머지 내용은 이 두 가지 핵심 원칙에 기반하고 있다.

재무의 세계

자본시장의 구성원, 문제점과 그 해결책은 무엇인가

2018년 여름, 온라인 비디오 스트리밍 서비스 기업 넷플릭스는 기존 1억 2,500만 명의 가입자에 더해 미국에서 67만 명, 미국 외 나라에서 450만 명의 신규 가입자를 확보했다고 발표했다. 그런데 넷플릭스의 주가는 장 마감 후 시간외 거래에서 14% 하락했다. 그 이유는 과연 무엇일까? 가입자가 큰 폭으로 증가했는데 주가가 14%나 하락한다는 것이 가당키나 한 얘기인가?

2014년, 행동주의 투자자 넬슨 펠츠Nelson Peltz는 펩시코의 지분을 다량으로 확보했다. 그런 뒤 펩시코의 스낵 사업부문인 프리토레이를 음료 사업부문에서 분리하라고 요구했다. 이에 펩시코는 다음과 같이 답변했다. "귀하께서 제기해주신 의견과 제안을 진지하고 철저하게 검토했으나, 제안을 받아들이지 않기로 했음을 알려드립니다."[1] 그러자 펠츠는 자신의 요구사항을 다른 주주들에게 알리기 시작했고, 이로써 기나긴 주주운동이 촉발됐다. 이 싸움은 펠츠가 펩시코의 지분을 매각한 시점인 2년 뒤까지 이어졌다. 행동주의 주주와 기업 경영진 간의 싸움은 왜 벌어지는 걸까?

우리는 은퇴연금 계좌를 정할 때 공격적인 뮤추얼펀드와 방어적인 뮤추얼펀드를 비롯한 여러 유형의 펀드 중에서 선택해야 하는 상황에 직면한다. 그런 선택이 우리에게 어떤 의미가 있을까? 그에 앞서, 뮤추얼펀드는 무엇일까? 악의 표상으로 묘사되곤 하는 헤지펀드와 뮤추얼펀드는 어떻게 다를까?

이 장에서는 우선 자본시장이 어떤 주체들로 구성되어 있으며, 자본시장의 문제점은 무엇이고 해결책은 무엇인지를 다룰 것이다. 자본시장은 경제 성장을 위해 없어서는 안 될 역할을 한다. 정책 입안자에게는 정책 수립의 길잡이이자 경영자에게는 경영 의사결정의 길잡이로서 그 역할이 점점 커지고 있다. 하지만 자본시장의 가치와 존재 의의에 커다란 의문이 일고 있는 것도 사실이다. 자본시장을 어떻게 바라는 보는지와 상관없이 당신은 장래가 촉망되는 경영자로서, 또는 자본시장에 자본을 공급하는 저축의 주체로서, 아니면 일반 시민으로서 자본시장과 점점 더 많이 교류하게 될 것이다. 그러니 자본시장의 실체를 더 깊이 이해해야만 한다.

먼저 재무의 세계가 사회에 어떤 보탬이 되는지, 그 역할을 어떻게 재정립할지에 대한 질문을 던질 것이다. 그 과정에서 당신은 우리 사회에 만연한 금융시장 회의론에 맞닥뜨릴 것이며, 재무가 돈의 문제만은 아니라는 사실을 알게 될 것이다.

재무의 세계는 왜 단순해질 수 없는가

재무의 세계는 왜 더 단순해질 수 없을까? 단순화된 자본시장을 상정해보자. 한쪽에는 저축한 돈을 투자하고 싶어 하는 개인과 가계들이 있다. 대학 등록금을 마련하기 위해서 또는 퇴직 후의 생활을 대비하기 위해서 저축하고, 그 돈을 활용해 수익을 창출하고 싶어 하는 사람들이다. 맞은편에는 성장하기 위해 새로운 프로젝트를 추진하는 데 자본이 필요한 기업들이 있다. 단순화된 자본시장에는 저축을 하는 가계와 돈을 원하는 기업만 있다. 가계와 기업 사이 중간에는 아무도 없어도 되기 때문에 그다지 복잡할 필요가 없다(그림 3-1).

그런데 왜 실제 재무 세계는 이렇게 단순하게 돌아가지 않을까?

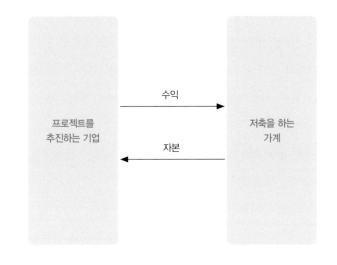

〈그림 3-1〉 단순화된 재무의 세계

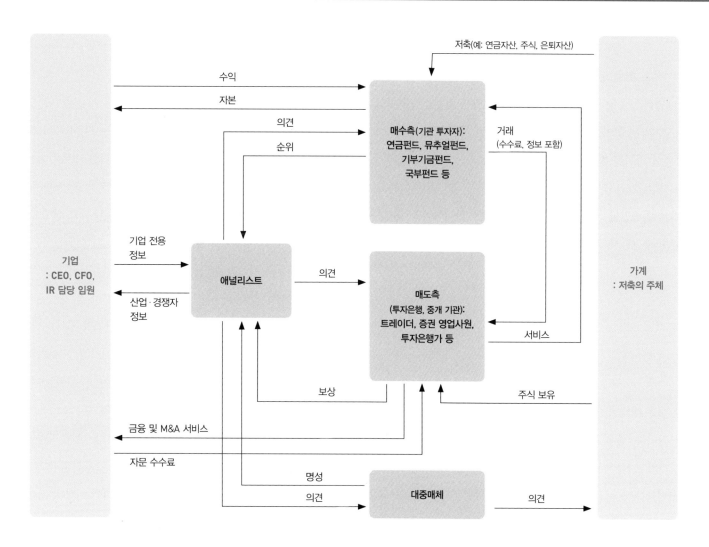

가계는 왜 기업에 직접 자본을 공급하지 않을까? 그렇게 할 수 없는 걸까? 〈그림 3-2〉에서 봤듯이, 재무 세계의 실상은 훨씬 더 복잡하다.

자본시장은 왜 이렇게 복잡할까? 가계와 기업 사이에 투자은행, 펀드, 애널리스트 등 중간자들이 왜 그렇게 많은 걸까? 이를 보고 자본시장이라는 곳이 경제를 구성하는 실체인 기업과 가계 사이에 기생하면서 가치를 빨아먹으려는 거머리들로 가득한 곳이라고 생각하는 사람들도 더러 있을 것이다. 금융위기가 발생하면 이런 식의 생각은 일파만파 커져만 간다. 지금부터 우리는 재무의 세계가 왜 이렇게 복잡한지, 복잡해야 하는 이유가 있는지 등을 알아볼 것이다.

자본시장에는 누가 있는가

복잡한 재무 세계로 우리를 안내해줄 가이드로 증권 애널리스트를 활용할 것이다. 증권 애널리스트의 임무는 예측을 통해 기업의 가치를 평가하고 투자자들에게 투자 의견을 제공하는 것이다. 제2장에서 코닝글래스를 검토하는 데 도움을 주었던 알베르토 모엘이 이번에도 같은 역할을 할 것이다. 증권 애널리스트는 대부분 근무 시간 내내 사람들을 만나고, 야근을 하는 일도 많다. 모엘이 재무 세계의 각 주체들과 어떤 대화를 나누는지 추적하면 자본시장을 더 생생하게 이해할 수 있을 것이다.

기업

모엘은 다른 누구보다 자신이 평가하고 있는 기업(예: 코닝글래스)과 이야기를 나누고자 한다. 허락만 된다면 기업 내부의 누구와도 소통할 것이다. 적어도 한 번은 (하이네켄의 로런스 드뷔르나 바이오젠의 폴 클랜시 같은) 최고 경영진을 만나 대화를 나누고 신제품 출시, 전략, 향후 전망 등을 물어본다. 모엘은 해당 기업의 실적을 알 수 있게 해주는 것이라면 수치 데이터에 그치지 않고, 정보가 될 만한 것은 무엇이든 찾아 나선다. 이렇게 모은 수치와 정보는 실적 예측의 재료로 사용되고, 투자 의견을 도출하는 기초가 된다.

재무는 양방향 도로처럼 서로 주고받는 것이기에, 드뷔르와 클랜시 같은 CFO들도 모엘에게 물어보고 싶은 것이 있을 것이다. 모엘의 지혜를 빌려 경쟁사 동향을 포함한 업계 정보나 소식을 얻으려 할 것이다. 이런 정보 교환은 자본시장의 가치와 존재 의의를 이해하는 데 중요한 단서가 된다. 기업과 애널리스트 간의 상호작용은 종종 거래의 형태를 띠기도 한다. 여기서 거래란 자본의 거래가 아니라 정보와 지식의 거래를 말한다.

기관 투자자: 매수측

모엘은 자신이 담당하고 있는 기업을 분석한 후 그 결과를 다양한 투자자와 공유한다. 이들은 단순한 투자자가 아니라 스코피아 캐피털의 제러미 민디치 같은 기관 투자자다. 재무 분야의 사람들은 기관 투자자를 부를 때 자산 매니저, 펀드 매니저 등 다양한 명칭을 사용한다. 보다 일반적으로는 '매수측'이라고 한다. 이렇듯 다양한 명칭으로 불리지만, 기관 투자자라고 하면 누군가를 대신해 대규모의 자본을 투자하고 고객의 이해에 가장 부합하는 방식으로 자본을 배분하는 주체를 가리킨다. 펀드에도 여러 종류가 있다. 뮤추얼펀드, 연금펀드, 재단펀드, 기부기금펀드, 국부펀드, 헤지펀드 등이다.

기관 투자자의 출현, 성장, 발전은 현대 자본주의의 가장 주목할 만한 변화라고 할 수 있다. 따라서 기관 투자자들을 유형별로 자세히 들여다보고자 한다. 그래야 나중에 기관 투자자들을 직접 만나거나 지면으로 접하더라도 낯설지 않게 느낄 것이다. 모엘이 기관 투자자들과 어떻게 교류하는지를 추적해나가는 동안 재무에서 가장 중요한 이론과 개념들을 발견하게 될 것이다.

뮤추얼펀드

뮤추얼펀드는 개인을 대신해 돈을 관리하고, 개인들이 맡긴 돈을 주식과 채권으로 구성된 포트폴리오에 투자하는 일을 한다. 뮤추얼펀드의 규모가 얼마나 큰지 느껴보라는 차원에서 말하자면, 대표적 자산운용사 피델리티와 블랙록이 뮤추얼펀드 형식으로 모집하여 운용하는 자산만 무려 10조 달러에 달한다. 개인도 은퇴 계좌를 활용하면 뮤추얼펀드에 쉽게 투자할 수 있다. 뮤추얼펀드는 다양한 재력과 교육 수준을 가진 개인을 대신해 투자하기 때문에 엄격한 규제를 받는다.

뮤추얼펀드는 주식처럼 리스크가 큰 자산에도 투자하기 때문에 리스크를 관리할 필요가 있다. 이들이 리스크를 관리하는 방법을 활용해 재무의 기초를 배울 수 있다. 뮤추얼펀드는 주식을 보유하되 일부 종목이 아니라 다양한 종목을 보유한다. 그렇게 하면 특정 종목의 리스크에 지나치게 노출되지 않을 수 있기 때문이다. 그보다 더 중요한 이유는, 모든 주식이 다 같이 움직이는 것은 아니기 때문이다. 다양한 종목을 보유하면 오르고 내리는 종목들이 손익을 상쇄하면서 전체적인 리스크를 줄여준다. 이를 분산 투자라고 하는데, 높은 수익률을 포기하지 않으면서 리스크까지 방지할 수 있다는 장점이 있다. 분산 투자를 강력히 추천하는 이유가 바로 이것이다(제4장에서 자세히 다룰 것이다).

뮤추얼펀드는 공격적인 뮤추얼펀드active mutual funds와 방어적인 뮤추얼펀드defensive mutual funds로 분류된다. 여기서 '공격적'이란 매니저가 어떤 주식을 포트폴리오에 넣을지 스스로 결정한다는 말이다. 방어적인 뮤추얼펀드, 예컨대 인덱스펀드, 상장지수펀드Exchange Traded Funds, ETF의 성장은 자본시장의 가장 주목할 만한 변화라고 할 수 있다. 전문 운용 인력이 관리하는 전체 자금에서 방어적인 뮤추얼펀드가 차지하는 비중은 2011년부터 2018년 사이 5분의 1에서 3분의 1로 증가했다. 특히 2017년에만 6,920억 달러가 방어적인 뮤추얼펀드로 흘러 들어갔다.

방어적인 뮤추얼펀드는 공격적으로 관리되지 않는다. 즉, 미래의 주가를 예측해 매수·매도 타이밍을 조절해 수익을 올리고자 하는 마켓 타이밍market timing 또는 가격 상승을 기대할 수 있는 저평가주 투자 기법으로 포트폴리오를 운영하지 않는다. 대신 종합주가지수에 편입된 모든 종목에 투자하는 방법을 활용한다. 예를 들어 S&P500 지수는 세계에서 가장 가치가 큰 500대 기업이 편입된 지수를 말하는데, 이 지수를 추종한다는 것은 500개 기업에 모두 투자한다는 뜻이다. 이런 투자 메커니즘 때문에 방어적인 뮤추얼펀드는 투자 비용이 비교적 저렴한 편에 속한다. 하지만 비교적 저렴하다는 뜻이지 절대적 기준으로 저렴하다는 뜻은 아니다.

방어적인 뮤추얼펀드는 노벨 경제학상을 받은 학자의 이론에 기반을 두고 있다. 이른바 '효율적 시장 가설efficient market theory'이라는 이론이다. 이 이론에 따르면, 정보가 투자자 누구에게나 이용

가능한 상태일 경우 시장 평균보다 높은 수익률을 올리는 것은 불가능하다. 이용 가능한 정보가 주가에 이미 반영되어 있기 때문이다. 그러므로 이 이론에서는 장기에 걸쳐 시장 수익률보다 높은 수익률을 올리려는 시도나 마켓 타이밍을 시도하는 것은 헛수고라고 본다. 이런 관점으로 바라보면, 공격적인 투자 매니저에게 큰돈을 맡겨 실현 가능성도 없는 일을 할 이유는 사라진다.

효율적 시장 가설을 두고 논란이 많다. 그러나 시장 평균 수익률보다 높은 수익률을 지속적으로는 올릴 수 없다는 효율적 시장 가설은 분산 투자를 하면 수익을 증가시킬 수 있다는 분산 투자 이론과 함께 사실임이 증명됐다. 그에 따라 방어적으로 투자하는 펀드가 부상하게 됐다.

연금펀드

연금펀드는 특정 기업, 노조, 정부 기관 등의 근로자 은퇴자산을 관리하는 펀드를 말한다. 대표적인 예로, 흔히 캘퍼스CalPERS라 불리는 캘리포니아 공무원 연금 시스템을 들 수 있다. 이 연금펀드는 캘리포니아의 공무원들을 대신해 3,200억 달러 이상의 연금자산을 관리한다. 일반적으로 연금은 두 가지 형태로 운영된다.

확정 급여형Defined Benefits, DB은 근로자의 퇴직 급여 수준이 사전에 확정되어 있으며, 캘퍼스 같은 기관이 자금을 운용하고 근로자

의 은퇴 시점에 퇴직 급여를 제공하는 형태다. 그에 비해 확정 기여형Defined Contribution, DC은 회사의 부담금 수준이 사전에 확정되어 있으며, 근로자가 그 부담금을 받아 개인연금 계좌로 운용하는 형태다. 공무원은 여전히 확정 급여형인 경우가 많지만, 나머지 분야에서는 지난 50년 동안 확정 기여형이 급격히 늘었다. 그리고 이런 추세 변화가 뮤추얼펀드 급성장의 원동력이 됐다.

재단펀드 및 기부기금펀드

비영리 재단이나 비영리 단체가 자체 기금을 보유하고, 비영리사업의 안정적 운영을 위해 그 기금을 투자하기도 한다. 지난 수십 년 사이에 성장세를 보인 재단펀드나 기부기금펀드는 이제 자본시장에서 규모도 크고 혁신을 이끄는 역할을 하고 있다. 예를 들어, 하버드대학교는 2017년 현재 371억 달러의 기부기금펀드를 관리하고 있다.

국부펀드

저축이 남아도는 국가들이 그 돈을 국부펀드라는 형태로 투자하는 경우가 종종 있다. 국부펀드도 지난 수십 년 사이에 크게 성장했고 다양한 투자 전략을 실험하고 있다. 노르웨이의 국부펀드는 2017년 기준 1조 달러가 넘는 자금을 운용하고 있다.

생각해보기

다음의 포트폴리오 중 분산 투자의 개념이 가장 잘 적용된 것은 무엇일까?

- 구글, 야후, 마이크로소프트
- 머크, 화이자, 바이오젠
- 구글, 캐터필러, 머크

3개 중 분산 투자가 가장 잘된 것은 세 번째 포트폴리오다. 분산 투자의 목표는 같은 움직임을 보이지도 않고 동일한 리스크를 공유하지도 않는 다수의 주식 종목을 보유하는 것이다. 예를 들어 구글은 주가가 부진하지만, 중장비 제조사인 캐터필러는 주가가 양호할 수도 있다. 한 산업에 집중된 포트폴리오를 보유하면 포트폴리오 내의 주식들이 같이 움직일 리스크가 있지만, 산업이 다르면 그럴 가능성이 작다.

헤지펀드

마지막으로 다룰 헤지펀드는 가장 뜨거운 논란이 되고 있는 펀드로, 운용 자산이 2000년 2,600억 달러에서 2017년 3조 달러로 성장했다. 뮤추얼펀드와 유사하긴 하지만 규제가 적다는 점, 레버리지를 활용할 수 있다는 점, 리스크 관리 기법이 다르다는 점 등에서 차이가 있다.

연금펀드, 기부기금펀드, 국부펀드 등을 고객으로 보유하는 헤지펀드는 이른바 큰손만이 투자할 수 있다. 그래서 헤지펀드 매니저들은 리스크 관리 측면에서 제약을 덜 받는다. 예를 들어, 헤지펀드는 차입금을 활용해 주식을 매수할 수 있다. 고객이 맡긴 1만 달러만 투자할 수 있는 것이 아니라 주식 중개 기관에서 추가 자금을 빌려 이를테면 2만 달러어치의 주식을 살 수 있다.

제1장에서 알아본 것처럼, 레버리지 덕에 수익률을 증폭시킬 수 있다는 얘기다. 뮤추얼펀드와 달리 투자 포지션을 일부 기업에 집중시킬 수도 있는데, 이를 통해 헤지펀드는 스스로 '행동주의' 주주가 되어 고객에게 가장 유리한 정책이나 전략이 해당 회사의 실제 정책이나 전략으로 채택되게 하기도 한다.

예를 들어, 글로벌 제약 기업인 머크에 투자한 헤지펀드는 리스크를 어떻게 관리할까? 뮤추얼펀드라면 머크 이외의 다양한 주식 종목을 매수하는 방법을 통해 리스크를 줄이지만, 헤지펀드는 선호 기업을 선정해 그 종목에 화력을 집중한다. '헤지hedge'란 당신이 실생활에서 '여러 가능성을 택하여 실패의 위험을 줄이는 것'을 말한다. 이와 마찬가지로, 머크와는 다른 방향으로 움직이는 주식에 투자함으로써 머크의 주가가 하락하더라도 양의 수익률을 올릴 수 있도록 하는 것이다.

논의를 위해 또 다른 제약 기업 화이자도 사례에 추가해보자. 머크를 이미 '매수'했기 때문에 헤지펀드라면 리스크를 관리하기 위해 화이자를 '공매도'할 것이다.

무슨 말일까? '매수'는 비교적 간단하다. 말 그대로 주식을 산다는 말이다. '공매도'는 약간 복잡하다. 특정 기업의 주식을 공매도하기 위해서는 뮤추얼펀드 같은 다른 투자자들로부터 주식을 빌려와야 한다(그 대가로 일정한 수수료를 지급한다). 그런 다음 빌려온 주식을 매도한다. 미래의 일정 시점에 동일한 주식을 (될 수 있으면 더 낮은 가격에) 되사서(환매) 애초에 주식을 빌려준 기관 투자자에게 돌려준다.

40달러에 화이자 주식을 공매도했는데, 이후 주가가 20달러로 하락했다고 해보자. 빌려온 화이자 주식을 40달러에 공매도했고, 이후 20달러에 되샀으니 20달러를 벌게 된다. 이처럼 공매도에서는 주가가 내려가야 돈을 번다. 만약 화이자 주가가 80달러나 120달러로 올라갔다면 상당한 손실을 봤을 것이다(그림 3-3).

이 모든 것이 헤징과 무슨 관련이 있을까? 머크 주식과 화이자 주식이 모두 100달러에 거래되고 있다고 해보자. 당신은 머크 주식을 매수하기로 한다. 이에 따른 리스크를 관리해야 하는데, 뮤추얼펀드처럼 하고 싶지는 않다. 즉, 다른 제약 기업이나 다른 산업의 주식을 매수하는 분산 투자를 하고 싶지는 않다. 그래서 머크를

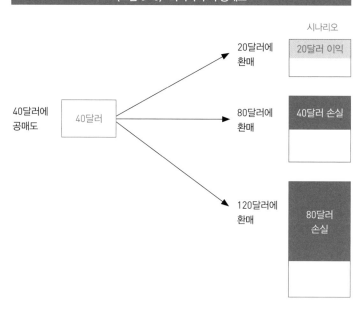

〈그림 3-3〉 화이자 주식 공매도

시나리오

40달러에 공매도 → 40달러

20달러에 환매 → 20달러 이익

80달러에 환매 → 40달러 손실

120달러에 환매 → 80달러 손실

〈그림 3-4〉 머크와 화이자 주가 비교(2011.12~2014.12)

2011년 12월 주가 = 100

화이자

머크

2011.12 2012.6 2012.12 2013.6 2013.12 2014.6 2014.12

매수한 금액과 동일한 금액만큼 화이자를 공매도한다. 당신의 이런 투자 전략은 어떤 결과를 가져올까?

2012년부터 2014년까지의 실제 데이터를 보자(그림 3-4). 2012년에는 머크와 화이자가 거의 동일한 움직임을 보였다. 2012년 12월이 되자, 둘 다 20%가 올랐다. 연말에 머크는 매도하고 화이자는 환매하여 포지션을 청산했다면, 투자를 시작했던 때와 동일한 상태가 될 것이다. 매수 포지션에 따른 이득(머크 주가가 상승해 20%

의 수익을 올렸다)이 매도 포지션에 따른 손실(화이자의 주가도 상승해 20%의 손실을 봤다)로 상쇄되기 때문이다.

이제 2013년을 보자. 2013년 말까지 화이자의 주가는 머크의 주가보다 높다. 12월이 되자, 화이자는 50%가 올랐고, 머크는 40%밖에 오르지 않았다. 화이자가 머크보다 더 많이 올랐기 때문에(즉, 공매도한 주식이 매수한 주식보다 더 많이 올랐기 때문에) 손실을 보게 됐다. 마지막으로, 2014년을 보자. 2014년 내내 머크의 주가가 화이자의 주가보다 높다. 12월이 되자 화이자는 60%가 올랐고, 머크는 70%가 올랐다. 매수한 주식이 공매도한 주식보다 주가가 높기 때문에 수익을 올리게 됐다.

이처럼 헤징은 산업이나 시장 전반에 걸쳐 주가의 움직임에 따른 효과를 차단해주고, 특정 기업의 상대적 주가 움직임에 따른 효과를 누릴 수 있게 해준다. 그런 점에서 당신은 리스크를 관리한 것이라고 할 수 있다. 왜냐하면 이제는 특정 기업 주가의 상대적 상승(또는 하락)에만 노출되어 있기 때문이다.

헤지펀드 매니저는 투자 성과에 따른 이익금을 배당받는다. 다시 말해, 펀드의 경제적 수익을 나누는 데 동참할 수 있다는 얘기다. 레버리지를 활용할 수 있다는 점과 함께 성과에 따른 이익금까지 배당받을 수 있다는 점이 의미하는 바는, 큰 수익에 이끌린 펀드 매니저들이 투자 기회를 찾는 데 수단과 방법을 가리지 않게 될 수도 있다는 것이다. 예를 들어, 연휴를 맞아 JC페니가 어떤 판매 실적을 보일지 펀드 매니저가 알려고 한다고 해보자. 모엘 같은 애널리스트와 논의하거나 (제2장에서 알아본) 잉여 현금흐름 모델을 만드는 것과 같은 정상적인 방법이 있을 것이다.

그런데도 JC페니의 분기 실적을 남들보다 먼저 알기 위해 블랙 프라이데이에 JC페니 주차장을 위성 사진으로 찍는다든지, 정보기관 요원 출신을 고용해 경영진의 발표 내용이 맞는지 확인하는 등의 일까지 마다하지 않을 가능성이 있다. 또한 특정 기업의 주식을 공매도하는 경우, 그 기업을 공개적으로 공격하는 일도 서슴지 않을 가능성도 있다. 이런 공격적인 행태는 헤지펀드의 공격을 지지하는 옹호론자만이 아니라 기업에 대한 공격을 악행으로 규정하는 반대론자 역시 양산해내며 사회적 논란을 불러일으킬 수 있다.

모엘 같은 증권 애널리스트들은 기관 투자자들에게 의견을 제시한다. 하지만 그렇게 하는 것이 자신들에게 어떤 경제적 이득이 있을까? 기관 투자자들은 애널리스트들이 의견을 제시한 대가를 직접 지급하지는 않는다. 대신 추천 의견의 질에 기초해 애널리스트들의 순위를 매긴다. 이런 평가가 애널리스트의 보수와 보상을 결정하는 중요한 요소가 된다. 1위의 영광을 안은 애널리스트의 보수는 10위에 이름을 올린 애널리스트의 몇 배에 달하기도 한다.

종합하면, 이런 기관 투자자들이 '매수측'을 구성한다. '매수측'이란, 주로 개인들로부터 자금을 조성하고 그 조성된 자금을 활용해 주식시장에서 주식을 매수하는 기업이나 기관을 가리킨다. 매수측은 주식을 누구에게 사들일까? 뮤추얼펀드 매니저들은 기업들을 직접 찾아가 문을 두드리며 주식을 사겠다고 하지는 않는다. 자산을 구매하기 위해 '매도측'에 연락한다.

매도측

증권 애널리스트가 엄청난 연봉을 자랑하는 직업인데도, 지금까지 돈을 받는다는 내용은 언급되지 않았다. 그렇다면 증권 애널리

헤지펀드 스코피아캐피털을 창립한 제러미 민디치는 헤지펀드의 사업 모델에 대해 다음과 같이 말했다.

"스코피아캐피털의 기본 투자 철학은 매수 포지션을 취할 종목과 매도 포지션을 취할 종목을 언제든지 찾아내 포지션별로 발생하는 수익률의 차이에서 수익을 창출할 수 있어야 한다는 것입니다. 우리는 단기 매매를 추구하지 않습니다. 예컨대 특정 분기 실적이 좋다고 그 기업에 투자하진 않습니다. 어떤 시장 상황이든 주가가 잘못 책정된 기업, 즉 주가가 저평가되거나 고평가된 기업을 항상 찾을 수 있다는 것이 우리의 지론입니다. 그런 기업들을 찾아낸 후 매도 포지션과 매수 포지션이 적절히 조합된 포트폴리오를 구성합니다. 이를 우리는 시장 중립적인 펀드라고 부릅니다. 그 말은 주식 시장에 대한 리스크 노출이 거의 또는 아예 없다는 뜻입니다. 일반적으로 시장 중립적인 펀드는 수학과 통계학에 기초한 계량적인 기법에 따라 운용되며, 계량적 알고리즘으로 주식 조합들을 찾아냅니다.

이런 방식으로 (이유야 어찌 됐든) 저평가되어 있어 매수 포지션을 취할 200~300개의 종목과 (마찬가지로, 이유야 어찌 됐든) 고평가되어 있어 매도 포지션을 취할 200~300개의 종목으로 구성된 포트폴리오를 구성합니다. 이 포트폴리오에 레버리지 기법을 적용한 후 양 포지션의 차이에서 의미 있는 수익 흐름을 창출할 수 있기를 바라는 것입니다.

스코피아캐피털에서는 약 20~25개의 매수 포지션 종목과 약 30~40개의 매도 포지션 종목으로 구성된 집약적인 포트폴리오를 만들어내려고 노력합니다. 매수 포지션 종목은 저평가 여부를, 매도 포지션 종목은 고평가 여부를 심층적으로 조사합니다. 이처럼 포트폴리오에 편입된 기업들에 대한 우리의 전망에 기초해 투자 기회를 창출합니다."

스트의 엄청난 연봉은 어디서 나오는 걸까? 모엘 같은 애널리스트들은 매도측을 구성하는 투자은행에 주로 적을 둔다. 증권 애널리스트는 투자은행 내에서는 트레이더·증권 영업사원·투자은행가와 의사소통하며, 자신들이 분석을 담당하는 기업에 대한 정보를 이들에게 제공한다.

트레이더

트레이더는 다양한 금융상품이 거래될 수 있도록 중개하고 조정하는 역할을 한다. 마켓 메이커market maker, 브로커broker, 딜러dealer라고 불리기도 한다. 트레이더가 수익을 창출하는 방법에는 두 가지가 있다. 첫째, 매수-매도 스프레드로 알려진 호가 간의 가격 차

🔍 공매도는 악행일까?

공매도는 논란이 많은 투자 행위다. 기업의 주가가 안 좋은데 이익을 챙기는 게 적절한 행동인가, 아니면 악행인가? 공매도를 금지해야 하는가? 이런 우려들이 있는 건 사실이지만, 공매도자는 시장에서 긍정적인 역할도 한다. 실적이 좋지 않은 기업 내부에서 어떤 일이 벌어지고 있는지를 명확하게 보여주기 때문이다. 예를 들어, 역사상 최대 규모의 기업 지배구조 스캔들인 엔론(분식회계로 2007년에 파산했다－옮긴이) 사태와 월드컴(부정부패와 회계 부정으로 2002년 파산했으며, 파산 규모가 1,070억 달러에 달했다－옮긴이) 사태 같은 기업의 부정을 잡아낸 것도 공매도자들이다. 공매도자들은 오류, 약점, 모순을 찾으려는 유인이 강한 사람들이기 때문에 다른 이들이 보지 못하는 것들을 본다. 그런 점에서 공매도자들이 악행을 일삼는 세력이 아니라 사회에 긍정적인 영향을 주는 세력이라고 주장할 수도 있다.

를 통해 직접 돈을 버는 것이다. 여기서 매수 호가는 투자자가 금융상품 한 단위에 대해 구매할 의향이 있는 최대 가격을 말하고, 매도 호가는 매도자가 금융상품 한 단위에 대해 판매할 의향이 있는 최저 가격을 말한다.

둘째, 고객을 대신해 고객의 주문을 실행하는 것이다. 즉, 증권 영업사원을 통해 접수된 고객들의 주문을 넘겨받아 거래를 실행한다. 기관 투자자들은 애널리스트의 보고서를 돈을 주고 사서 보지는 않고, 보고서를 받아본 대가를 증권 영업사원에게 거래 수수료라는 명목으로 지급한다. 즉, 기관 투자자가 해당 애널리스트와 같은 조직 내에 있는 증권 영업사원에게 거래를 위임하고, 같은 조직 내의 트레이더를 통해 거래를 성사시킨 대가로 거래 수수료를 지급하는 간접적인 방식을 취하는 것이다. 그러나 시간이 갈수록 거래 수수료가 크게 줄어들면서 트레이더들이 이 시장에서 차지하는 비중 역시 줄고 있다.

거래 수수료가 줄고는 있다지만, 트레이더가 거래를 처리하는 과정은 여전히 매우 중요하다. 거래소에 가본 적이 있다면 트레이더들이 약어로 거래를 진행한다는 사실을 알 것이다. 그 약어는 대형 기관 투자자들의 결정이라는 정보를 담고 있다는 점에서 매우 중요하다. 이를 달리 말하면, 트레이더들은 기관 투자자들이 어떤 거래 행태를 보이는지 잘 알 수 있는 위치에 있다는 뜻이다.

대형 펀드들이 매수 포지션을 취하고 있는가, 아니면 금융 자산을 현금화하는 매도 포지션을 취하고 있는가 같은 정보를 트레이더들은 모두 꿰고 있다. 그래서 훌륭한 증권 애널리스트는 트레이더들이 거래 과정에서 제 역할을 할 수 있도록 정보를 제공해주고, 때로는 자신들도 트레이더로부터 정보를 받기도 한다.

증권 영업사원

증권 영업사원은 매수측 투자자들에게 금융상품 영업을 하는 사람을 말한다. 증권 애널리스트들은 기관 투자자들과 직접 의사소통할 수도 있지만, 증권 영업사원 쪽에서 애널리스트의 투자 의견을 기관 투자자 쪽에 전달하기도 한다. 투자자들의 환심을 사서 거래 기회를 창출하기 위해 그렇게 하는 경우가 적지 않다. 기관 투자자들의 환심을 제대로 사면 증권 영업사원은 거래 수수료를 벌어들일 기회를 얻게 된다. 하지만 트레이더의 경우처럼, 증권 영업사원도 대체로 거래 수수료에 의존하는 수익 구조이므로 벌어들이는 돈이 그다지 많지는 않다.

투자은행가

대출이나 예금을 위해 당신이 접촉하는 시중은행과 달리, 투자은행은 자본을 유치하려는 기업들이나 영업용 자산을 매수 또는 매도하려는 기업들을 돕는 일을 한다. 투자은행이 제공하는 기업금융 서비스로는 기업공개Initial Public Offering, IPO, 신주 발행 및 증자, 채권 발행 등이 있다. 이런 기업금융 서비스 덕에 기업은 신규 자금을 확보할 수 있다. 투자은행의 합병 및 인수Mergers & Acquisitions, M&A 부서에서는 기업이 기존 사업을 정리하거나 신규 사업을 인수하는 것을 돕는다. IPO와 M&A는 모두 굉장히 수익성이 높다. IPO의 경우 주식 발행 수수료가 전체 주식 판매 수익의 7%에 이른다. M&A 자문 수수료는 1%인데, 예를 들어 100억 달러짜리 M&A 건이라면 자문 수수료가 1억 달러에 달한다. 기업금융 부문과 M&A 부문에서 발생하는 매출액이 대단히 많기에 다른 사업부문의 매출액이 왜소해 보일 정도다.

대중매체

모엘과 관계를 맺고 있는 마지막 주체는 대중매체다. 대중매체와의 교류 덕에 모엘은 더 폭넓은 청중을 대상으로 자신의 생각과 의견을 피력할 수 있다. 증권 애널리스트는 일반적으로 〈월스트리트 저널〉, CNBC의 '스쿼크 박스', 블룸버그 TV 같은 매체를 활용해 자신의 생각과 의견을 주식에 직접 투자하는 가계 및 일반 대중에게 전파한다. 최근의 시장 상황에 대해 의견을 제시하고, 특정 기업에 대한 자신의 생각이 어떤지를 보다 일반적인 시각에서 전달하기도 한다.

증권 애널리스트의 인센티브와 보수 체계

모엘과 같은 증권 애널리스트들은 앞의 〈그림 3-2〉에 있는 자본시장의 모든 주체와 의사소통한다. 자본이 필요한 기업, 가계로부터 자금을 모집하여 펀드를 조성하는 매수측, 시장에서 중간자 역할을 하는 매도측, 금융 전문 대중매체 이 모두가 모엘과 관계를 맺고 있다. 증권 애널리스트는 사실상 자본시장의 한가운데에 있다.

자본시장은 자본주의가 제 기능을 하는 데 없어서는 안 되는 중요한 역할을 하므로, 그 한가운데에 있는 증권 애널리스트들이 어떤 인센티브를 가지는지 생각해보는 것은 충분히 가치 있는 일이다. 그리고 비싼 몸값을 자랑하며 자본시장의 능력자로 통하는 애널리스트들이 어떤 인센티브를 가지는지를 평가하는 작업은 증권 애널리스트들이 어떤 보상과 대우를 받는지, 그만한 대우를 받을 자격이 있는지 이해하는 데에도 매우 중요하다.

앞서 업급한 것처럼, 애널리스트의 보수와 대우에 가장 큰 영향을 미치는 요인은 순위 시스템이다. 매수측에 의해 정해지는 이 순위 시스템은 어떤 애널리스트가 최상의 투자 의견을 제시해주었는

지에 대한 매수측의 전반적인 여론을 알 수 있게 해준다. 이런 순위 시스템은 결국 노동시장의 구조를 토너먼트 경기처럼 승자 독식 구조로 바꿔놓는 역할을 한다. 최고의 애널리스트는 잘나가고, 순위가 낮은 애널리스트는 그렇지 못한 구조를 만드는 데 한몫한다. 순위가 내려가면 보수도 급격히 떨어진다.

애널리스트는 어떻게 하면 순위를 올릴 수 있을까? 순위가 제 역할을 제대로 해낸다면, 성실히 일하고 창의성을 발휘해 양질의 분석 결과를 매수측에 공급하면 된다. 간단히 말해, 애널리스트들이 제 역할을 충실히 하는 데에만 역량을 집중하면 된다. 애널리스트의 보수 체계에 관한 이야기를 이렇게 끝낼 수 있다면 우리는 자본시장이 제대로 돌아가는구나 하고 안심할 수 있을 것이다.

하지만 현실은 그렇지 않다. 애널리스트들이 편향적 행태를 보일 수 있다는 사실이 입증되고 있다. 구체적으로 말하자면 보고서를 작성할 때 긍정적인 보고서를 양산하는 편향성을 보일 수 있으며, 경우에 따라선 그 편향성이 매우 강하게 나타나기도 한다. 한마디로, '매도' 추천은 대부분 피하고 '매수' 추천은 압도적 비율로 많이 한다는 말이다. 왜 그럴까?

특정 주식에 대해 부정적인 의견을 담은, 예컨대 그 주식이 과대평가되어 있다는 내용을 담은 보고서를 애널리스트가 내놓으면 어떤 일이 생길지 생각해보자. 그 애널리스트의 예측이 적중해 해당

주가가 하락했다고 해보자. 그러면 투자자들은 보고서를 높이 평가하고 그 애널리스트에게 높은 순위를 부여할 것이다. 하지만 그걸로 끝일까? 제일 먼저 생각할 수 있는 것은 해당 기업과의 관계에 문제가 생길 수 있다는 점이다.

애널리스트가 그런 보고서를 내놓은 것에 대한 보복으로 해당 기업의 CEO와 CFO가 신뢰 관계 운운하며 관계를 끊으려 할 수 있다. 그 애널리스트를 대놓고 무시하거나 기업의 실적 발표 콘퍼런스콜 때 그에게는 질문조차 받지 않으려 할 수 있다. 그래도 분이 안 풀린 CEO와 CFO는 애널리스트와 같은 증권사에 근무하는 투자은행가에게 전화를 걸어 M&A나 자금 조달과 관련해 거래를 끊을 수 있다는 뜻을 내비칠지도 모른다. 투자은행의 매출에서 M&A와 기업금융이 압도적 비율을 차지한다는 점을 고려할 때 참혹한 일이 아닐 수 없다. 결국 애널리스트들은 '매도' 의견을 제시하기가 어렵다는 사실을 알고, 사실상 '매도' 의견과 별반 다를 게 없는 '시장 수익률'이나 '중립' 의견을 제시하게 된다.

순위 시스템 자체에도 문제가 있다. 중소형 투자은행에 새로 입사한 젊은 애널리스트라면 어떻게 하겠는가? 잃을 게 없기 때문에 '아니면 말고' 식의 행동을 보일 가능성이 있다. 그의 의견이 적중하면 과감한 행동을 보인 대가로 순위가 치솟을 것이다. 적중하지 못하면 관심 밖으로 사라질 테고 말이다.

순위가 높은 애널리스트들은 이와는 다른 행태를 보인다. 당신이 만약 1위에 이름을 올린 애널리스트라면 2위와 3위가 당신을 추월하지 못하게 하기 위해 어떻게 하겠는가? 우선은 '묻어가는' 방법이 있다. 당신이 추정한 이익이 2위와 3위가 추정한 수치의 중간이라면, 그들에게 자리를 빼앗길 가능성은 없을 테니 말이다. 하지만 다른 애널리스트의 의견을 베껴 쓰거나 묻어가기를 시도하는 등의 부정행위는 애널리스트라면 해서는 안 될 행동이다.

그래서 자본시장의 정중앙에 있는 애널리스트들의 행동을 이끄는 인센티브는 생각보다 상당히 복잡하다. 열심히 일하고 제 역할을 제대로 하려는 인센티브만 존재한다면 좋겠지만, 안타깝게도 실상은 그렇지 않다. 실상은 애널리스트들의 편향적 행태가 난무할 뿐 아니라 '묻어가기', '베껴 쓰기', '아니면 말고' 식의 행태가 조장되고 양산될 가능성이 적지 않다.

〈그림 3-2〉를 다시 보고 왜 자본시장이 복잡할 수밖에 없는지 당신도 이해했으면 한다. 그런데 복잡할 수밖에 없다는 사실을 이해했더라도 풀리지 않는 의문이 여전히 남아 있다. 중간에 있는 주체들이 왜 그렇게 많은 돈을 버는 걸까? 그들이 가치 있는 일을 하고 있는 걸까? 자본을 가지고 있는 가계와 자본이 필요한 기업이 힘을 합쳐 중간자들을 몰아낼 수는 없을까? 재무의 세계가 더 간단해질 수는 없을까?

자본시장의 난제

〈그림 3-2〉를 다시 바라보면 자본시장의 존재 의의를 놓고 회의적인 시각이 더 커질지도 모르겠다. 중간자들이 '실물' 경제를 구성하는 가계와 기업으로부터 가치를 빨아먹기만 하는 것처럼 보일 수도 있다. 자본시장에 존재하는 뿌리 깊은 난제들에는 어떤 것이 있는지, 그리고 자본시장이 그것들을 해결하고는 있는지 알아보자. 가계와 기업이 힘을 합치는 것이 왜 쉽지 않을까?

자본시장과 재무가 해결하려는 뿌리 깊은 난제란 무엇일까? 간단한 질문부터 시작해보자. 투자자로서 우리가 알고 싶어 하는 기업의 미래에 관한 정보를 누가 독점하고 있는가? 당연히 기업 경영자들이다. 그렇다면 경영자들이 기업의 미래에 관한 정보를 투자자에게 공유할 때 그들을 믿을 수 있을까? 반드시 그런 건 아니라는 데 문제가 있다.

폴 클랜시와 로런스 드뷔르처럼 좋은 CFO도 있지만, 자신에게 유리하도록 무언가를 숨길 수밖에 없는 CFO들도 있다. 경영자들은 자신들이 우리에게 원하는 것(저축)이 있고, 따라서 그것을 얻기 위해 사실이 아닌 정보를 공유할 가능성도 충분하다. 공유되는 정보가 신뢰성 높게 받아들여지지 않는 상황을 비대칭 정보asymmetric information의 문제라고 한다. 〈그림 3-2〉에 있는 중간자들의 존재

현장의 목소리

바이오젠의 CFO였던 폴 클랜시는 자본시장에 대해 다음과 같이 말했다.

"매수측과 매도측이 존재하는 자본시장에는 왜곡 현상이 발생할 수 있는 공간이 많습니다. 우리 같은 기업은 투자자를 놓고 경쟁을 펼칩니다. 자본 확보 경쟁을 펼치는 거죠. 우리가 하는 일은 어찌 보면 사실상 노후 연금을 제공하는 것이나 마찬가지입니다.

우리가 확보 경쟁을 펼치는 자금은 투자자들이 투자를 통해 수익을 창출해 나중에 자녀들에게 송금하거나 물려주려고 하는 돈이기 때문입니다. 그런 의미에서 우리는 은퇴 자금을 모아둔 계좌나 학자금으로 쓰려고 모아둔 계좌를 놓고 경쟁을 벌이고 있는 셈입니다. 그런 자금을 보유한 투자자들은 대안이 많으니까요."

의의가 바로 이런 문제를 해결하는 데 있다.

모든 정보가 공유되는 완전 정보의 세계에서는 자본시장이 비교적 단순하다. 자원을 모으고 리스크에 가격을 매기는 일(제4장에서 다시 다룰 것이다)에만 집중하면 된다. 하지만 비대칭 정보의 세계에서는, 누구를 믿어야 할지 모르는 상황에서 자본을 어떻게 배분해

야 할지까지 자본시장이 결정해야 한다. 〈그림 3-5〉에 있는 구름이 비대칭 정보의 문제를 나타낸다.

자본시장에서 더 일반적으로 불거지는 또 다른 문제로, 주인-대리인 문제가 있다. 역사적으로 볼 때 개인들은 자영상인이나 자영농민으로 일해왔다. 주인으로서 소유도 하고 경영자로서 경영도 해왔다. 현대 자본주의에서는 기업의 규모가 커지면서 주인, 즉 주

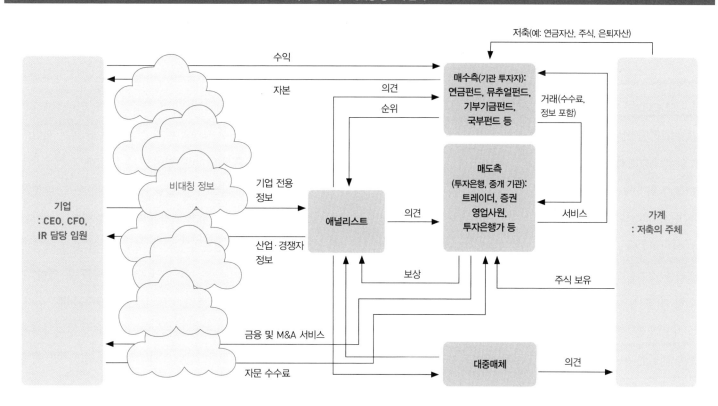

〈그림 3-5〉 비대칭 정보의 문제

주가 더는 경영자가 아니다. 이제는 주주(주인)가 경영자(대리인)를 감시해 나쁜 행동을 일삼진 않는지를 확인해야 한다. 소유와 경영이 분리되면서 기업 지배구조의 문제가 발생한 것이다. 주주가 어떻게 해야 경영자들이 주주의 이익을 추구하게 할 수 있을까? 재무의 존재 의의는 이런 감시의 문제를 해결하는 데 있다고 해도 과언이 아니다.

예를 들어, 한 기업의 CEO가 대형 기업에 인수되는 프로젝트를 추진하려 한다고 해보자. 기업 내부에 자사가 인수될 것이라는 사실을 알리고, 주주들에게도 인수되는 게 바람직하다고 설득한다. 그러나 그 CEO가 단지 더 큰 기업을 경영해보고 싶어서 인수되려고 하는 거라면 어떨까? 또는 업계에서 자신의 위상을 돋보이게 하려고 인수되려고 하는 것이라면?

그 CEO 입장에서는 자신의 몸값도 올리고, 더 좋은 지위로 올라갈 수 있을 것이다. 그렇다면 이 인수 프로젝트는 기업을 위한 것일까, 아니면 CEO 개인을 위한 것일까? 또 다른 사례로 새로운 본사 건물을 짓기로 했다면, 그건 어떤가? CEO의 말대로 인재 영입을 위한 것일까, 아니면 최신식 헬스클럽과 최고급 조식 뷔페를 CEO 자신의 복리후생에 추가하려는 것일까?

주인-대리인 문제는 기업이 자본시장과 교류할 때도 만연해 있다. CEO는 실적 예측치를 미리 발표한다. 그런데 정작 실적 발표 때는 예측치보다 주당 1센트가 낮은 이익을 발표하면서 그 원인을 나쁜 날씨 탓으로 돌린다. 그의 말이 사실일까? 아니면 이런 실수가 기업의 종말을 예고하는 전조는 아닐까? 이런 사소한 예측 실수는 해당 기업에 대한 투자자들의 의심으로 이어지고, 대대적인 주가 하락의 빌미를 제공할 수도 있다.

이런 실수를 한 이유가 더 큰 손실, 예컨대 주당 25센트의 손실을 가리기 위한 것이라면 더더욱 그렇다. 이런 것들이 모두 신뢰성 및 비대칭 정보의 문제와 관련된다. CEO가 이른바 '정상적인 포트폴리오 재조정'이라는 이름으로 자신이 보유하고 있는 자사 주식을 매도한다고 해보자. 물론 그의 말이 사실일 수도 있다. 하지만 당신보다 해당 기업의 내부 사정과 미래 전망을 더 잘 아는 사람이 주식을 매도하는 것은 우려할 만한 일이 아닐 수 없다.

경영자와 주주는 복잡한 신호 발송 게임을 벌인다. 그런데 경영자가 발송하는 모든 신호는 그 배경을 의심받고 재평가받는다. 그런 상황이라면 비대칭 정보의 문제가 프로젝트의 자금 조달 방식(주식, 부채, 내부에 유보된 이익잉여금)에 영향을 미칠 수 있다. 자금 조달 방식별로 투자자들에게 다른 메시지를 전달하기 때문이다.

예를 들어 신주 발행 방식을 택한 기업이 있다면, 투자자는 망설이는 모습을 보일 수 있다. 그렇게 대단한 프로젝트라면 왜 굳이 신주를 발행하는 건가? 의구심은 계속 이어진다. 미래에 대해 그렇게 자신만만하다면, 왜 주가를 끌어올리지 않는가? 부채를 활용하면(회사채를 발행하거나 차입금을 들여오면) 주가를 끌어올릴 수 있는데 왜 그렇게 하지 않는가? 이런 이유로 신주 발행은 주가 하락을 예고하는 신호가 된다. 주가가 희석dilution되기 때문도 아니고, 회계를 둘러싼 논쟁 때문도 아니다. 주식 발행 자체가 부정적 신호를 보내기 때문이다. 일부 투자자에게는, 내부에 유보된 이익잉여금으로 자금을 조달하려 하지 않는 것을 보니 프로젝트가 보기만큼 대단하진 않은 것 같다는 인상을 줄 수 있다. 그런 의미에서 주식은 가장 값비싼 자금 조달 방식이다.

부채(회사채나 차입금)로 자금을 조달하는 경우는 좀 낫다. 외부 자본 제공자에게 여전히 의존하는 측면이 있기는 하지만, 적어도 지분율을 포기하는 방식은 아니기 때문이다. 그래도 외부로부터 자금을 조달하려 할 때면 투자자들은 '왜?'라는 질문을 던진다. 자금을 조달하는 최선의 방식은 이익잉여금을 가져다 쓰는 것, 즉 내부로부터 조달하는 것이다. 이 방식은 정보 비용이 들지 않는다는 장점이 있는 반면, 조달할 수 있는 자금 규모에 제약을 받는다는 단점이 있다.

마지막으로 생각해볼 문제는 자기주식 취득이다. 자기주식 취득은 점점 중요성이 커지는 현상으로, 이에 대해서는 제6장에서 다시 다룰 예정이다. CEO가 자기주식 취득을 발표한다는 것은 주가가 저평가됐다는 점을 묵시적으로 인정하는 셈이며, 따라서 시장에는 희소식이다. 발행주식 수가 줄게 돼서 반기는 것이 아니다. 자기주식 취득은 투자자보다 기업의 내부 사정을 더 잘 아는 경영자가 발송하는, 자신감을 증명하는 강력한 신호이기 때문이다.

주인-대리인 문제는 왜 사라지지 않을까?

재무가 주인-대리인 문제를 개선하기 위한 것이라면 그 목적을 실현하는 구체적인 방법은 무엇일까? 기업 지배구조와 관련해 위기가 끊이지 않고 있다는 점을 고려하면, 금융시장이 제 역할을 다하지 못한다고 결론 내리는 것이 수월하다. 그 때문에 주인-대리인 문제를 해결하겠다는 약속이 지켜지지 않는 거라고 말이다. 하지만 그에 앞서, 기업 지배구조를 개선하기 위해 우리가 어떻게 개입할 수 있는가를 고민하는 것이 중요하다. 당신이 자본시장을 관리하는 지위에 있다면 주인-대리인 문제를 어떻게 해결하겠는가?

그 방안을 알아보자. 첫째, 경영자들이 거짓말을 했을 때 처벌 수위를 올리는 건 어떨까? 솔깃한 방안이다. 하지만 그렇게 하면 경영자들이 극도로 말을 아낄 가능성이 있어 비대칭 정보의 문제가 심화될 수 있다. 둘째, 경영자들의 보수로 주식을 더 많이 주어 주주들이 원하는 방향의 행동을 하도록 이끌 수는 없을까? 주식을 보수로 주는 방식은 지난 수십 년 동안 상당히 일반화되어왔지만, 이 또한 부작용이 있다. 대표적인 것으로 경영자들이 단기적 성과에 집착하게 된다는 점을 들 수 있다. 주식을 보수로 받은 경영자는 단기적 성과를 추구해 주가를 끌어올린 뒤, 오를 만큼 올랐다 싶으면 자신이 보유한 주식을 매도할 가능성이 있다.

셋째, 이사회를 통해 경영자를 지휘·감시하고 주주의 이익이 관철되게 할 순 없을까? 그런데 이사회를 구성하는 권한이 누구에게 있는가? 경영자 자신에게 있다. 스스로 이사회의 일원이 되어 사안을 복잡하게 만들 가능성이 있다. 지금까지 나열해본 방안들은 저마다 부작용을 안고 있어 해법으로는 부족하다.

마지막으로, 사모펀드를 활용하는 방안이 있다. 사모펀드를 통해 모래알처럼 흩어져 있어 힘을 발휘하지 못하는 주주들을 하나로 만들어 감시자의 역할을 충실히 수행하게 하면서 레버리지를 활용하려는 경영자의 시도를 저지하게 할 수 있다. 그러나 이 방법 역시 부작용이 있다. 사모펀드 투자자들은 주식을 발행하는 것이 돈벌이가 된다는 것을 알게 되면서 IPO를 앞두고 기업이 실제보다 더 좋아 보이게 할 유인이 있다.

이런 방안들은 자본시장에서 부정적으로 작용하는 측면도 있고, 긍정적으로 작용하는 측면도 있다. 헤지펀드는 행동주의적 입장을 취하며 경영자들에게 영향력을 행사해 큰 변화를 가져오려는 경우가 많아 종종 귀찮은 사고뭉치로 평가절하되기도 한다. 그러나 경영자에게 지나치게 많은 권력과 권한을 주는 시장의 편향성을 일부나마 바로잡는 역할을 한다. 평가절하되기로는 마찬가지인 공매도자 역시 나쁜 존재일 수 있지만, 경영자와 애널리스트들이 양산하는 과도한 낙관주의의 파고에 맞서 싸우는 영웅이 될 수도 있다.

마지막으로 강조하고 싶은 것은, 자본시장의 문제점을 개선해 발전적인 방향으로 나아갈 수 있는 방안이 재무 말고 딱히 다른 데 있는 건 아니라는 사실이다. 현대 기업의 규모가 커지면서 등장한 소유와 경영의 분리가 자본시장에 주인-대리인 문제를 가져왔지만, 그 해법은 재무에서 찾을 수밖에 없다.

당신이 CEO나 CFO로서 자본시장의 문제점을 인식하고 있다면, 기업을 경영하고 자본시장과 의사소통하는 방식을 어떻게 바꿀 것인가? 투자자들의 신뢰 상실은 특히 문제가 되므로 이를 철저히 관리해야 한다. 미래에 대해 지나치게 낙관적인 전망을 내놓는 것은 매우 위험하다. 하지만 그 못지않게 위험한 것은, 미래에 대해 비관적인 전망을 내놓은 후에 전망을 웃도는 실적을 발표하는 것이다. 투자자들이 깜짝 놀랄 만한 실적을 기대하도록 이런 행태를 보이는 기업이 종종 있는데, 그런 기대에 기업의 운명을 맡겨서는 안 된다.

비대칭 정보의 문제

비대칭 정보나 신호 발송 문제를 자본시장만 안고 있는 건 아니다. 우리 일상생활에서도 얼마든지 찾아볼 수 있다.

중고차 시장을 생각해보자. 폭스바겐 대리점을 찾아가 5만 달러에 새 차를 산다고 해보자. 며칠 뒤 새로 산 차가 마음에 안 들어 팔기로 한다면, 얼마를 받을 수 있을까? 며칠간의 감가상각비를 고려하면 4만 9,999달러 정도 받을 수 있으리라고 생각할 수 있다. 하지만 그 가격은 꿈도 못 꾸고 4만 달러, 잘하면 4만 5,000달러 정도 받을 수 있을 것이다. 왜 그럴까? 구매 후보자들이 당신이 숨기고 있는 문제가 있을 것으로 생각하면서 팔려는 차에 대해 회의적인 시각을 갖기 때문이다. 왜냐하면 그 차에 대한 모든 정보를 쥐고 있는 사람, 즉 당신이 차를 팔기 때문이다. 그런 상황에서 판매에 성공하려면 가격을 낮추는 수밖에 없다. 구매자가 정보 부족에 따른 리스크를 감수하고자 하는 수준까지 말이다.

상황이 더 심각한 양상으로 전개될 가능성도 있다. 정말 좋은 차를 갖고 있지만, 아주 먼 곳으로 이사를 해야 해서 차를 팔아야만 하는 사람이 있다고 가정해보자. 구매자가 가격을 4만 달러나 4만 5,000달러로 낮추자고 하면 무슨 일이 생길까? 좋은 차를 가진 매도 희망자는 "이 시장에서는 거래하고 싶지 않습니다"라며 떠나버릴 것이다. 그렇게 해서 좋은 차가 빠져나가면 시장에 있는 중고차의 평균 품질은 내려가게 된다. 그러면 구매자는 가격을 더 후려칠 것이다. 결국 좋은 차들이 시장을 더 많이 떠나게 되고, 시장은 와해되고 말 것이다. 비대칭 정보의 문제가 무서운 이유가 여기에 있다.

개념 응용: 홍하이정밀공업, 베카에르트, 모건 스탠리의 사례

지금까지 자본시장을 둘러보면서 알아본 개념들을 더 잘 이해할 수 있도록 세 가지 투자 방식을 검토해보겠다. 홍하이정밀공업(이하 '홍하이')의 사카이 공장 투자 사례를 다시 검토할 것이며, 철선 제조 업체 베카에르트에 대한 공매도 사례와 모건 스탠리 사모펀드의 '차입매수LBO' 사례도 살펴볼 것이다.

홍하이 회장의 샤프전자 사카이 공장 지분 인수

제2장의 사례 연구에서 샤프전자의 사카이 공장을 소개했다. 샤프전자가 대형 공장에 투자한 처사가 현명하지 않았다는 것, 그리

고 홍하이의 테리 구 회장이 개인적으로 사카이 공장의 지분을 취득했다는 사실도 이야기했다. 이 사례는 그 밖에도 주인-대리인 문제를 상징적으로 보여주는 여러 가지 문제를 안고 있다.

사카이 공장에 대한 구 회장의 투자는 2012년 3월 공동 발표된 두 가지 조치 중 하나였다. 또 하나의 조치는, 애플이나 마이크소프트 같은 업체들을 대신해 IT 제품에 유리 디스플레이를 조립하는 홍하이가 주식의 형태로 8억 달러를 샤프에 투자한다는 것이었다. 8억 달러가 투자되면 홍하이 1대 주주로 등극하게 된다.

증권 애널리스트 알베르트 모엘은 고객에게 그 소식을 전해 듣고 적잖이 당황했다. 모엘은 커리어 내내 홍하이의 행보를 주시하고 있었다. 홍하이는 불투명한 기업으로 명성이 자자했는데, 이 거래 역시 당혹스러운 것이었다. 홍하이가 샤프의 지분을 다량으로 인수하고, 홍하이의 테리 구 회장이 개인 돈을 들여 사카이 공장의 지분을 인수하는 이유가 대체 무엇일까?

두 거래가 마무리되면 홍하이는 샤프전자를 소유하고, 샤프는 구 회장에게 자산을 매각하게 된다. 제2장에서 살펴봤듯이, 구 회장은 매우 저렴한 가격에 자산을 매수했기에 많은 가치를 창출할 수 있었다. 그런데 그 가치는 어디서 나올까? 구 회장은 사실 샤프의 주주들로부터 가치를 가져오는 것이나 마찬가지였다. 문제는 그 주주에 자신이 경영하는 홍하이도 들어간다는 사실이다. 시장 평론

가들은 홍하이의 투자 약속이 사카이 공장의 염가 매각을 원활하게 하려는 목적이 있다고 추측했다.

거래가 발표되자 샤프전자의 주가는 하락세를 보였다. 공장을 구 회장에게 헐값에 넘겼기 때문이다. 홍하이는 가격을 더 낮추고자 협상을 시도했고 그 시도가 실패로 돌아가자 인수 제안을 철회했다. 하지만 구 회장은 인수 의지를 철회하지 않았고 사카이 공장의 지분을 인수했다.

구 회장의 이런 행동에 대해 어떻게 생각하는가? 당신의 대답은 사카이 공장을 어떻게 보느냐에 따라 달라질 것이다. 공장의 가치가 매우 높다는 주장에 동조한다면, 구 회장은 사실상 홍하이의 주주로부터 가치를 빼앗아 간 셈이 된다. 그리고 홍하이가 샤프전자의 대주주이기 때문에 홍하이는 구 회장에게 저평가된 자산을 안겨준 셈이 된다. 32억 달러의 가치가 있는 자산을 17억 달러에 주는 믿기 힘든 거래였기 때문이다. 바꿔 말해, 홍하이는 왜 대단히 가치가 높은 사카이 공장을 인수하는 데 자사의 다른 주주들을 참여시키지 않았을까?

반대로 사카이 공장이 리스크가 크다고 생각한다면, 구 회장은 자신의 기업인 홍하이를 추가적 리스크로부터 보호하기 위해 자기 돈을 헌납한 셈이 된다.

베카에르트 공매도

2010년, 제러미 민디치의 헤지펀드인 스코피아캐피털(이하 '스코피아')은 철선 제조 기업인 베카에르트를 공매도하기로 했다. 철선 제조 사업의 생리를 잘 알게 된 스코피아는 베카에르트를 통해 기존보다 더 높은 수익률을 올리고 있었다. 베카에르트는 산업용 기계류에 쓰이는 철선을 제조한다. 철선 제조 기업 대부분이 주택시장용 전기 철선을 제조하는 데 주력하는 상황에서 베카에르트는 산업용 철선을 제조하는 거의 유일한 기업이어서 초과 이윤을 벌어들이고 있었다. 그런데 그 상황이 계속 유지될 가능성은 없었다. 민디치는 베카에르트의 경쟁 업체들이 산업용 철선 시장에 뛰어들면서 베카에르트의 이익이 시장 평균으로 복귀할 것으로 예측했다.

스코피아는 수치들을 자세히 분석한 결과 2006년부터 2008년까지는 이익이 지속적으로 증가했지만, 그 뒤로는 금융위기 때문에 하락세를 면치 못했다는 사실을 알게 됐다. 문제는 성장세가 회복될 수 있느냐 하는 점이었다. 애널리스트들은 '그렇다'라는 데 의견이 일치되어 있었다. 다음 단계는 경쟁 업체가 어디인지 파악하고 경쟁 업체들의 실적을 분석하는 것이었다. 스코피아는 베카에르트와 경쟁 관계에 있는 중국 업체의 상당수가 베카에르트가 독식하고 있는 시장에 진입하려고 한다는 사실을 알게 됐다.

● 베카에르트가 높은 이익을 유지할 수 있는지 판단하기 위해, 당신이라면 중국의 경쟁 업체들에 대해 무엇을 알고 싶은가?

스코피아 직원 2명이 중국의 경쟁 업체들을 방문하여 다음의 질문에 대한 답을 찾으려고 노력했다.

① 신규 철선 공장을 지을 계획이 있는가?
② 그렇다면 기대수익률은 얼마인가?

중국의 경쟁 업체 관계자들과 대화를 나눈 후 스코피아의 애널리스트들은 중국 경쟁 업체들이 기대하는 미래 순이익에 대한 기대수익률이 시장이 생각하는 기대수익률보다 낮다고 판단했다.

이 정보를 토대로 스코피아는 언제인지는 확신할 수 없지만 베카에르트의 주주들이 경악을 금치 못할 일이 생길 거라고 추론할 수 있었다. 사람들은 이 산업이 성장을 이어갈지 아니면 성장을 멈출지를 놓고 논쟁을 벌이기에 바빴지만, 스코피아는 상황을 심상치 않게 보고 있었다. 스코피아는 순이익이 절반으로 떨어질 것으로 전망했다.

민디치는 다음과 같이 회상했다. "베카에르트의 순이익이 시장 평균 수준으로 떨어질 것으로 생각했습니다. 엄청난 이익을 누리던 산업도 언젠가는 정상적인 상황으로 되돌아가기 마련입니다."

이런 판단하에 스코피아는 베카에르트에 대한 공매도를 결정했다.

● **베카에르트를 공매도하기로 했다면, 공매도에 따른 리스크는 무엇인가?**

〈그림 3-6〉은 2006년부터 2013년까지 베카에르트의 주가 추이를 보여준다. 2010년 말까지의 주가 상승 국면을 보고 민디치는 공매도를 단행했다. 스코피아의 예측이 결국엔 맞았지만, 너무 일찍 나섰음을 알 수 있다. 베카에르트 주식이 30%가량 더 상승했기 때문에 1년 동안 큰 손실이 불가피했다.

민디치는 다음과 같이 말했다. "그러려고 그런 건 아니었습니다. 나중엔 우리 생각대로 상황이 전개되기는 했지만, 우리의 신념이 고통을 안겨주리라고는 생각하지 못했으니까요. 하지만 우리는 많은 분석 작업을 통해 베카에르트가 결국엔 어떻게 될지 확신하고 있었고, 폭풍이 몰아치기를 끝까지 기다릴 수 있었습니다. 상황이 지속되지 않을 거라고 확신하고 있었으니까요."

공매도를 하고 난 후 주가가 여전히 고공행진을 이어갈 때, 그들이 얼마나 고통스러웠을지 상상이 가는가? 그 기간에 스코피아는 상상도 못 할 손실을 봤고 '숏 스퀴즈short squeeze', 즉 공매도한 주식을 높은 가격에 환매할 수밖에 없는 상황에 처했다. 그렇지만 민디치의 분석과 결단 덕에 스코피아는 투자의 비전을 유지할 수 있었다.

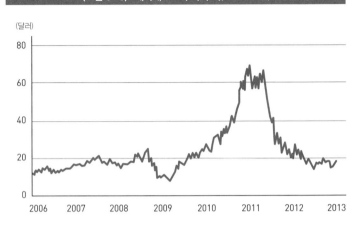

〈그림 3-6〉 베카에르트 주가 추이(2006~2013)

모건 스탠리의 탑스프렌들리마켓 차입매수

2007년, 모건 스탠리 사모펀드는 뉴욕주의 슈퍼마켓 체인인 탑스프렌들리마켓(이하 '탑스')을 인수했다. 인수 형식은 차입매수LBO였는데, LBO는 차입금을 활용해 기업을 인수한 후 경영 상태를 개선하여 공개시장이나 전략적 매수자에게 매각하는 방식을 말한다. 이를 잘 활용하면 레버리지를 통해 수익률을 크게 상승시킬 수 있다.

모건 스탠리가 탑스 인수에 뛰어든 데에는 몇 가지 이유가 있다. 그중 하나는 당시 탑스의 주인이었던 네덜란드의 식료품 기업 로

열아홀드가 경영상 어려움에 처하면서 늦어도 2007년 말까지는 미국에 있는 자산들을 재무상태표에서 떨어내겠다는 목표를 가지고 있었다는 것이다. 이는 자산을 적정 가격에 매각하는 것보다 매각 시기가 문제라는 뜻이었다. 이럴 때 경영자들은 자산을 신속하게 매각하려는 욕심에 다소 비이성적인 행태를 보일 가능성이 있다.

급한 상황에 처했던 로열아홀드는 탑스의 현 경영진을 로열아홀드에서 계속 근무할 수 있게 했고, 탑스의 CEO를 자기 쪽 사람으로 임명하겠다는 모건 스탠리의 요구도 수용했다. 모건 스탠리는 CEO로 프랭크 크루치Frank Curci를 임명했다. 로열아홀드가 탑스를 인수하기 전에 5년간 탑스에서 CEO를 역임한 인물이다. 탑스에 대한 그의 해박한 지식과 전문성이 탑스의 운영을 예전의 상태로 되돌리는 데 큰 도움이 될 거라고 모건 스탠리는 생각했다.

모건 스탠리의 앨런 존스에 따르면, 탑스가 매력적이었던 가장 큰 이유는 '전형적인 기업 고아'였기 때문이다. 로열아홀드는 본사가 탑스의 매장들과는 지리적으로 멀리 떨어져 있었기 때문에 탑스를 경영하는 데 애를 먹고 있었다. 그래서 영업이익률과 자기자본이익률이 동종의 다른 슈퍼마켓 체인 기업보다 낮았는데, 모건 스탠리는 경영만 잘하면 탑스가 과거의 영광을 되찾을 수 있으리라고 생각했다.

다음 단계는 재무 수치를 들여다보고 개선이 시급한 부분이 어디인지를 찾아내는 것이었다. 모건 스탠리는 세 가지 접근 방식을 취했다. 가격 정책의 변경, 기술 개선, 고객과의 소통 재개였다.

당시 탑스의 경쟁상대로는 월마트와 웨그먼스가 있었는데, 이 둘은 성격이 달랐다. 월마트는 저가 상품을 다량으로 판매하는 기업이고, 웨그먼스는 지역적 색채가 강하고 고가 식료품을 취급하는 기업이었다. 가격을 놓고 월마트와 웨그먼스가 경쟁을 벌이는 것은 불가능했다. 그래서 초기부터 모건 스탠리는 그 두 기업의 중간에 탑스를 위치시키기로 했다. 즉 고가품과 저가품을 모두 취급하는, 보다 일반적인 슈퍼마켓 사업 모델을 채택한다는 뜻이다. 예컨대 빵과 같은 일반 상품은 저가에, 그 외 상품은 고가에 판매하는 전략을 취하기로 한 것이다. 모건 스탠리는 이런 가격 정책이 탑스가 성공으로 가는 열쇠라고 생각했다.

크루치는 탑스가 고객과의 연결고리를 상실했다는 사실을 바로 알아차렸다. 닭 날개 튀김인 '버펄로윙'은 뉴욕주의 서쪽 버펄로 지역이 원조다. 뉴욕주에는 탑스 매장이 많은데, 정작 이곳들에서는 버펄로윙을 판매하지 않고 있었다. 이에 대해 크루치는 '고객이 원하는 상품을 주라'는 소매 사업의 기본 원칙을 간과하는 처사라고 생각했다. 매장에 좀더 나은 기술을 도입할 필요가 있어 보였다. 기존 시스템으로는 고객의 요구사항과 재고 변동에 적극적으로 대응할 수가 없었다. 그래서 새로운 계산 시스템을 도입했는데, 지역 고객의 요구사항에 더 잘 대응할 수 있게 됐을 뿐 아니라 경제 사정이 넉넉지 않은 고객이 많다는 사실도 알게 됐다.

이런 점을 고려해 고급 식료품을 주식主食 관련 식료품으로 대체해나갔다. 크루치는 모건 스탠리를 설득해서 점포들에 대대적인 자본적 지출을 감행하게 하여 시스템을 전면적으로 개선했고, 어떤 상품을 취급할지를 각 점포가 자체적으로 결정할 수 있게 했다. 탑스가 월마트와 웨그먼스의 틈바구니에서 입지를 다지는 데 중요한 역할을 한 것이 바로 이 조치였다. 그 덕에 매장의 관리자들이 지역적 수요의 변동에 보다 신속하게 대응할 수 있었다.

모건 스탠리는 탑스의 매각을 실현시키려면 부채를 더 많이 들여올 필요가 있다는 점을 파악했다. 계산에 따르면, 레버리지를 자산 대비 96%로 올릴 필요가 있었다. 이렇게 레버리지를 높이는 것은 흔한 일이 아니었고, 모건 스탠리 입장에서는 큰 리스크를 안게 될 수도 있었다. 그러나 모건 스탠리는 탑스 경영진과 긴밀하게 협력하고, 컨설턴트를 고용해 높은 부채비율로 좋은 실적을 내는 게 가능한지 확인하는 등 방대한 분석 작업을 진행했다. 그 결과, 레버리지를 높이기로 최종 결정했다. 이 결정을 쉽게 할 수 있었던 이유 중 하나는 탑스가 재고회전율이 길지 않아 현금흐름을 창출하기가 매우 쉬운 사업 구조라는 점이었다.

레버리지를 높인 후에도 주식 3,000만 주가 남았다. 탑스의 경영진이 탑스를 환골탈태시키는 작업을 훌륭히 수행했기 때문에 모건 스탠리는 그 경영진에게 주식을 매수할 기회를 주었다. 마침내 모건 스탠리는 최초 투자금의 약 3.1배를 벌어들였고, 탑스의 경영진은 점포를 누구의 간섭도 없이 독자적으로 운영하게 됐다. 그리고 탑스 역시 이 인수 건을 통해 번창할 수 있게 됐다.

퀴즈

1. 당신은 헤지펀드 매니저이며, GM의 실적이 내년에 좋아질 것으로 생각하고 있다. 특히 경쟁 업체인 포드보다 실적이 더 나을 것으로 확신하기에 GM의 주식을 사려고 한다. 당신의 생각이 맞다면 다음 중 어떤 투자 전략을 취했을 때 돈을 벌 수 있겠는가?

① GM 매수, 포드 공매도

② GM 매수, 포드 매수

③ GM 공매도, 포드 매수

④ GM 공매도, 포드 공매도

2. 분산 투자의 주된 장점은 다음 중 무엇인가?

① 수익의 크기 대비 리스크의 양을 증가시킨다.

② 수익의 크기 대비 리스크의 양을 감소시킨다.

③ 리스크의 양과 수익을 모두 증가시킨다.

④ 포트폴리오상 종목의 주식 수를 감소시킨다.

3. 기업이 추정치보다 불과 몇 센트를 밑도는 이익을 냈다고 발표했는데, 주가는 크게 하락하고 있다. 그 이유는 무엇인가?

① 불과 몇 센트의 차이지만 수백만 주의 발행주식 수로 곱하면 금액이 상당히 커지기 때문에

② 회계적 이익은 부정확하기 때문에

③ 이처럼 실제 이익과 추정치가 차이를 보이면 미래에 주식이 희석될 가능성이 있음을 의미하기 때문에

④ 기업들이 추정치에 미치지 못하는 이익을 보인 게 우연의 일치인지, 운이 나빠서인지, 아니면 경영진이 심각한 문제를 숨기고 있다는 신호인지를 투자자들이 확신할 수 없기 때문에

4. 당신은 다국적 화학 기업인 다우케미칼에 투자하면 돈을 벌 수 있다며 무척 기뻐하고 있다. 다우케미칼이 동종의 다른 기업보다 저평가되어 있다는 사실을 알아냈기 때문이다. 다우케미칼의 주가 상승 가

능성을 통해 더 많은 돈을 벌려면 다음 중 어떤 기업을 공매도해야할까?

① 다국적 화학 및 제약 기업인 바이엘

② 항공 기업인 브리티시에어

③ 뉴욕시에 전기를 공급하는 전력 기업인 컨솔리데이티드에디슨

④ 이 기회를 잘 활용하려면, 특정 기업에 투자하는 것이 아니라 분산 투자를 해야 한다.

5. 다음 중 나쁜 인센티브의 예는 무엇인가?

① 투자자들은 실적이 좋은 기업에 투자한다. 돈을 벌고 싶어 하기 때문이다.

② 애널리스트들은 특정 기업의 주식에 대해 '매도' 추천을 하기를 꺼린다. 그 기업이 자신이 속한 투자은행과 거래하지 않겠다고 나설 가능성이 있기 때문이다.

③ CEO들은 자신이 경영하는 기업이 많은 리스크를 감수하게 한다. 자신의 재산 상당 부분이 스톡옵션에 묶여 있기 때문이다.

④ 연금펀드는 좋은 기업에 투자한다. 좋은 기업은 은퇴한 전직 직원들을 잘 대우하기 때문이다.

6. 대부분 증권 애널리스트의 고용주는 누구인가? 즉, 월급을 누구에게 받는가?

① 가계
② 기업
③ 매도측 기업
④ 대중매체

7. 다음 중 애널리스트에 대한 보상 구조와 산업 구조가 증권 애널리스트에게 미칠 수 있는 영향은 무엇인가? (해당하는 것을 모두 고르라.)

① 애널리스트들은 열심히 일해서 기업의 가치평가를 정확하게 할 것이다.
② 순위가 높은 애널리스트들은 자신의 순위를 지키기 위해 기업가치를 다른 애널리스트와 유사하게 평가하여 '묻어가기'를 시도할 가능성이 있다.
③ 애널리스트들은 공매도로 이득을 취하기 위해 항상 '매도' 의견을 제시할 것이다.
④ 순위가 낮은 애널리스트들은 대세와는 상반되는 독특한 예측치를 내놓을 가능성이 크다. 그러다가 운 좋게 예측이 적중하면 더 높은 순위로 올라갈 수도 있기 때문이다.

8. 페이스북은 2012년에 기업을 공개하면서 4억 2,100만 주를 일반 대중에게 판매했다. 이때 주식 발행과 판매를 지원하는 자본시장의 주체는 누구인가?

① 애널리스트
② 매수측
③ 매도측
④ 대중매체

9. 1989년, 사모펀드 KKR은 310억 달러에 달하는 규모로 세간의 관심이 집중됐던 RJR나비스코와의 거래 건에 관여했다. 사모펀드가 하는 일은 다음 중 무엇인가?

① 기업들을 대신해 민간 연금펀드에 투자한다.
② 기업을 인수해 개선한 뒤, 또 다른 민간 투자자나 공개시장에 매각한다.
③ 수천 명의 투자자로부터 자금을 유치해 사모펀드 자산을 조성하여 분산 투자 기법이 적용된 자산 포트폴리오에 투자한다.
④ 개인 투자자 중 어떤 투자자들이 회사채에 투자할 가능성이 있는지 기업에 조언을 제공한다.

10. 《괴짜 경제학》의 저자 스티븐 레빗과 스티븐 더브너는 부동산 중개

인들이 자기 소유의 주택을 팔 때는 중개인으로서 판매하는 주택보다 평균 10%가 높은 가격을 받는다고 지적했다. 자본시장으로 치자면 이는 어떤 문제에 해당하는가?

① 매수측

② 이사회 감독

③ 묻어가기

④ 주인-대리인 문제

제3장 요약

자본시장을 간략하게나마 둘러본 이번 여정을 통해 기관 투자자, 애널리스트, 투자은행 등으로 구성된 복잡한 재무의 세계를 좀더 깊이 이해하게 됐기를 바란다. 저축의 주체인 가계와 저축의 수요자인 기업 사이에 자리 잡고 있는 재무의 세계를 실물경제에 들러붙어 가치를 빨아먹는 거머리들이 득실거리는 곳으로 생각하는 사람들이 많다. 하지만 자본시장은 자본주의의 뿌리 깊은 난제들을 비록 불완전하게나마 해결하려고 노력하고 있다.

여기서 자본주의의 뿌리 깊은 난제란, 소유와 경영이 분리된 상

황에서 발생하는 주인-대리인 문제와 시장의 감시 기능과 시장 참여자 간의 의사소통을 무력화하는 비대칭 정보의 문제를 말한다. 재무가 필요한 이유가 바로 이것이다. 재무의 궁극적 존재 의의는 돈과 현금이 아니라 비대칭 정보와 인센티브의 문제를 해결하는 데 있다.

비대칭 정보의 문제와 주인-대리인 문제를 떠올려보면 넷플릭스의 가입자가 약간만 감소해도 주가가 왜 급격히 하락하는지를 이해할 수 있을 것이다. 예측치가 빗나가면 값비싼 대가를 치를 수도 있다는 사실과 함께, 경영자들에 대한 의심이 투자자들 사이에서 증폭되기 때문이다. 넬슨 펠츠가 펩시코와 기나긴 싸움을 벌인 이유가 주주의 이익이 가장 우선시되는 경영이 이루어지도록 하는 것이었다는 사실도 알게 됐을 것이다.

이번 장에서는 자본시장의 한가운데에서 발생하는 정보의 문제를 검토했다. 이제는 더 큰 문제로 고개를 돌릴 차례다. 기업의 가치가 얼마인가 하는 문제다. 다음 장에서는 기업이 어떻게 가치를 창출하는지, 기업이 어떤 기준으로 가치를 평가받는지, 자본 조달 비용에 기초해 어떤 투자 결정이 내려져야 하는지를 다룰 것이다.

제 **4** 장

가치의 원천

리스크, 자본비용, 가치의 기원 알아보기

제1장에서 우리는 주주의 이익을 위한 가치 창출이 경영자의 중대한 경영 목표라는 점을 살펴봤다. 그런데 가치 창출이라고 할 때 '창출'은 대체 무엇을 의미할까? 극단적인 두 가지 사례를 들여다보면서 가치 창출과 가치 파괴의 문제를 설명하고자 한다. 가치 창출의 사례로, 지난 30년간의 애플 주가 추이를 검토해보자(그림 4-1).

그림을 통해 알 수 있듯이, 애플은 창사 이래 상당 기간 상장기업으로서 주주에게 그다지 많은 가치를 창출해주지는 않았다. 생존은 이어갔지만, 가치 창출에는 그다지 신경 쓰지 못했음이 드러난다. IBM이나 마이크로소프트와 경쟁하는 데 많은 노력을 기울였지

〈그림 4-1〉 애플의 주가 추이(1988~2018)

만, 가치 창출이라는 기준으로 보면 큰 진전은 없었다.

그러다가 2000년대 초부터 상황이 극적으로 변하기 시작했다. 애플이 가치를 창출하기 시작했고, 창출하는 가치의 규모도 매우 커졌다. 2018년 중반이 되자, 애플의 시가총액은 1조 달러를 넘어섰다. 애플에 도대체 어떤 변화가 있었던 걸까? 예전과 달리 어떤 일을 했기에 기업의 운명이 이렇게 바뀐 걸까? 간단하게 답하자면 아이팟과 아이폰, 아이패드에 이르기까지 혁신적인 차세대 제품들을 만들어냈기 때문이다. 그보다는 이렇게 묻는 게 더 나을지도 모르겠다. 어째서 아이폰을 출시했을 때는 가치를 창출할 수 있었고, 매킨토시 컴퓨터를 만들어냈을 때는 가치를 창출하지 못한 걸까?

반대의 경우인 가치 파괴의 사례로는 무엇이 있을까? 화장품 기업 에이번프로덕츠(이하 '에이번')의 2009년 1월부터 2018년 10월까지 주가 추이를 검토해보자(그림 4-2).

그림에서 볼 수 있듯이, 에이번의 주가는 9년 동안 90%가 하락했다. 그 원인은 무엇일까? 분명한 점은 혁신을 이룩하고 지속 가능한 비즈니스 모델을 만들어내는 데 실패했기 때문이라는 것이다. 그렇다고 하더라도 기업의 가치가 어떻게 이토록 급격하게 파괴될 수 있을까?

가치 창출과 가치 파괴를 대표하는 이 극단적 사례는 두 가지 교훈을 준다. 첫째는 가치 창출이 간단하지도 쉽지도 않다는 것이다.

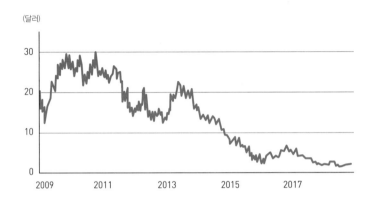

〈그림 4-2〉 에이번의 주가 추이(2009.1~2018.10)

잔인한 측면이 있는 두 번째 교훈은 재무가 어려운 것이며, 그래서 최고의 애널리스트나 투자자들도 재무를 잘 이해하지 못하기도 한다는 것이다. 에이번은 오랫동안 굉장히 고평가되어 있었고, 투자자들이 에이번의 실책을 눈치채기 시작하면서 주가가 하락해 제자리를 찾아갔다.

이 장에서는 기업들이 어떻게 가치를 창출하고 극대화할 수 있는지 자세히 알아볼 것이다. 가치 창출 여부는 자본비용이라는 개념에 전적으로 의존한다. 따라서 자본 제공자들로부터 주식, 채권, 차입금의 형태로 자본을 제공받아 관리하는 역할을 하는 경영자라면 자본비용을 고려해야 한다. 자본비용이 명시적으로 주어지지

가치 창출? 가치 파괴?

에이번과 애플은 가치 파괴와 가치 창출이 각각 무엇인지를 명쾌하게 보여주는 사례다. 그러나 그 구분이 명확하지 않다면 어떻게 해야 할까? 데이터를 보고 기업이 가치를 창출하고 있는지, 파괴하고 있는지를 어떻게 알 수 있을까?

가치 파괴인지, 가치 창출인지 분간하기가 좀더 어려운 사례를 하나 보자. 다음 그래프는 2000년 이후 브리티시석유회사BP의 주가와 투하자본이익률ROC을 보여준다.

BP는 가치를 창출하고 있는가? 주가가 20달러에서 46달러까지 상승했으니 양호하다고 할 수 있을까? 이 정도면 가치를 창출하고 있어야 마땅

하다. 좀더 자세히 들여다보자. 주가 상승은 2003년부터 2008년까지 이루어졌고 이후에는 정체됐는데, 두 기간을 나눠서 살펴보자.

BP가 2003년부터 2008년까지 가치를 창출하고 있는가? 그 대답은 분명하다. 영업활동을 잘하고 있는지는 ROC를 통해 나타난다. 해당 기간에 BP의 ROC는 10%를 훨씬 웃돌아 자본비용보다 높다. 그러므로 가치를 창출하고 있다. 가치를 창출하고 있다는 사실이 주가 상승으로 나타났다.

2008년 이후 BP의 ROC는 상당히 하락하면서 자본비용을 밑돌고 있다. 가치를 파괴하고 있음이 주가 정체를 통해 명백하게 드러난다. 이것이 BP

의 주주에게는 좋은 것도 아니고 나쁜 것도 아니라고 생각할지도 모르겠다(BP가 4%의 배당금을 지급했다는 사실까지 고려하면 확실히 좋은 것이라고 할 만하다).

하지만 그런 식으로 생각하는 것은 올바른 방향이 아니다. BP의 주주들은 다른 데 투자할 기회가 있었는데도 이 주식을 산 것이므로 더 높은 수익률을 기대했다. 하지만 BP는 그런 기대수익률을 충족하지 못했고, 주주들은 2008년 이후 힘든 시간을 보내야 했다. 자본비용을 넘지 못하고 주주의 기대수익률에도 미치지 못했다는 점에서 BP는 가치 파괴의 예라고 할 수 있다.

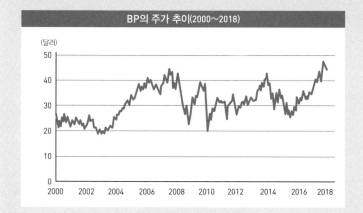

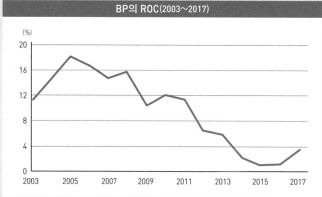

않더라도 이를 고려해야 한다. 자본비용이란, 자본 제공자들이 경영자에게 요구하는 수익률을 말한다. 마지막으로, 리스크를 어떻게 정의하고 측정할 것인가 하는 방법론을 정할 필요가 있다. 왜냐하면 자본 제공자들이 요구하는 수익률은 그들이 감수하는 리스크에 따라 달라질 것이기 때문이다.

잉여 현금흐름의 개념은 제2장에서 이미 다뤘고 자본비용, 예상 수익률, 리스크의 개념은 이번 장에서 다룰 것이다. 이 장을 마치면, 가치평가를 위한 모든 준비 작업이 마무리될 것이다. 어떤 면에서 이 장은 이 책에서 가장 힘든 부분이 될 것이다. 그러나 그림으로 시각화하여 제시된 개념부터 이해해나간다면 충분히 따라올 수 있을 것이다. 이 장의 여정을 성공적으로 마치면 당신은 승자가 된 것 같은 큰 보람을 느끼게 될 것이다.

가치는 어떻게 창출되는가

가치 창출과 관련해 가장 먼저 할 작업은 장부가치 대비 시장가치 비율market-to-book ratio을 통해 장부가치와 시장가치를 비교하는 것이다. 장부가치는 주주가 해당 기업에 투자했을 때 회계적 개념의 자본을 말한다. 그에 비해 시장가치는 해당 기업이 금융시장에서

얼마의 가치가 있는가를 나타낸다. 즉, 해당 기업의 가치를 미래지향적인 관점에서 평가한 것이다.

장부가치는 회계 원칙을 적용해 작성된 재무상태표에서 산출될 뿐 아니라 해당 기업에 투자한 금액이 얼마인지만을 중시하기 때문에 진정한 기업가치 측면에서 불완전할 수밖에 없다. 예를 들어 〈표 4-1〉의 페이스북 재무상태표를 보라. 2017년 말 기준으로 장부가치에 기초한 재무상태표와 시장가치에 기초한 재무상태표다.

페이스북의 자본금은 시장가치로는 5,128억 달러인 반면, 장부

〈표 4-1〉 페이스북 재무상태표(2017)

(단위: 10억 달러)

장부가치 기준 재무상태표			
자산		부채 및 자본	
현금	41.7	영업용 부채	10.2
영업용 자산	42.8	자본금	74.3
총계	**84.5**	**총계**	**84.5**

시장가치 기준 재무상태표			
자산		부채 및 자본	
현금	41.7		
영업용 자산	471.1	자본금	512.8
총계	**512.8**	**총계**	**512.8**

가치로는 845억 달러에 불과하다. 따라서 장부가치 대비 시장가치 비율이 약 6.1배다. 시장가치가 미래의 현금흐름을 중시한다는 점을 고려하면(제2장 참조), 시장이 페이스북의 미래와 가치 창출 능력을 높게 평가하고 있음을 알 수 있다.

제1장 재무 분석에서 했던 것과 마찬가지로, 가치 창출의 원천으로 나아가기 위해 몇 가지 질문을 던지고 그 질문에 대한 답을 스스로 찾는 훈련을 할 것이다. 제1장의 게임처럼 어려울 수도 있지만 하고 나면 큰 보람이 느껴질 것이다.

자기자본을 통한 자금 조달에만 의존하는 기업이 있다고 해보자.

- 자본금이 100달러이고 장부가치도 100달러인 기업
- 예상 ROE 20%
- 순이익의 50%를 사내에 재투자할 예정. 투자를 통해 성장할 가능성이 있고 재투자에 대한 ROE도 동일하게 20%로 예상
- 10년 후 사업을 중단하고 청산할 예정. 청산 후 남는 자산 처분 수익은 주주에게 배분할 예정이며, 모든 자산은 일시불로 처분할 예정(당시의 장부가치로 처분 시 일시불로 지급받을 수 있다고 가정)
- 주주들이 예상하는 수익률은 15%이기 때문에 미래의 현금흐름에 15%의 할인율 적용

이 기업의 장부가치 대비 시장가치 비율은 얼마가 돼야 할까? 즉, 이 기업은 가치를 창출하고 있는가? 상황을 보다 단순하고 구체적으로 만들기 위해 질문을 바꿔보자. 당신이 보기에 장부가치 대비 시장가치 비율이 1보다 크거나 작다고 생각하는가, 아니면 정확히 1이라고 생각하는가? 장부가치 대비 시장가치 비율이 얼마인지 알려면, 먼저 장부가치와 시장가치를 알아야 한다. 앞에 제시된 것처럼, 장부가치는 100달러다. 하지만 제2장에서 알아본 것처럼, 시장가치는 미래의 현금흐름을 예측하고 할인해야 알 수 있다. 시장가치를 알 수 있는 간단한 방법이 있지만, 우선 근사치를 구하는 방법을 시도해보자.

100달러의 장부가치에 20%의 ROE를 적용해 그 절반을 주주에게 나눠주고 나머지 절반은 사내에 재투자한다. 그런 뒤 사내 유보금과 주주 배당에 15%의 할인율을 적용한다. 첫해부터 열 번째 해까지 동일하게 15%의 할인율을 적용하되 남는 금액이 있다면 청산하고 주주에게 배분한다(표 4-2).

미래에 대한 예상을 근거로 계산된 현재 시장가치는 100보다 크다. 그러므로 장부가치 대비 시장가치 비율은 1보다 크다.

엑셀 프로그램을 돌리지 않고도 이와 같은 결론을 얻을 수 있는 간단한 방법이 있을까? 이 점을 생각해보기 위해 ROE만 20%에서 15%로 떨어지고 나머지 변수들은 그대로 유지된다고 해보자. 장부

최초 장부가치 100달러 할인율 15%
ROE 20% 이익 유보 비율 50%

기간(년)	주주의 투자 장부가치(달러)	ROE 실적(%)	세후 순이익(달러)	이익 유보 비율(%)	유보 이익(달러)	주주 배당(달러)	할인계수	현재가치(달러)
1	100.00	20	20.00	50	10.00	10.00	0.87	8.70
2	110.00	20	22.00	50	11.00	11.00	0.76	8.30
3	121.00	20	24.20	50	12.10	12.10	0.66	8.00
4	133.00	20	26.60	50	13.30	13.30	0.57	7.60
5	146.40	20	29.30	50	14.60	14.60	0.50	7.30
6	161.10	20	32.20	50	16.10	16.10	0.43	7.00
7	177.20	20	35.40	50	17.70	17.70	0.38	6.70
8	194.90	20	39.00	50	19.50	19.50	0.33	6.40
9	214.40	20	42.90	50	21.40	21.40	0.28	6.10
10	235.80	20	47.20	50	23.60	23.60	0.25	5.80
						259.40	**0.25**	**64.10**

현재가치/시장가치 135.89달러
장부가치 대비 시장가치 비율 1.36

가치 대비 시장가치 비율은 어떻게 될까? ROE가 낮아지면 장부가치 대비 시장가치 비율이 내려갈 거라는 사실은 직관적으로 알 수 있을 것이다. 그런데 얼마나 내려갈까?

이를 엑셀 프로그램으로 돌려보면, 시장가치가 장부가치와 동일하게 100으로 떨어진다는 것을 알 수 있다. 다시 한번 말하지만, 정확히 100으로 떨어진다. 이는 우연의 일치가 아니다. ROE가 15%라면 상당히 양호한 수준이라고 생각할 것이다. 그러나 실상은 기대수익률을 간신히 맞추는 수준이다. 그래서 재무가 잔인한 논리라고 하는 것이다. ROE가 자본비용과 같다면 다른 어떤 것도 기업 가치에 영향을 주지 못한다. 다시 말해, 이 기업은 가치를 창출하지 못하고 있다는 뜻이다. 수익률이 15%라면 놀고먹을 수 있었는데, 아쉽다.

ROE와 자본비용의 비교를 통해 알 수 있는 사실은 가치를 창출하기 위한 필요조건이 ROE가 자본비용보다 높아야 한다는 것이다. 사례에서 ROE는 20%이지만 주주 배당에 적용되는 할인율은 15%다. 그러므로 가치를 창출하고 있다. 투자 예상 수익률, 즉 ROE와 자본비용만 비교하면 기업이 가치를 창출하고 있는지 그렇지 않은지 알 수 있다.

ROE가 더 떨어진다면, 예를 들어 15%에서 10%로 떨어진다면, 시장가치가 100 미만이 되어 장부가치 대비 시장가치 비율이 1 미만으로 떨어진다. 이는 더 안 좋은 시나리오다. 자본 제공자의 기대에 못 미치는 수익률을 제공하고 있어 가치를 파괴하고 있다는 말이 된다. ROE가 10%이면 상당히 양호한 수준이라고 생각할지도 모르겠다. 하지만 이 기업은 자본 제공자들이 요구하는 수익률보다 훨씬 낮은 수익률을 제공하고 있다. 당신이 자본 제공자라면 "놀고먹을 수 있었는데!"가 아니라 "놀고먹지 말고 뭔가를 해야 했어!"라고 외쳐야 하는 상황이다.

가치 창출에 영향을 주는 다른 요인

투자 수익률과 자본비용 간의 관계가 가치 창출의 규모에 영향을 미치는 유일한 요인인 것은 아니다. 그렇다면 다른 요인에는 어떤 것이 있을까? 앞서 했던 것처럼 ROE 값을 변동시켜볼 것이다. 또한 프로젝트 기간, 사내에 재투자되는 이익의 비율도 바꿔볼 것이다. 하지만 할인율은 변동시키지 않고 15%에 고정할 것이다. 나머지 요인들은 유지한 채 ROE, 기간, 재투자 비율을 변동시키면 장부가치 대비 시장가치 비율에 어떤 영향이 미칠 것으로 생각하는가?

ROE가 높으면 장부가치 대비 시장가치 비율이 올라갈 것으로 추측할 것이다. 그러나 사례에 등장하는 기업이 10년이 아니라 30년간 생존한다면 어떤 일이 벌어질까? 더 많은 이익이 재투자되면 어떤 일이 벌어질까? 기간과 재투자 비율이 바뀌면 ROE의 값에 따라 변하는 장부가치 대비 시장가치 비율에 어떤 영향이 있을까?

〈표 4-3〉은 ROE, 기간, 재투자 비율의 변동에 따라 장부가치 대비 시장가치 비율이 어떻게 변할지 정리해볼 양식이다. 아직은 빈칸으로 되어 있다. 우선 이익의 30%를 재투자할 경우만 생각해보면서 두 가지 질문에 대한 답을 찾아라. 장부가치 대비 시장가치 비율은 ROE와 기간이 어떤 조합일 때 가장 높고, 어떤 조합일 때 가장 낮을까? 어떤 경우에 장부가치 대비 시장가치 비율이 1이 될까?

〈표 4-4〉에는 이익의 30%를 재투자할 경우의 정답이 나와 있

기간 \ 미래의 ROE	10%	15%	20%	25%	
5년					이익의 30% 재투자
10년					
20년					
30년					
5년					이익의 70% 재투자
10년					
20년					
30년					
5년					이익의 100% 재투자
10년					
20년					
30년					

기간 \ 미래의 ROE	10%	15%	20%	25%	
5년	0.8	1.0	1.2	1.4	이익의 30% 재투자
10년	0.7	1.0	1.3	1.7	
20년	0.6	1.0	1.4	2.0	
30년	0.6	1.0	1.5	2.2	

장부가치 대비 시장가치 비율이 가장 낮은 경우가 왼쪽 맨 위일 것으로 생각하기 쉽다. 하지만 사실은 왼쪽 맨 아래다. ROE가 자본비용(할인율)보다 높지 않기는 하지만, 30년 동안 사업을 지속하면서 가치 파괴가 대규모로 일어나고 있다. 마지막으로, ROE가 15%인 경우를 보라. 기간과 상관없이 장부가치 대비 시장가치 비율이 항상 1이다. 기업은 5년, 10년, 100년 동안 지속될 수 있다.

그런데 이 경우 기간은 중요하지 않다. ROE가 자본비용과 같기 때문에, 얼마나 오랫동안 운영되는지와는 상관없이 가치를 창출하지 못하게 된다. 〈표 4-3〉으로 돌아가 재투자 비율이 70%인 경우와 100%인 경우의 빈칸을 채워보라. 똑같은 질문에 대한 답을 찾아보라. 장부가치 대비 시장가치 비율은 ROE와 기간이 어떤 조합일 때 가장 높고, 어떤 조합일 때 가장 낮을까? 어떤 경우에 장부가

다. 가장 높은 장부가치 대비 시장가치 비율은 오른쪽 맨 아래의 경우다. 즉, ROE가 높으면 높을수록 장부가치 대비 시장가치 비율이 높아지고, 기간이 가장 길 때도 장부가치 대비 시장가치 비율이 높아진다. 오랫동안 ROE가 높은 수준을 유지하면 장부가치 대비 시장가치 비율이 높아지고 가치가 창출되는 규모가 커진다.

치 대비 시장가치 비율이 1이 될까?

〈표 4-5〉에 나와 있듯이, 장부가치 대비 시장가치 비율이 가장 높은 경우는 오른쪽 맨 아래다. 다른 경우와 차이가 크다. ROE가 자본비용보다 높고 이익을 모두 재투자하는 상황이 30년 동안 지속되면서 큰 차이를 만들어내고 있다.

가장 낮은 경우는 왼쪽 맨 아래다. ROE가 자본비용에 못 미치기 때문에 가치가 파괴되고 있다. 그리고 그런 상황이 30년간 지속되면서 가치 파괴가 심화되고 있다. ROE가 낮기 때문에 이익을 모두 재투자해도 더 많은 가치가 파괴되고 있다.

장부가치 대비 시장가치 비율이 1인 경우는 어떤가? 그렇다. ROE가 15%인 경우, 장부가치 대비 시장가치 비율이 1이다. ROE가 자본비용과 같기 때문이다. 이익을 사내에 유보하든, 주주에게 배당하든, 기간이 얼마든 상관없다. 가치가 창출되지도, 파괴되지도 않는다.

〈표 4-5〉 가치 창출의 원천④

기간＼미래의 ROE	10%	15%	20%	25%	
5년	0.8	1.0	1.2	1.4	이익의 30% 재투자
10년	0.7	1.0	1.3	1.7	
20년	0.6	1.0	1.4	2.0	
30년	0.6	1.0	1.5	2.2	
5년	0.8	1.0	1.2	1.5	이익의 70% 재투자
10년	0.7	1.0	1.4	2.0	
20년	0.5	1.0	1.8	3.1	
30년	0.4	1.0	2.2	4.6	
5년	0.8	1.0	1.2	1.5	이익의 100% 재투자
10년	0.6	1.0	1.5	2.3	
20년	0.4	1.0	2.3	5.3	
30년	0.3	1.0	3.6	12.2	

가치를 창출하는 세 가지 방법

이번 훈련을 통해 어떻게 하면 가치를 창출할 수 있는지 알았을 것이다. 기업이 가치를 창출하기 위해서는 세 가지 방법이 필요하다. 첫 번째이자 가장 중요한 방법은 ROE가 자본비용보다 높아야 한다는 것이다. 그렇지 못하면 어떤 방법으로도 가치를 창출할 수 없다. 두 번째 방법은 ROE가 자본비용보다 높은 상황이 오래 지속돼야 한다는 것이다. 그리고 세 번째 방법은 성장을 통해 창출된 이익의 상당 부분을 재투자해야 한다는 것이다.

이와 같은 가치 창출의 원천에 대한 인식은 경영 전략과도 일맥 상통한다. 자본비용보다 ROE를 높은 수준으로 올린다는 것은 결국 혁신을 통해 경쟁 우위를 창출하는 것과 같다. ROE가 자본비용보다 높은 수준을 오랫동안 지속한다는 것은 진입 장벽을 쌓고, 브랜드 파워를 강화하고, 지식재산권을 보호하는 것과 같다. 마지막으로, 더 많은 이익을 재투자하는 것은 주력 사업의 확장, 인접 사업으로의 확장, 다른 기업과의 통합을 통해 사업 기회를 확장해나가는 것과 같다.

자본비용 심층 분석하기

앞서의 훈련은 자본비용이 가치를 창출하는 데 매우 중요하다는 점을 알려주었다. 제2장에서 알아봤듯이, 경영자들은 미래의 현금흐름을 할인하기 위해 할인율을 적용한다. 왜냐하면 어떤 투자든 기회비용이 있기 때문이다. 이런 할인율을 보통 자본비용이라고 부른다. 자본을 활용하는 데 드는 비용이라는 의미에서다. 그렇다면 이런 할인율과 자본비용은 어디서 나올까?

　자본 제공자에는 두 가지 유형이 있다는 내용을 기억하는가? 부채의 형태로 타인자본을 제공하는 유형과 자본금 형태의 자기자본을 제공하는 유형이다. 여기서의 핵심은 자본비용이 이런 투자자들이 기대하는 수익률에 따라 결정된다는 사실이다. 간단히 말해,

 현장의 목소리

가치 창출의 요인들을 엑셀 프로그램을 활용해 검토하는 것은 다른 문제이긴 하지만, 알베르토 모엘 같은 애널리스트들이 현장에서 검토하는 것이 바로 이런 가치 창출의 요인들이다. 모엘은 이에 대해 다음과 같이 말했다.

"어떤 기업이 자본으로 초과 이익을 창출하고 있다면 주주 수익률을 통해 확인할 수 있습니다. 단기적으로는 어디서나 확인할 수 있기 때문에 문제가 되지 않습니다. 하지만 장기적으로는 문제가 됩니다. 자본비용을 넘어서는 초과 이익을 장기에 걸쳐 지속적으로 창출하는 기업이라면, 주주에게 초과 수익을 창출해줄 수 있습니다. 우리는 실제로 이런 방법을 현장에서 활용합니다."

투자자의 기대수익률이 곧 자본비용이 된다는 얘기다. 타인자본과 자기자본은 그 비용이 다르다. 주식은 수익이 가변적인 잔여수익청구권인 반면, 부채는 수익이 고정된 우선변제청구권이기 때문이다.

　그렇다면 (자본비용이 되는) 기대수익률은 어디서 올까? 자본 제공자는 자신이 떠안을 리스크를 계산하고 그 리스크를 보상해줄 수익률을 기대한다. 리스크를 감수하는 대가로 추가적 수익을 요구

리스크와 수익률

제2장에서 알아봤듯이, 투자자들은 리스크가 크다고 생각되는 기업에 대해서는 더 높은 수익률을 요구한다. 수익률을 더 많이 요구한다는 것은 결국 자본비용이 상승함을 의미한다.

우리 같은 투자자들은 리스크를 회피하려는 성향을 가지고 있다. 인간의 본성이 그렇다. 리스크를 감수해야만 한다면 인간은 그에 대한 보상으로 무언가를 요구하기 마련이다.

네 가지 유형의 자산이 있다고 해보자. 30일 만기의 미국 단기 국채, 30년 만기의 미국 장기 국채, 대기업 보통주, 중소기업 보통주다. 각 자산은 마음만 먹으면 매각할 수 있다.

다음 표는 이 네 가지 자산의 연간 수익률로, 1926년부터 2010년까지의 수익률을 대표적 투자 연감인 《IB 보스턴 SBBI 연감Ibbotson SBBI Yearbook》에서 발췌하여 평균을 구한 것이다. 수익률 옆에 연평균 표준편차가 제시되어 있다. 표준편차는 평균 수익률을 중심으로 얼마나 퍼져 있는지를 보여준다. 표준편차가 0이라는 말은 매해 수익률이 평균 수익률과 같았다는 뜻이고, 표준편차의 값이 크면 클수록 수익률의 변동 범위가 크다는 뜻이다. 모든 관찰치의 3분의 2가 평균과 표준편차의 합과 차의 범위에 있다는 경험칙이 우리에게 도움이

자산 유형별 평균 수익률(1926~2010)		
		(단위: %)
자산 유형	연평균 수익률	연평균 표준편차
단기 국채(30일 만기)	3.6	3.1
장기 국채(30년 만기)	5.5	9.5
보통주(대기업)	9.9	20.4
보통주(중소기업)	12.1	32.6

출처: 《IB 보스턴 SBBI 연감》

된다. 예를 들어, 당신과 같은 동네에 사는 성인들의 평균 신장이 170cm이고 표준편차가 5cm라고 해보자. 그 말은 3분의 2가 165cm에서 175cm 사이에 분포한다는 말이다.

이 표에서 대기업 보통주에 투자한 경우를 보면, 평균 수익률이 9.9%이고 표준편차가 20.4%다. 이는 3년 중 2년은 −10.5%와 30.3%의 수익률(9.95±20.4%)을 보였다는 말이다. 반면 장기 국채에 투자한 경우에는 평균 수익률이 5.5%에 표준편차가 9.5%이므로, 3년 중 2년은 −4.0%와 15%의 수익률(5.5±9.5%)을 보였다는 말이다.

표를 보면 알 수 있듯이, 수익률은 투자자가 감수하는 리스크와 상관관계가 있다. 구체적으로, 주식은 수익률 변동이 심하기 때문에 수익률도 높지만 감수하는 리스크도 크다. 한 해에 수익률이 높으면 다음 해에는 수익률이 낮거나 마이너스를 기록할 수도 있다는 말이다.

리스크를 감수하는 데 대한 보상이 얼마 정도 되는지 알기 위해, 투자자들은 대개 자산 유형별 수익률을 각각의 표준편차로 나눈다. 이 비율을 샤프지수Sharpe Ratio라고 하며, 리스크 한 단위당 수익률이 얼마인지를 판단할 수 있다. 샤프지수는 투자자들이 리스크를 측정하는 주요한 방법 중 하나다. 표를 통해 계산할 수 있듯이, 장기 국채의 샤프지수는 0.58(5.5%/9.5%)인 데 비해, 중소기업 보통주의 샤프지수는 0.37(12.1%/32.6%)이다.

한다는 것은 재무의 기본 원칙으로, 사람에게는 리스크를 회피하려는 성향이 있기 때문이다. 확실히 100만 달러를 받는 게 좋은가, 아니면 50:50의 확률로 0달러 또는 200만 달러를 받는 게 좋은가? 다르게 생각할 수도 있겠으나 이게 실제 상황이라면 대부분이 확실한 100만 달러를 선택할 것이다. 이는 불확실한 돈보다 확실한 돈이 상대적으로 선호된다는 사실을 보여준다.

그러나 자본비용의 개념을 실제로 어떻게 구체화할 것인가? 리스크의 대가로 얼마의 금액이 적절한지 어떻게 알 수 있을까? 이 질문은 재무에서 가장 멋진 개념으로 우리를 안내해준다.

가중평균자본비용

가중평균자본비용Weighted Average Cost of Capital, WACC은 미래의 현금흐름을 할인하는 가장 일반적인 방법이다. 또한 재무를 하는 사람들이 외부인에게 겁을 주기 위해 즐겨 사용하는 마법의 용어이기도 하다. 하지만 구성 요소로 분해하여 도표 등을 활용해 생각해보면 명확하게 이해할 수 있는 개념이다. 가중평균자본비용은 자본을 조달하는 방식에 따른 비용을 고려한다. 즉, 타인자본 조달 비용과 자기자본 조달 비용을 고려한다. 이 두 비용을 그냥 더해서는 안 된다. 자기자본과 타인자본이 차지하는 비중을 고려해 가중평균해야 한다.

가중평균자본비용을 구하는 공식은 타인자본 조달 비용과 자기자본 조달 비용, 타인자본과 자기자본 각각의 비중, 세금으로 구성된다.

$$WACC = \left(\frac{D}{D+E}\right) r_D (1-t) + \left(\frac{E}{D+E}\right) r_E$$

r_D: 타인자본 조달 비용
r_E: 자기자본 조달 비용
D: 타인자본 시장가치
E: 자기자본 시장가치
D+E: 가용자본(부채+자본금) 합계
t: 법인세율

타인자본 조달 비용과 자기자본 조달 비용은 기대수익률이다. 가중치는 타인자본과 자기자본이 자금 조달 수요 총액에서 각각 차지하는 비중이라고 보면 된다.

세금은 좀더 자세한 설명이 필요하다. 이자비용은 세금 공제가 가능한 비용이다. 따라서 세금을 낮춰주는 효과가 있다. 이자비용은 기업의 세금 부담을 줄여주기 때문에 세금 절감 수단으로 통하는 게 일반적이다. 이자비용이 얼마의 세금 공제 혜택을 주는지는 세율에 달려 있다. 세율이 높으면 이자비용의 세금 절감 효과가 매우 크다. 세율이 40%이고 10달러를 이자비용으로 지급해야 하는 상황이라면, 10달러의 이자비용이 세금 공제 후 실제로 얼마가 될까? 10달러의 이자는 세전이익을 10달러만큼 낮아지게 하기 때문에 4달러의 세금을 감면받는 효과를 준다. 그래서 실제 이자비용은 10달러에서 4달러가 줄어든 6달러가 된다.

가중평균자본비용을 계산하는 것은 어렵지 않다. 조달한 전체 자금 중 20%가 타인자본에 조달 비용이 10%이고, 80%가 자기자본에 조달 비용이 20%이고, 세율이 10%라면 가중평균자본비용은 17.8%가 된다.

좀더 심오한 질문을 해보자. 가중치는 어디서 올까? 자기자본 조달 비용과 타인자본 조달 비용은 어디서 나올까? 주식이 잔여수익 청구권이라면 자기자본 조달 비용을 어떻게 파악할 수 있을까? 타인자본과 자기자본 중 무엇이 더 비쌀까? 이제 가중평균자본비용의 개념을 구성 요소별로 나누어 들여다보고, 이를 통합하여 가중평균자본비용이 어떻게 계산되는지 알아보는 작업을 할 것이다. 가중평균자본비용을 구성하는 각 개념은 우리의 재무적 식견을 한층 높여줄 것이다. 또한 그렇게 할 때 가중평균자본비용의 개념을 가장 잘 이해할 수 있다.

타인자본 조달 비용

타인자본 조달 비용을 판단하는 것은 가중평균자본비용을 계산하는 것 중 가장 쉬운 작업이다. 타인자본은 수익률이 고정되어 있기 때문에 제공자가 부과하는 이자율이 곧 자본비용이 된다.

이자율을 산출하기 위해 은행은 사업 고유의 리스크, 현금흐름의 안정성, 신용등급 등을 검토할 것이다. 그런 뒤 리스크에 상응하는 이자율을 부과할 것이다(엄밀히 말하면, 이자율은 약속된 수익률이다. 그러므로 타인자본을 조달한 기업은 채무불이행을 일으킬 여지가 있다. 그 말은 기대수익률이 약간 낮음을 뜻한다).

이자율을 구성하는 요소에는 두 가지가 있는데, 미래의 현금흐름을 할인하는 것과 유사하다.

타인자본 조달 비용 공식

$$r_D = r_{무위험} + 신용\ 스프레드$$

$r_{무위험}$: 무위험 이자율

● **무위험 이자율**: 투자자들은 적어도 무위험자산에 투자했을 때 받을 수 있는 이자율은 요구할 것이다. 무위험 이자율은 미국 재무성 장기 국채 같은 국채 이자율에 가깝다는 것을 뜻한다. 쉽게 말해, 리스크가 있는 프로젝트라면 적어도 무위험자산에 투자했을

때 요구하는 수익률은 제공해야 한다는 논리다. 리스크가 없다면 투자자들이 왜 자본비용을 부과하겠는가. 투자자들은 리스크 자체가 싫은 것이다.

우리도 마찬가지다. 불확실한 미래보다 확실한 현재를 선호한다. 돈을 쓰거나 얻을 수 있는 즐거움을 미래로 미루는 것에 대한 보상을 원한다. 좀더 구체적으로 말해서 우리는 참을성이 없기 때문에 미래의 돈보다 오늘의 돈을 좋아하며, 인플레이션이 미래의 구매력을 떨어뜨리기 때문에 미래에 있을 인플레이션에 대한 보상을 원하는 것이다.

• **신용 스프레드**: 타인자본을 조달하면 자금을 조달한 기업의 리스크가 커지는데, 신용 스프레드는 리스크가 커진 만큼 자금을 조달할 때 부담해야 하는 추가 비용과 관련이 있다. 충분히 예상할 수 있듯이, 리스크가 더 큰 기업은 신용 스프레드가 더 크다. 2018년 중반, 10년 만기 미국 국채의 수익률은 2.96%였다. 당시 신용등급(일반적으로 신용등급은 AAA부터 시작되는데 AAA란 리스크가 거의 없음을 의미한다. 그다음이 AA, A, BBB, BB, B, CCC, CC, C 순이다)이 AA였던 월마트는 인도의 전자상거래 업체 플립카트를 인수하면서 3.55%의 이자율에 160억 달러의 부채로 인수 자금을 조달했다. 즉, 신용 스프레드가 0.59%였다. 신용등급이 BBB였던 약국 체인

기업 CVS는 미국의 의료보험 기업 애트나를 인수하면서 4.33%의 이자율로 인수 자금을 조달했다. 즉, 신용 스프레드가 1.37%였다. 케이블 서비스 기업 시퀄커뮤니케이션은 CCC등급의 부채를 7.5%의 이자율로 발행했다. 즉, 신용 스프레드가 4.54%였다. 리스크와

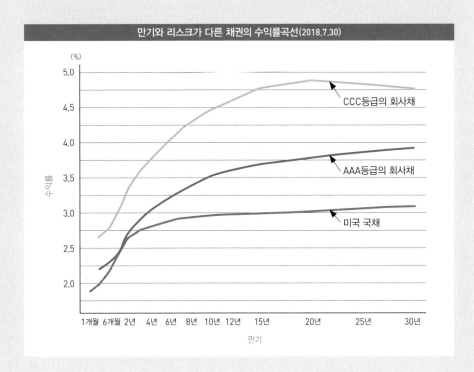

수익률곡선

타인자본 조달 비용은 무위험 이자율과 신용 위험에 따른 리스크 프리미엄으로 구성된다. 채권 만기일까지의 기간도 영향을 준다. 채권 만기일과 채권 이자율의 관계를 다음 그림처럼 시각화할 수 있다. 수익률곡선은 단기 채권부터 장기 채권까지 다양한 만기별 이자율을 그래프로 나타낸 것이다. x축은 현재부터 시작해서 만기까지의 기간이고, y축은 그에 해당하는 이자율이다.

첫째, 정상적인 상황에서 수익률곡선은 우상향한다. (항상 그런 건 아니지만.) 만기가 긴 채권은 단기 채권보다 이자율이 높아야 한다. 왜 그럴까? 수익률곡선의 기울기는 미래의 이자율에 대한 기대를 부분적으로 반영한다. 기울기가 가파르다는 것은, 미래의 이자율이 더 높을 것으로 예상되므로 장기 채권은 이자율을 더 오랜 기간에 걸쳐 고정한 대가로 투자자에게 보상을 주어야 한다는 점을 뜻한다. 미래의 이자율이 더 높을 것으로 예상하는 이유는 미래의 성장이나 인플레이션 기대 때문이다.

둘째, 국채보다 이자율이 높은 AAA등급의 회사채와 CCC등급의 회사채, 국채 간의 이자율 차이를 주목할 필요가 있다. 앞서 논의한 것처럼, 리스크 프리미엄이 자본비용을 끌어올리기 때문에 이자율 간에 그런 차이가 생긴다.

채권 수익률곡선은 미래에 대한 시장의 기대가 변함에 따라 변한다. 트레이더들은 수익률곡선의 변화를 놓고 투기를 하는 경우가 많다. 예를 들어 곡선 전체가 상방 또는 하방으로 이동하거나, 기울기가 바뀌거나, 볼록성(일반적으로는 곡선이 구부러진 정도를 나타내는 표현으로, 채권에서는 이자율 변화가 채권 가격에 미치는 영향을 구하는 데 활용된다 – 옮긴이)이 변하거나 하는 것에 베팅한다.

만기와 리스크가 다른 채권의 수익률곡선(2018.7.30)

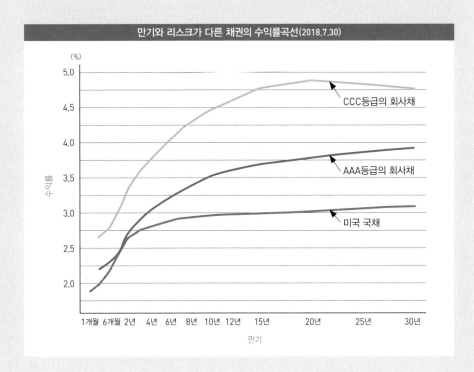

타인자본과 재무 위기

재무 위기의 가능성과 재무 위기에 따른 대가는 기업의 레버리지 수준을 제약하는 두 가지 요인으로 작용한다. 예상치 못한 자본적 지출, 원치 않는 자산 매각, 큰 대가가 따르는 경영진의 근시안적 행태 등으로 인해 기업의 가치는 파산하기 전보다 적게는 10%에서 많게는 23%까지 하락할 수도 있다. 재무 위기로 촉발된 파산은 큰 대가가 따를 가능성이 크다. 일례로, 리먼브러더스의 파산 비용은 20억 달러가 넘었다.

플로리다주의 전력 도매 기업 넥스트이러에너지자원, 긴 역사를 자랑하는 제약 기업 애브비, 짧은 역사의 여행 포털 기업 트립어드바이저 등 세 기업이 있다고 해보자. 레버리지를 기준으로 가장 높은 기업, 가장 낮은 기업, 그 중간에 있는 기업은 어디일까?

넥스트이러 같은 에너지 기업은 현금흐름이 안정적이고 예측 가능해 재무 위기로 인해 갑작스러운 변화가 발생할 우려가 적으므로 레버리지를 높게 가져갈 수 있다. 제약 기업이 리스크가 크다고 생각할지도 모르겠다. 그렇긴 하지만, 역사가 긴 제약 기업은 특허를 보유하고 있어 현금흐름이 안정돼 있기에 레버리지를 높일 여력이 있다. 트립어드바이저 같은 인터넷 기업은 현금흐름의 안정성이 떨어지는 환경에서 경영되기 때문에 재무 위기의 가능성과 재무 위기에 따른 대가가 훨씬 더 커 레버리지를 높게 가져가기가 어렵다.

제약 기업인 애브비의 레버리지리가 나머지 두 기업보다 높다. 제1장에서 머크와 화이자의 레버리지 비율과 관련해 다뤘던 내용을 떠올려보면 도움이 될 것이다. 제약 기업들의 일반적인 추세가 레버리지를 높이고 있다는 내용이었다. 그 말은 제약 기업들 스스로 재무 위기의 가능성과 재무적 위기에 따른 비용이 줄어들고 있다고 생각한다는 의미다. 이는 곧 제약 산업이 리스크를 덜 감수하고 현금흐름도 더 안정화되고 있음을 보여주는 지표가 된다.

수익률의 관계를 직접적으로 보여주는 사례들이다.

최적 자본 구조

타인자본과 자기자본을 활용하는 상대적 비율을 자본 구조라고 한다. (제1장에서 캐롤라이나전력과 인텔의 리스크를 비교하면서 알아봤듯 이) 올바른 자본 구조는 산업에 따라 다르고, 해당 산업의 상대적 리스크가 얼마나 큰지에 따라서도 다르다. 전력 기업처럼 당국의 규제를 받는 독점 기업들은 안정적인 현금흐름 덕분에 부채(타인자본)의 비중이 매우 높은 자본 구조를 가지는 것이 일반적이다. 반대로, 미래를 예측하기 힘들어 리스크가 큰 기업은 자기자본의 비중이 높은 자본 구조를 가진다.

최적 자본 구조를 결정하는 한 가지 방법은 세금 효과와 파산 비용 및 가능성에 따른 효과에 기초해 타인자본을 얼마나 활용할 의사가 있는지를 생각해보는 것이다. 〈그림 4-3〉에 나온 것처럼 최적 자본 구조 이론은 세금 효과와 파산 비용 효과를 따로 고려하면 우리의 직관과는 다르게 최적 자본 구조가 도출되지 않지만, 세금 효과와 파산 비용 효과를 함께 고려하면 최적 자본 구조가 도출된다.

〈그림 4-3〉은 자본 구조와 기업가치의 관계를 보여준다. 타인자본의 활용도가 상대적으로 증가함에 따라 기업가치가 어떻게 변하는가?

수평으로 그어진 직선을 통해 알 수 있는 것은 세금과 파산 비용과 가능성을 고려하지 않으면 모든 가치가 순전히 영업활동에서 창출되고 따라서 기업의 가치는 자본 구조와는 무관하다는 점이다. 이 평가는 중요한 출발점이 된다. 숫자를 조정하는 금융공학으로는 가치가 창출되지 않고, 자산의 활용이 진정한 가치 창출의 원천이라는 사실을 되새기게 해주기 때문이다. 아무튼, 최적 자본 구조 이론은 자본 구조가 중요한 게 아니라는 점을 알려준다.

앞서 말한 것처럼, 이자비용은 세금 공제가 가능하기 때문에 이익을 세금으로부터 보호해주는 효과가 있다. 자기자본에 비해 상대적으로 더 많이 타인자본을 활용하면 할수록, 더 많은 이익을 정

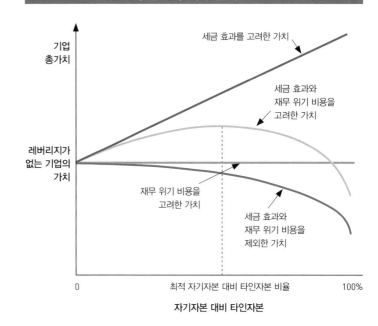

〈그림 4-3〉 최적 자본 구조

기업 총가치

세금 효과를 고려한 가치

세금 효과와 재무 위기 비용을 고려한 가치

레버리지가 없는 기업의 가치

재무 위기 비용을 고려한 가치

세금 효과와 재무 위기 비용을 제외한 가치

0   최적 자기자본 대비 타인자본 비율   100%

자기자본 대비 타인자본

부로부터 보호할 수 있다. 또한 위쪽의 비스듬하게 그어진 직선을 보면 알 수 있듯이 기업가치도 증가한다. 되도록 자기자본의 활용을 줄이고 타인자본의 활용을 늘리는 방안이 합리적이다. 부채를 늘리면 늘릴수록 세금을 절약할 수 있기 때문이다.

굉장히 높은 레버리지가 기업 경영에 어떤 효과를 미치는지 알아보자. 만약 당신이 이미 파산했거나 파산을 향해 가는 기업에서 일

하고 있다면 운영 비용이 상당히 많이 발생할 것이다. 고객도 떠나고, 직원도 떠나고, 자금 조달도 압박을 받는다. 그 상황에서 레버리지를 높이면 운영 비용 때문에 기업가치가 하락하게 될 것이다. 특히 회사가 처한 어려운 상황을 고려하면 매우 빨리 하락하게 될 것이다. 2개의 곡선 중 아래쪽 곡선을 보면 알 수 있듯이, 비용이 가치를 파괴하는 양상은 사업의 속성에 따라 다르다. 안정성이 큰 기업은 레버리지가 매우 높지 않고서는 재무 위기에 따른 비용이 크게 발생하지 않는다. 반면에 리스크가 매우 큰 기업은 재무 위기에 따른 비용이 초기에 발생할 가능성이 크다.

위쪽 곡선처럼 세금 효과와 재무 위기에 따른 비용 효과를 함께 고려하면, 세금 효과가 비용 효과를 압도하면서 최적의 자본 구조

가 도출된다. 산업이 다르면 기업들의 자본 구조도 다른데, 이는 해당 산업 고유의 재무 위기 비용 효과와 세금 효과 간의 상충 관계를 반영하는 것으로 해석할 수 있다. 특정 산업의 최적 자본 구조는 가중평균자본비용의 계산에 활용할 자기자본과 타인자본의 가중치를 제시해줄 것이다.

자기자본 조달 비용

자본비용만을 따로 떼어내는 것은 더 어려운 일이다. 타인자본 제공자에게 하듯이, 주주들에게 얼마의 수익률을 원하는지 물어볼 수도 없는 노릇이다. 왜냐하면 주주는 "가능한 한 많이"라고 대답할 것이기 때문이다. 주주에게 물어볼 수 없다면 어떻게 알아낼 수

있을까? 다행스러운 것은, 노벨 경제학상을 받은 경제학자가 창안한 관련 이론이 있다는 것이다. 이 이론은 자본비용을 알아내는 데 매우 유용한 개념들을 담고 있다. 자본자산가격결정 모형Capital Asset Pricing Model, CAPM으로, 이 모형은 무위험 이자율과 리스크 프리미엄으로 구성되는 타인자본 조달 비용 결정 구조와 동일한 논리를 따른다. 주식 투자자들이 리스크에 대해 부과하려는 비용은 두 가지 요소로 구성된다. 특정 주식의 리스크 양과 리스크의 가격이 그것이다. 그러나 지금 상황에서 리스크를 어떻게 알아낼 수 있을까? 또 대체 리스크란 무엇인가?

● **리스크**: 특정 주식을 보유할 때의 리스크를 측정하는 방법은 무엇일까? 세상의 모든 데이터가 당신에게 있다면, 특정 주식의 보유에 따른 리스크가 얼마인지 알기 위해 무엇을 따로 분리하겠는가? 주가의 변동 범위가 리스크를 측정해주는 훌륭한 지표라고 생각할지도 모르겠다. 앞의 '가치 창출? 가치 파괴?'에서도 다뤘듯이, BP의 주가는 변동하는 정도가 크다. 이를 통해 주가가 움직이는 범위의 정도, 즉 변동성volatility을 측정할 수 있다. 특정 주식이 변동성이 커 불확실성이 매우 크다면, 더 높은 수익률을 요구할 것으로 생각하기 쉽다. 이런 발상은 타당한 것처럼 보인다. 그러나 그렇게

자본비용에 대한 잘못된 통념

자본비용을 논할 때 단골손님처럼 등장하는 잘못된 통념 두 가지가 있다. 하나는 타인자본과 비교해 자기자본이 싸다고 생각한다는 것이다. '타인자본 제공자에게 돈을 안 주면 파산한다. 그러므로 대가가 비싸다. 주주에게는 돈을 안 줘도 아무런 일도 생기지 않는다. 따라서 자기자본이 저렴하다.'

나머지 하나는 자기자본이 공짜라고 생각한다는 것이다. '주주에게는 땡전 한 푼 안 줘도 된다. 그러므로 자기자본은 비용이 안 든다.'
이 두 가지 통념이 광범위하게 퍼져 있는데, 완전히 잘못된 생각이다. 왜냐하면 리스크와 수익률의 관계라는 개념과 일치하지 않기 때문이다. 자기자본과 타인자본 중 어느 것이 더 리스크가 클까?

기업이 파산하면 타인자본 제공자, 즉 채권자는 가장 우선해서 변제받고 주주는 아무것도 변제받지 못할지도 모른다. 따라서 주주는 더 큰 리스크에 노출된다. 주주들은 더 큰 리스크에 노출되기 때문에 더 높은 수익률을 요구한다. 그런 의미에서 자기자본은 공짜가 아니다. 리스크와 수익률의 관계가 의미하는 바가 바로 이것이다.

생각하면, 중요한 사항을 간과해 완전히 다른 답을 도출하게 될 것이다. 좀 있으면 알게 되겠지만, 자기자본 조달 비용은 변동성이 아니라 베타계수에 의해 결정된다.

제2장에서 논의했듯이, 분산 투자는 리스크를 관리하는 강력한 방법이다. 분산 투자를 하면 기대수익률을 유지하면서도 리스크를 줄일 수 있기 때문이다. 공짜가 없는 재무에서 유일한 공짜 점심과도 같은 것이 바로 분산 투자라는 개념이다. 투자자가 분산된 포트폴리오를 보유하고 있다면 특정 주식의 변동성은 문제가 되지 않는다. 분산된 포트폴리오에 묻혀 변동성이 효과를 발휘하지 못하기 때문이다.

〈그림 4-4〉를 보면 알 수 있듯이, 포트폴리오에 주식을 더 추가하면 할수록 포트폴리오의 전체적인 변동성은 감소하게 된다. 하지만 분산 투자에 따른 이득이 더는 늘지 않는 리스크 수준이 존재한다. 더는 분산할 수 없는 변동성이 존재한다는 말이다. 이를 체계적 리스크systematic risk라고 하며, 시장 리스크risk of holding the market라고도 한다.

특정 주식의 주가 변동은 대체로 포트폴리오를 구성함으로써 제거할 수 있다. 따라서 제거되지 않는 리스크, 즉 체계적 리스크만 생각하면 된다. 모든 주식의 리스크를 주식의 일반적인 변동 범위를 가지고 측정할 수는 없다. 시장 전체의 움직임에 대해 개별 주식이 어떤 움직임을 보이는지를 알아야 한다. 그것이 바로 분산되지 않는 체계적 리스크다.

전체적인 시장의 움직임에 대해 특정 주식이 어떤 움직임을 보이는지를 나타내는 지표를 베타계수라고 한다. 어떤 기업의 베타계수가 1이면, 시장과 동일하게 움직인다는 의미다. 즉, 시장이 10% 상승하면 그 기업의 주식도 10% 상승한다는 뜻이다. 베타계수가 2라면, 시장이 10% 상승할 때 그 주식은 20% 상승한다. 베타계수가

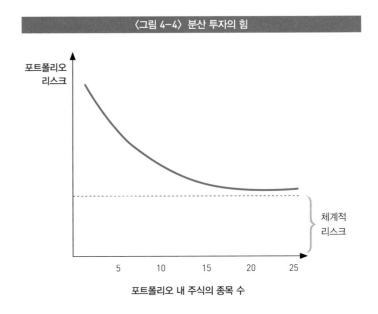

〈그림 4-4〉 분산 투자의 힘

포트폴리오
리스크

체계적
리스크

5   10   15   20   25

포트폴리오 내 주식의 종목 수

마이너스 1이면, 시장이 10% 상승할 때 그 주식은 10% 하락한다. 베타계수는 이처럼 시장이 하락하거나 상승할 때 주식이 어떤 움직임을 보일지를 알 수 있게 해준다.

● **베타계수 계산하기**: 베타계수는 계산하기가 무척 쉽다. 〈그림 4-5〉를 보라. 특정 기업 주식의 월간 수익률과 시장의 월간 수익

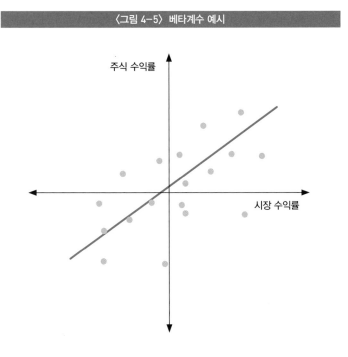

〈그림 4-5〉 베타계수 예시

주식 수익률

시장 수익률

률이 그래프로 그려져 있다.

그림의 점들은 모두 한 달의 기간에 해당하며 그 기간의 시장 수익률과 주식 수익률을 나타낸다. 그래프를 보고 베타계수가 어디 있는지 찾을 수 있겠는가? 베타계수가 특정 기업 주식의 수익률과 시장 수익률의 상관관계를 보여주는 개념이라는 사실을 잊지 말라. 회귀분석으로 알려진 방법론을 통해 데이터들을 가장 잘 대표하는 직선을 그렸을 때, 그 직선의 기울기가 바로 베타계수다. 특정 주식이 시장과 함께 움직이는 정도를 알려준다.

유명한 두 기업을 예로 들어보겠다. 보험 회사 AIG와 제1장에도 등장했던 레스토랑 체인 기업 얌!이다. 이 두 기업의 베타계수를 찾아보자. 〈그림 4-6〉과 〈그림 4-7〉의 데이터들은 2010년 1월부터 2018년 7월까지 두 기업의 월간 수익률과 같은 기간 S&P500 지수 월간 수익률을 그래프로 표시한 것이다.

AIG의 베타계수는 약 1.65다. 반면 얌!의 베타계수는 약 0.67이다. 두 기업의 베타계수가 왜 이렇게 차이가 날까? 베타계수의 의미가 시장과의 상관관계라는 점을 떠올리면 도움이 된다. KFC나 타코벨 같은 얌!의 체인점들은 비교적 저렴한 음식을 판다. 경기 침체가 극심해도 사람들은 얌!의 체인점에서 끼니를 해결할 가능성이 크다. 돈에 민감해지면서 식대를 줄이려고 할 것이기 때문이다. 경기가 좋아져 사람들에게 돈이 더 많아지면 패스트푸드를 버

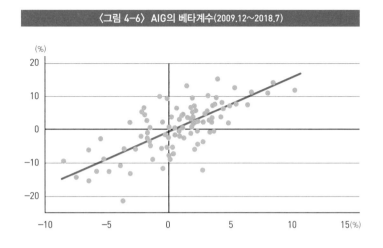

〈그림 4-6〉 AIG의 베타계수(2009.12~2018.7)

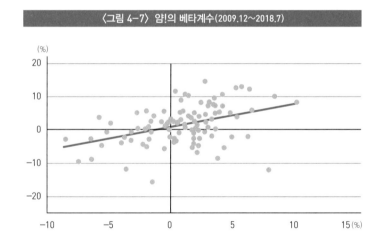

〈그림 4-7〉 얌!의 베타계수(2009.12~2018.7)

리고 고급 레스토랑에서 식사를 하려는 사람들도 있겠지만, 얌!의 체인점에서 더 많은 양을 주문하려는 사람들도 적지 않을 것이다. 그런 의미에서 얌!은 경기 변동에 민감하지 않다.

반면 AIG는 기업을 상대로 재무 리스크를 관리할 수 있는 보험 서비스를 판매한다. 경기가 안 좋으면 기업들로부터 보험금 청구가 많아져 현금 지급이 많아지고, 그 영향으로 순이익이 감소한다. 경기가 좋으면 보험 청구가 줄어 실적이 배로 좋아진다. 그리고 기업 고객들이 지급한 보험료를 딴 데 투자하여 추가수익도 올린다. 따라서 AIG는 시장의 수익률과 밀접하게 연계되어 있다.

베타계수가 무엇인지 그리고 베타계수를 어떻게 산출하는지를 알아봤다. 이제부터는 산업별 베타계수에 대해 알아보자(표 4-6). 산업별 베타계수를 알면 기업 수준의 차이가 제거된 압축적 산업 베타계수를 알 수 있다.

일부 산업은 베타계수가 높은(1보다 높은) 수준을 보인다. 1보다 높다는 말은 해당 산업의 주식이 시장보다 더 많이 움직인다는 뜻이다. 일반적으로 경기에 민감한 산업들이 높은 베타계수를 보인다.

● **베타계수의 숨은 의미**: 베타계수의 핵심 개념은 보험과 관련이 있다. 베타계수가 높은 기업들은 주주들을 매우 큰 체계적 리스크에 노출시키는데 체계적 리스크는 분산 투자로도 제거할 수 없다.

산업	베타계수
식료품 소매	0.6
전력	0.6
생활용품 및 개인용품	0.7
생필품	0.8
식료품, 음료, 담배	0.8
의료	0.8
의료기기 및 의료 서비스	0.8
운송	0.9
소비자 서비스	0.9
제약, 바이오 기술, 생명과학	0.9
은행	0.9
보험	0.9
통신	0.9
산업재	1.0
기업 서비스 및 전문 서비스	1.0
비생필품	1.0
미디어	1.0
금융	1.0
부동산	1.0
IT	1.0
소프트웨어 및 소프트웨어 서비스	1.0
원료	1.1
자본재	1.1
자동차 및 자동차 부품	1.1
소비자용 내구재 및 의류	1.1
IT 기기 및 통신 기기	1.1
반도체 및 반도체 설비	1.1
제2금융	1.2
에너지	1.4

〈표 4-6〉 다양한 산업의 베타계수

출처: 더프Duffs & 펠프스Phelps, 《2015년 국제 가치평가 핸드북: 산업 자본비용 2015 International Valuation Handbook: Industry Cost of Capital 》, 와일리 비즈니스

이런 점 때문에 투자자들은 베타계수가 높은 주식에서는 더 많은 자본비용을 받으려 한다. 따라서 베타계수가 높은 기업들은 가중평균자본비용이 높아지고, 그 결과 기업가치는 더 낮아진다. 기업가치가 낮아진다는 게 이해되는가? 높은 할인율을 적용하면 현재가치가 어떻게 되겠는가? 더 낮아진다. 이젠 이해되는가? 요컨대, 높은 베타계수는 높은 자본비용을, 높은 자본비용은 높은 가중평균자본비용을, 높은 가중평균자본비용은 낮은 기업가치를 유발한다.

그런 의미에서 자본자산가격결정 모형CAPM은 보험적 성격을 띤다. 시장과는 반대로 움직이는 자산을 선호하는 이유는 그런 자산이 보험과 동일한 효과를 주기 때문이다. 만약 당신이 리스크를 회피하려는 성향이 강하다면 이는 중요한 의미가 있다. 〈그림 4-8〉은 금의 연간 수익률과 S&P500 종목 연간 수익률을 표시한 것이다. 기울기가 베타계수임을 잊지 말라. AIG나 얌!의 기울기와 달리, 금의 기울기는 마이너스로 나타나 있다. 금 투자의 매력이라고 한다면, 세상이 망해도 금은 자산가치를 갖는다는 점이다. 그래서 금은 보험적 성격이 강하며, 낮은 수익률 또는 마이너스 수익률을 요구하게 한다.

● **리스크의 가격**: 베타계수를 활용해 특정 기업의 리스크를 측정하는 방법을 알아봤다. 이제는 리스크의 양(베타계수)과 리스크의

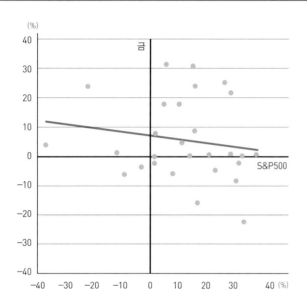

〈그림 4-8〉 금 수익률과 S&P500 수익률 비교(1988~2015)

(143쪽)에서도 볼 수 있듯이, 주식의 수익률은 국채 같은 안전자산보다 크게 높다.

주식의 수익률이 무위험자산의 수익률보다 평균 6% 높다면, 이는 시장 리스크에 노출된 투자자에게 주어지는 보상이 틀림없다. 이런 수익률 차이가 바로 리스크의 가격이다. 리스크의 가격을 시장 리스크 프리미엄이라고도 하는데, 주식의 리스크를 감수하는 대가로 요구하는 보상이다.

CAPM과 자기자본 조달 비용

리스크의 가격과 양, 이 두 개념을 통합하면 자기자본의 조달 비용을 계산하는 방정식을 얻을 수 있다.

자본자산가격결정 모형CAPM

$$r_e = r_{무위험} + 베타\ 계수 \times 시장\ 리스크\ 프리미엄$$

r_e: 자기자본 조달 비용
$r_{무위험}$: 무위험 이자율

가격을 통합하여 자본비용이 얼마인지를 알아볼 차례다.

리스크의 가격(시장 리스크 프리미엄)을 계산하는 방법은 저마다 다를 수 있는데, 리스크의 가격 개념을 제대로 이해하는 방법이 한 가지 있다. 무위험자산과 위험자산의 수익률을 비교하는 것이다. 미국 국채 같은 무위험 투자자산과 주식이 역사적으로 어떤 수익률을 보였는지 생각해보자. 앞의 '리스크와 수익률'에서 제시한 표

자기자본 조달 비용 방정식으로부터 무엇을 알 수 있을까? 첫째, 투자자들은 적어도 무위험 이자율에 해당하는 수익률, 즉 정부에

돈을 빌려주었을 때 받을 수 있는 수익률만큼은 요구한다는 점이다. 둘째, 리스크의 가격(시장 리스크 프리미엄)과 리스크의 양(베타계수)으로 구성되는 리스크 조정 개념이 있어야 한다는 점이다. 리스크의 양을 측정하기 위해, 당신은 변동성을 활용할 것으로 생각했을지도 모르겠다. 하지만 그렇게 하지 않는다. 분산 투자로는 제거되지 않는 체계적 리스크를 고려해야 하기 때문이다.

다시 말해, 특정 기업 주식의 수익률과 시장 수익률의 상관관계인 베타계수를 고려해야 한다. 베타계수를 리스크의 가격(시장 리스크 프리미엄)과 함께 고려하면 특정 산업이나 특정 기업의 기대수익률을 알 수 있고, 결국 그 산업과 기업의 자기자본 조달 비용까지 알 수 있다.

논의 중인 두 기업, AIG와 얌!의 자기자본 조달 비용을 산출해보자. 일단 무위험 이자율은 4%이고, 시장 리스크 프리미엄은 7%라고 가정하자. 그러면 AIG의 자기자본 조달 비용은 15.55%(4%+1.65×7%)가 되고, 얌!은 8.69%(4%+0.67×7%)가 된다.

자기자본 조달 비용이 투자자의 기대수익률임을 잊지 않는 것이 중요하다. 그래야 투자 운용의 핵심을 이해할 수 있다. 〈그림 4-9〉는 자기자본 기대수익률 방정식을 그래프로 나타낸 것이다. 베타계수가 증가함에 따라 기대수익률도 증가한다. 자산의 베타계수가 0이면 그 자산의 기대수익률이 무위험 이자율과 같아진다는 점을

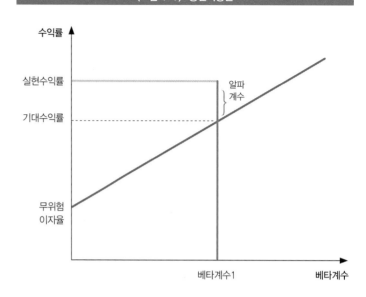

주목하라. 공격적 자산 운용은 직선에서 벗어난 자산에 투자하여 기대수익률보다 높은 수익률을 실현하는 것이다. 실현된 수익률과 기대수익률의 차이를 알파계수라 부른다. 알파계수는 가치 창출의 원천으로, 실현수익률이 기대수익률(할인율, 자기자본 조달 비용)보다 더 높다는 의미를 담고 있다.

자본자산가격결정 모형은 매우 강력한 힘을 지닌 이론이기는 하지만, 모형의 가정이 항상 맞는 것은 아니다. 예를 들어, 거래 비용

이 없으며 투자자들이 적은 비용으로 돈을 빌리거나 빌려줄 수 있다고 가정하는데 이는 현실성이 부족하다. 게다가 이 이론은 투자자가 매우 합리적이라고 가정하는데 이 또한 근거가 빈약하다. 〈그림 4-9〉에 나온 것처럼 실현수익률이 베타계수에 상응한다고 가정하는 것도 우려스럽다. 이런 점에서 자본자산가격결정 모형에 대한 논란이 뜨겁긴 하지만, 자기자본 조달 비용을 알 수 있는 획기적인 이론이며 자산 운용의 영역에서도 주도적인 역할을 하고 있다.

가중평균자본비용에 대한 일반적 오해

가중치의 개념, 세금 효과, 자기자본 조달 비용 및 타인자본 조달 비용에 대해 알아봤다. 이제는 가중평균자본비용을 통해 기업의 투자를 평가하는 문제를 검토하고자 한다. 앞으로는 제2장에서 강조한 할인율로 가중평균자본비용wacc을 활용할 것이다. WACC는 오해하기 쉬운 개념이므로, 재무적 식견을 넓히려면 그 지점을 반드시 짚고 넘어가야 한다.

첫째, 모든 투자에 대해 동일한 자본비용을 적용한다

경영자들이 범하는 가장 큰 실수는 자신들이 투자하는 모든 프로젝트에 대해 동일한 자본비용을 적용한다는 것이다. 논리는 이렇

다. '우리의 자본 제공자들이 기대하는 수익률이 있기 때문에 어디에 투자하든 자본비용이 동일해야 한다.'

논리는 그럴듯하지만, 그건 사실이 아니다. 다양한 산업에 투자하는 기업집단conglomerate을 생각해보자. 이들이 산업별로 같은 자본비용을 적용해야 할까? 산업이나 투자별로 자본 제공자들이 노출되는 리스크가 다르므로 각각의 자본비용도 달라야 한다. 모든 사업부문에 동일한 자본비용을 적용하는 기업이 있다고 할 때 어떤 결과가 발생할지 생각해보자.

다양한 산업, 예컨대 항공 산업, 의료 산업, 미디어 산업에 투자하는 기업집단이 있다고 해보자(그림 4-10). 이 산업들의 베타계수가 서로 다른데도 단일한 자본비용, 예컨대 평균 자본비용을 적용하면 어떤 실수를 하게 될까? 과잉 투자하는 산업은 어디이고, 과소 투자하는 산업은 어디일까?

미디어 산업에 투자할 때는 어떤 실수를 하게 될까? 같은 자본비용을 적용한다면 미디어 산업에는 자본이 높게 배분된다. 따라서 프로젝트를 과대평가하게 되어 과잉 투자하게 된다. 비슷한 논리로, 항공 산업에는 자본이 석세 배분돼 프로젝트를 과소평가하게 되어 과소 투자하게 된다.

이런 착각을 바로잡는 기준은 '누구인가는 문제가 아니다'라는 것이다. 철학적 명언 같지만, 자본비용은 누가 투자하느냐에 따라

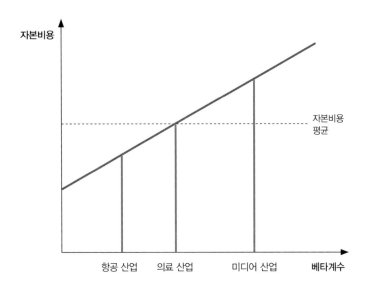

자본비용

자본비용
평균

항공 산업   의료 산업   미디어 산업   베타계수

결정되는 것이 아니라는 얘기다. 누구냐가 아니라 어디에 투자하느냐에 따라 결정된다. 리스크는 자산에 있는 것이지 투자하는 사람에게 있는 것이 아니다.

둘째, 타인자본을 늘려 가중평균자본비용을 낮춘다

그럴듯하지만 잘못된 또 다른 착각은, 타인자본의 조달 비용이 낮다는 점을 들어 타인자본을 더 많이 활용하면 가중평균자본비용

을 낮출 수 있다고 생각하는 것이다. 논리는 이렇다. '타인자본은 매우 저렴하다. 세금 측면에서 유리하기 때문에 더더욱 그렇다. 타인자본을 더 활용하면 가중평균자본비용을 낮출 수 있고 가치를 더 높일 수 있다.'

그건 사실이 아니다. 공짜 점심 같은 건 없다는 말이다. 기업이 최적 자본 구조 상태에 있다면, 타인자본이 저렴해 타인자본을 더 많이 활용하는 것이 합리적이라고 하더라도 그렇게 할 수 없다. 타인자본을 더 활용하면 리스크가 커져 주주들이 더 높은 수익률을 요구할 것이기 때문이다. 그러면 더 많은 타인자본을 활용하는 데 따른 이득이 상쇄되고 만다.

〈그림 4-11〉은 타인자본이 많아짐에 따라 베타계수가 어떤 양상을 보이는지를 보여준다. 이 책에서 가장 이해하기 어려운 그래프이기는 한데, 타인자본을 늘려도 가중평균자본비용을 낮출 수 없는 이유를 이해하는 데 도움이 될 것이다. 앞서 알아봤던 것과 가장 큰 차이점은 세 가지 유형의 베타계수가 있다는 점이다. 즉 자기자본 베타계수, 타인자본 베타계수, 자산 베타계수다.

베타계수가 투자 수익률과 시장 수익률의 상관관계를 측정하는 지표라는 점을 잊지 말라. 첫째, 자산 베타계수부터 생각해보자. 자산 베타계수는 영업용 자산의 수익률이 어떻게 시장 수익률과 함께 움직이는지를 측정해주는 지표다. 타인자본을 늘림에 따라

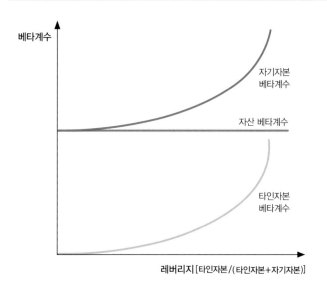

베타계수

자기자본
베타계수

자산 베타계수

타인자본
베타계수

레버리지 [타인자본/(타인자본+자기자본)]

자산 베타계수는 어떻게 변할까? 변하지 않는다는 것이 정답이다. 자금 조달 방식이 바뀌더라도 시장 대비 자산 수익률은 변동하지 않는다. 〈그림 4-3〉의 수평으로 그어진 직선과 같은 개념이다.

그렇다면 타인자본을 늘림에 따라 자기자본 베타계수와 타인자본 베타계수는 어떻게 변할까? 이를 알기 위해 극단적 사례를 생각해보자. 자기자본에만 전적으로 의존하는 기업이 있다면, 이 기업에 어떤 일이 벌어질까? 이 기업이 자기자본 의존도를 약간 올리면

어떻게 될까? 이 점을 더 깊이 생각해보기 위해 이 기업의 베타계수와 자산 베타계수에 집중해보자.

〈그림 4-11〉에서 아래쪽의 곡선은 타인자본 베타계수를 나타낸다. 타인자본을 1달러 늘려도 리스크는 거의 늘지 않는다. 그러므로 타인자본 베타계수는 0에 가깝다. 타인자본에 대한 의존도를 더 끌어올리면 올릴수록 타인자본 베타계수는 점점 자산 베타계수에 접근해간다. 자기자본 베타계수는 어떤 양상을 보일까? 타인자본이 없거나 아주 적으면 자기자본 베타계수는 자산 베타계수와 동일한 양상을 보인다. 레버리지를 늘리면 어떻게 될까? 자기자본의 리스크가 커지고 자기자본이 비싸지면서 자기자본 베타계수는 급격히 상승하기 시작한다.

〈그림 4-11〉이 전달하는 핵심이 바로 이런 점이다. 최적의 자본구조를 달성하고 있는 기업은 자기자본을 타인자본으로 전환해도 자본비용을 낮출 수가 없다. 왜 그럴까? 기업이 타인자본을 늘리면 주주들이 이 기업을 과소평가하게 되며, 그에 따라 기대수익률을 올리기 때문이다. 따라서 기업은 타인자본을 늘려도 이득을 기대할 수 없게 된다.

셋째, 가중평균자본비용을 이전한다

경영자들이 범하는 마지막 실수는 다른 기업을 인수해 자사의 가

중평균자본비용을 피인수 기업에 적용하면 부가가치를 창출할 수 있다고 생각하는 것이다. 논리는 이렇다. '자산을 인수하려고 경쟁 기업과 입찰에 참여하고 있다. 우리 회사의 자본비용이 낮기 때문에 내 자본비용은 경쟁자보다 낮다. 이처럼 내가 활용할 수 있는 자본비용이 저들보다 낮기 때문에 이 입찰에서 이길 수 있을 것이다.'

올바른 자본비용은 기업이나 입찰 경쟁자와는 아무런 관련이 없다. 경영자가 인수하고자 하는 자산과 전적으로 관련이 있다. 인수하는 기업과 입찰에 뛰어든 경쟁 기업 양쪽 모두에게 해당하는 이야기다. 어떤 자산을 구매하는 데 드는 특정 기업의 자본비용을 다른 기업으로 이전할 수는 없다. 다시 강조하지만, 자본비용은 누구냐의 문제가 아니다. 투자하는 자산이 무엇이냐의 문제다.

개념 응용: 코닝글래스, 바이오젠, 하이네켄의 사례

코닝글래스의 ROC

코닝글래스는 전자제품 디스플레이용 유리 시장을 선도하는 기업이다. 증권 애널리스트 알베르토 모엘은 코닝글래스의 재무상태를 확인하고 미래 전망을 검토한 후 코닝글래스가 장부가치 이하의 주가로 거래되고 있다고 판단했다. 제4장에서 알아봤듯이, 시장은 코닝글래스의 수익률이 자본비용을 넘어설 수 없다고 생각하고 있었다.

● 코닝글래스처럼 장부가치 미만으로 거래되는 기업은 문을 닫고 자산을 팔아야 한다고 주장하는 사람들도 있을 것이다. 장부가치에 근접한 가격으로 팔 수 있다면 특히 더 그렇다고 주장할 것이다. 하지만 코닝글래스는 ROC가 자본비용보다 적은데도 사업을 지속한다. 그 이유가 무엇이라고 생각하는가?

코닝글래스도 모엘과 생각이 같았다. 코닝글래스의 기대 실적이 시장이 생각하는 것만큼 나쁘지 않은데 시장이 이를 주가에 잘못 반영하고 있다고 보고 있었다. 코닝글래스의 시장가치가 장부가치보다 낮았던 원인은, 제품시장에서의 가격 인하 압박이 코닝글래스의 ROC를 끌어내린 데 있었다. 관건은 그런 가격 인하 압박이 일시적인 것이냐, 아니면 장기적 현상이냐 하는 것이었다.

이를 위해 핵심 비즈니스 전략을 검토할 필요가 있다. 코닝글래스가 제품의 부가가치를 창출하고 있고 경쟁으로부터 자신의 입지를 보호할 수 있다고 생각한다면, 가격 압박이 일시적이라고 자신할 수 있다. 그게 아니고, 기본 여건이 바뀌어 가격 압박이 장기적인 현상이라면 주주의 이익을 위해 회사의 문을 닫는 방안까지 고려할 필요가 있다.

모엘도 가격 압박이 있다는 사실에는 동의했다. 그러나 코닝글래스의 비용 구조를 심층적으로 분석한 결과, 비용 구조 개선 효과가 가격 압박에 따른 이익률 압박 효과를 상쇄할 여지가 있고 심지어 는 실적이 더 나아질 여지까지 있다는 사실을 알게 됐다. 바꿔 말해, 이익률이 적어도 현 상태로 유지되거나 잘하면 호전될 가능성까지 있다는 뜻이다. 하지만 시장은 그렇게 생각하지 않았다. 코닝글래스의 이익률 압박이 지속될 것이라는 예측이 주가에 영향을 주고 있었다.

모엘은 코닝글래스의 ROC가 시장의 생각과 달리 점차 나아질 것이며, 코닝글래스의 주식이 장부가치 이상의 가격에 거래될 것으로 생각했다. 그래서 투자자들에게 '매수' 의견을 제시했다.

● 코닝글래스의 시장 가격이 장부가치보다 낮다고 보는 이유 중 일부는 코닝글래스의 이익 감소가 지속될 거라는 투자자들의 믿음이었다. 하지만 모엘은 그렇게 보지 않았다. 무언가를 예측할 때 현재의 변화(이익의 감소)가 미래에 무한정 지속되리라고 생각하는 경향이 왜 존재한다고 생각하는가?

미래를 예측하는 일은 원래 어려운 법이다. 그래서 애널리스트들도 때때로 틀린 결정을 내리곤 한다. 기존의 추세가 미래의 현금흐름에도 영향을 미칠 것이라는 가정을 받아들인 결과다. 애널리스트들이 그렇게 생각하는 것은 보수적인 게 아닌가 싶기도 하겠지만, 제품시장이나 경기 사이클이 수시로 변한다는 사실을 생각하면 놀랄 일도 아니다.

가치평가는 어렵다. 기업에 대한 모든 것을 고려해야 하기 때문이다. 지식재산권, 전략 경쟁 구도 등 고려해야 할 것이 한둘이 아니다. 이런 요인들을 모두 수치화하여 그 수치들이 미래에 어떤 양상을 보일지 예측해야 한다. 몇 주가 걸리는 복잡하고 심층적인 작업이다. 게다가 설득력 있는 보고서까지 써야 한다. 정확성을 기해야 함은 두말할 필요도 없다.

바이오젠의 자본 구조

2015년, 바이오젠은 60억 달러의 타인자본(부채)을 발행하여 50억 달러의 자기주식을 취득했다. 다른 이유도 있었지만, 이자율이 낮아 유리했기 때문이다. 자기주식 취득으로 부채 항목은 증가하고 자본 항목은 감소하면서 자본 구조가 바뀌었다. 최근 몇 년 사이에 크게 성장한 바이오젠은 자기주식 취득을 통해 주주에게 현금을 안겨줄 수 있었고, 주주의 소유권도 강화해줄 수 있었다.

그런데 왜 하필 부채일까? 당시 바이오젠의 CFO였던 폴 클랜시에 따르면, 대규모의 부채 발행은 바이오 기업으로서는 드문 일이었다. 실제로 당시 재무상태표상 부채는 5억 달러에 불과했다. 하지만 다른 바이오 기업처럼 바이오젠은 현금이 해외에 묶여 있어 마음대로 손을 댈 수가 없었다. 그래서 자기주식을 취득하기 위해서는 부채를 발행하는 수밖에 없었다. 그런데 이자율이 낮았기에

필요한 것보다 더 많은 부채를 발행했다. 이 기회를 활용하려면, 이자율이 다시 올라가기 전에 자기주식 취득을 진행할 필요가 있었다.

● 낮은 이자율이 기업들의 부채 발행을 유도하는 이유는 무엇일까?

최근 10여 년간 두드러진 현상 중 하나는 이자율이 역사상 어느 때보다 낮다는 것이다. 이런 여건 때문에 레버리지를 높이려고 하는 기업이 많은 것 같다. 시장 여건에 맞춰 주식이나 부채 발행 시기를 조절하는 것을 '마켓 타이밍'이라고 한다. 주식이나 채권의 발행 또는 자기주식 취득은 사실상 마켓 타이밍에 베팅하는 것과 같다.

이런 베팅에 성공하려면 현금흐름과 영업 실적이 시장의 기대를 능가할 필요가 있다. 물론 베팅을 걱정하는 것은 CFO의 몫이다. 클랜시는 이에 대해 다음과 같이 말했다. "이런 베팅을 해놓고 걱정하지 않는다면, 주주에게는 물론이고 주주를 위한 가치 창출에도 책임을 느끼지 않는 것입니다."

● 투자자들이 주식을 산다는 것은, 그 기업이 자본비용을 넘어서는 실적을 낸다는 데에 또는 주식이 기대수익률보다 더 많이 올라갈 거라는 데에 베팅하는 것과 같다. 클랜시는 기업이 자기주식을 취

득하는 것도 유사한 베팅을 하는 것과 같다고 말한다. 왜 그럴까?

자기주식을 취득하는 데 돈을 쓰는 것은 사실상 투자를 하는 것이나 마찬가지다. 투자의 경우와 마찬가지로, 자기주식 취득도 순현재가치가 양의 값을 가져야 한다는 의사결정 기준을 활용할 필요가 있다. 순현재가치가 양의 값을 갖지 않는다면 바이오젠은 주주에게 현금 배당을 주든지 아니면 자본을 배분할 다른 방법을 찾아야 한다(자본 배분의 문제는 제6장에서 자세히 논의할 것이다).

CFO의 임무 중 하나는 자금의 투입을 통해 영업을 활성화하고 사업을 진전시키는 것이다. 그런데 이렇게 하는 게 항상 쉬운 일은 아니다. 조직이라는 게 의견도 다양하고 관심도 다양하니 말이다. CFO는 모든 조직원이 같은 목표를 향해 가도록 이끌어야 하는 임무가 있다. 클랜시는 "전략의 초점이 명확하면 조직에 일관된 메시지를 전달할 수 있으므로 좋은 투자와 그렇지 않은 투자를 구분하기가 더 쉬워집니다"라고 말했다.

부채를 발행하고 자기주식 취득을 마친 후 바이오젠은 구조조정을 단행했다. 직원들에게 회사가 자원을 올바르게 동원하고 있다는 메시지를 주기 위해서였다. 이런 메시지를 직원들에게 전달하는 것은 쉬운 일이 아닌데, 바이오젠은 50억 달러의 자기주식 취득을 추진한 상황이었기 때문에 특히 더 그랬다.

● 바이오젠이 50억 달러의 자기주식 취득을 발표함과 동시에 정리해고를 통해 구조조정을 단행한 것이 적절하다고 생각하는가? 그렇다면 왜 그런가? 그렇지 않다면 왜 그런가?

한편으로 보면, 이 둘은 서로 독립된 결정이다. 운영의 효율성을 보장하기 위한 구조조정은 자본 조달과는 상관없이 수행돼야 하는 일이다. 다른 한편으로는, 이 두 결정이 동시에 이루어졌기에 자본적 지출(과 그와 관련된 일자리)을 늘리는 것이 왜 최우선의 목표가 아니고, 자기주식 취득이 더 우선돼야 하냐는 의문이 생길 것이다. 재무는 이런 경영 의사결정의 중심에 놓여 있고, 자본시장이나 직원들과 의사소통할 수 있는 CFO의 능력은 경영 의사결정이 어떤 메시지를 전달하는지에 중대한 영향을 미친다. 재무적 경영 의사결정들 자체가 중요해서이기도 하고, CFO라면 자본 배분의 문제뿐 아니라 효율성의 문제까지도 능숙하게 처리할 수 있어야 하기 때문이다.

하이네켄: 멕시코에 맥주 공장 건설하기

2015년, 하이네켄은 멕시코의 치와와 지역에 신규 맥주 공장을 짓기로 했다. 가치 창출이라는 장기적 관점에서 기획된 전략적 결정이었다. 이 결정을 내릴 때 하이네켄이 어떤 요인들을 고려했는지 살펴보자.

CFO 로런스 드뷔르에 따르면, 하이네켄이 멕시코에 진출하는 계기가 된 것은 2012년 멕시코의 맥주 대기업 펨사를 인수한 일이었다. 본사가 네덜란드라는 점을 고려하면, 멕시코에 진출하는 건 이상한 행보가 아닐 수 없었다. 하지만 전략적으로는 그래야 할 이유가 있었다.

첫째, 멕시코는 하이네켄이 맥주를 판매하는 국가 중 가장 규모가 큰 시장이라는 점이었다. 판매량이 두 번째로 큰 시장과 비교해도 거의 2배에 달할 정도였다. 둘째, 멕시코의 GDP 성장률은 선진국들과 달리 전망이 매우 밝았다. 셋째, 멕시코의 인구 구성도 긍정적이었다. 법적으로 술을 마실 수 있는 나이에 도달하는 젊은이들이 많았기 때문에 많은 소비자를 확보할 수 있었다. 넷째, 펨사 브랜드는 미국 국내뿐 아니라 유럽에서의 성장 가능성도 있었다. 당시 미국 시장의 상황을 보면 멕시코산 맥주 시장과 전통적인 맥주 시장은 정체됐지만, 수제 맥주 시장은 성장하고 있었다. 펨사를 인수함으로써 하이네켄은 테카테와 도스 에퀴스라는 브랜드를 확보할 수 있었는데, 이 두 브랜드는 미국에서 빠르게 성장하고 있었고 유럽에서도 성장할 가능성이 있었다.

이런 이유들을 바탕으로 드뷔르와 그의 동료들은 새로운 공장을 짓는 데 투자하기로 했다. 이 투자는 하이네켄의 역사상 규모가 가장 큰 것이었다.

● 드뷔르 같은 CFO들이 프로젝트의 순현재가치를 검토하기 전에 전략적 측면을 고려하는 이유가 무엇이라고 생각하는가? 가치 창출이 양의 순현재가치를 갖는 프로젝트를 선택하는 문제라면 전략 분석의 목표는 무엇일까?

전략 분석은 CFO들이 순현재가치가 양의 값을 갖는 프로젝트에 집중할 수 있도록 도와준다. 프로젝트의 앞날을 예측하기 위해서는, 프로젝트가 왜 전략적으로 중요한지를 알아야 할 뿐 아니라 프로젝트와 조직이 서로에게 어떤 영향을 주는지도 이해해야 한다.

드뷔르는 멕시코 공장의 최대 생산량을 얼마로 할지 결정해야 했다. 공장의 규모가 어느 정도 돼야 할까? 당신이 그런 상황이라도 과소 투자하여 매출액과 판매량을 증대할 기회를 놓치고 싶지는 않을 것이다. 드뷔르 역시 "물론입니다. 좋은 지적입니다. 5년 뒤에 공장을 또 지어야 하는 상황이 온다면 멕시코에서의 판매량이 점점 더 늘어날 것이라는 이야기이기 때문에 이런 문제는 미리 검토하려 합니다"라고 말했다.

● 새로운 맥주 공장을 설계할 때 드뷔르는 공장 건설에 들어가는 현재의 비용과 미래의 최대 생산량 사이에 균형을 유지해야 한다. 자본비용, 화폐의 시간 가치와 관련하여 드뷔르의 우려는 무엇이라고 생각하는가?

최대 생산 능력을 높게 설정할 경우 현재는 공장 건설에 따른 추가 비용을 부담해야 하겠지만, 미래에는 득이 될 수도 있다. 먼 미래의 현금흐름은, 할인될 경우 현재의 비용에 못 미칠 가능성이 크다. 따라서 드뷔르는 미래의 최대 생산 능력과 현재의 비용 사이에 균형을 유지할 필요가 있었다. 드뷔르는 "새로운 맥주 공장 건설을 검토하면서 맥주 물류를 책임지는 트럭 기사들과 이야기를 나눴습니다. 이분들은 하이네켄과 같은 맥주 기업에 대한 경험이 많기 때문에 프로젝트 비용이 얼마여야 하는지, 프로젝트가 얼마나 복잡해질지 등에 대해 다양한 의견을 주었습니다"라고 말했다.

하이네켄의 물류 직원들은 경험이라는 소중한 자산이 있어서 건설 비용 추정치와 건설 기간 등을 정확히 내다볼 수 있었다. 드뷔르는 그들로부터 얻은 수치에 판매량과 생산성에 대한 가정을 추가해 재무 모델을 수립하여 순현재가치와 내부수익률을 검토했다.

보통 기업에는 이런 수치들을 계산하기 위한 내부 규정과 기준이 있다. 예를 들어, 초기 투자비를 5년이나 7년이 지나도 회수할 수 없는 프로젝트라면 프로젝트에 따른 리스크가 매우 큰 것으로 판단하는 식이다. 프로젝트는 그 자체만으로는 좋아 보이는 경우가 많다. 수치가 지나치게 좋아 보여 타당성이 떨어지고 유사 프로젝트와 큰 차이를 보인다면, 무언가를 간과했을 가능성이 크다.

드뷔르는 "그러나 이는 자신에게 던져볼 필요가 있는 질문입니다. 프로젝트가 특정 수익성(또는 특정 EBITDA 이익률)을 달성해야 하는 상황인데 기업 내의 다른 부분을 검토하지 않았다면, 왜 투자하는 사업 부분에서만 그 특정 수익성을 달성해야 하는지, 다른 부분을 통해서는 달성될 가능성이 없는지 자문해봐야 합니다"라고 말했다. 이런 점을 고려하고 논의하는 것은 매우 중요하다.

● 당신의 현금흐름 예측이 잘못됐다면 어떻게 할 것인가? 맥주 공장이 기대보다 실적이 저조하다면 어떻게 할 것인가? 매몰비용과 샤프전자의 사카이 공장 사례를 되새겨보라. 어떤 방안이 있는가?

맥주 공장의 실적이 기대보다 저조하더라도 순현재가치는 여전히 양의 값을 보일 가능성이 크다. 맥주 공장 건설 비용은 매몰비용이기 때문이다. 따라서 건설 비용은, 완공된 후 공장을 어떻게 처리할지에 아무런 영향도 주지 못한다. 맥주 공장을 매각할지, 공장 운영 기조를 변경할지 등은 맥주 공장 건설과는 별도의 결정이므로 맥주 공장 건설 비용을 배제한 상태에서 새로운 순현재가치를 계산하여 검토해야 한다.

1. 가치 창출의 원천이 될 수 있는 것은 다음 중 무엇인가? (해당하는 것을 모두 고르라.)

① 자본비용을 초과하는 ROC

② 성장을 위한 이윤의 재투자

③ 매출총이익

④ 주당순이익

2. 베타계수는 무엇인가?

① ROE

② 주가가 시장과 함께 움직이는 정도를 알려주는 지표

③ 세금이 가중평균자본비용에 어느 정도 영향을 미칠지를 보여주는 지표

④ ROE가 자본바용보다 얼마나 높은지를 알려주는 지표

3. 3개의 사업부를 두고 있는 기업집단이 있다고 해보자. A 사업부의 자산 베타계수는 0.5, B 사업부의 자산 베타계수는 1.0, C 사업부의 자산 베타계수는 1.5다. 모든 사업부의 프로젝트를 평가할 때 이 기업집단이 평균치인 1.0을 자산 베타계수로 활용한다면, 과잉 투자되는 사업부는 어디일까?

① 사업부 A

② 사업부 B

③ 사업부 C

④ 과잉 투자는 없다.

4. 타인자본 조달 비용은 어떻게 판단하는가?

① 타인자본 제공자가 차입 비용이 얼마인지 알려준다.

② 유동비율과 신용등급을 곱한 뒤 무위험 이자율을 더한다.

③ 자기자본 조달 비용을 '1-세율'로 곱한다.

④ 가중평균자본비용에서 자기자본 조달 비용을 뺀다.

5. ROC는 5%이고 자본비용은 10%인 기업의 경우, 장부가치 대비 시장가치의 비율은 얼마인가?

① 1보다 크다.

② 1보다 작다.

③ 1이다.

④ 정보가 부족해서 알 수 없다.

6. '레버리지를 증가시키면 기업가치를 항상 증대시킬 수 있다'라는 문장은 참인가, 거짓인가?

① 참

② 거짓

7. 자기자본 조달 비용은 어떻게 판단하는가?

① 주주나 주주를 대표하는 이사회 이사에게 물어본다.

② 무위험 이자율에 베타계수와 시장 리스크 프리미엄을 더한다.

③ 타인자본 조달 비용을 '1-세율'로 곱한다.

④ 가중평균자본비용에서 타인자본 조달 비용을 뺀다.

8. 베타계수가 높은 기업은?

① 자기자본 조달 비용이 높다.

② 자기자본 조달 비용이 낮다.

③ 베타계수는 자기자본 조달 비용과 상관이 없다.

④ 유동성 수준에 따라 다르다.

9. 기업들이 순현재가치가 양의 값을 보이는 프로젝트에 투자하는 이유는 무엇인가?

① 자기자본은 늘리고 타인자본은 적은 자본 구조로 전환하기 위해

② 모든 프로젝트는 순현재가치가 양의 값을 보이기 때문에

③ 그런 프로젝트는 리스크가 더 커 수익률이 높기 때문에

④ 그런 프로젝트는 자본비용보다 수익률이 높아 가치를 창출하기 때문에

10. ROC는 15%이고 자본비용은 12%인 기업의 경우, 어떻게 가치를 극대화할 수 있을까?

① 가능한 한 많은 이윤을 재투자한다.

② 가능한 한 많은 이윤을 배당으로 나누어준다.

③ 가능한 한 빨리 기업을 청산한다.

④ 자본비용과 정확히 같은 배당을 준다.

이번 장에서는 어렵지만 중요한 개념 여러 가지를 살펴봤다. 첫째, 가치가 어디서 오는지 그리고 어떻게 하면 가치를 창출할 수 있는지를 알아봤다. 기업들은 가치를 창출하려면 자본비용보다 높은 실적을 내야 하며, 그 상황을 장기간 유지해야 하고, 이익의 재투자를 통해 성장을 추구해야 한다. 따라서 가치 창출은 자본비용보다 높은 실적을 내는 데에서 시작된다.

자본비용은 어떤 의미가 있을까? 가장 중요한 것은 자본비용이 자본 제공자의 기대수익률과 관련되어 있다는 점이다. 이때 기대수익률은 투자자들이 감수하는 리스크에 따라 결정된다. 그러므로 가중평균자본비용이란, 어떤 투자가 있을 때 타인자본 제공자와 자기자본 제공자가 요구하는 수익률을 알아낸 뒤 타인자본 조달 비용과 자기자본 조달 비용을 가중평균한 것이다.

가중치는 무엇일까? 기업마다 다르다. 자본비용을 계산할 때 세금의 효과를 조정하는데, 이자비용은 세금 공제가 가능하기 때문이다.

둘째, 자본자산가격결정 모형CAPM을 알아봤다. 자기자본 조달 비용은 명시적으로 드러나지 않기 때문에 무언가에 의지해야 한다. 바로 베타계수다. 분산 투자를 할 수 있는 세상에서 해당 자산의 보유에 따른 리스크는 변동성이 아니라 베타계수를 통해 가장 잘 계산할 수 있다.

마지막으로, 가중평균자본비용을 활용할 때는 주의할 필요가 있다는 내용을 알아봤다. 한 투자의 가중평균자본비용을 다른 투자로 이전할 수 없으며, 모든 투자에 대해 동일한 가중평균자본비용을 활용해서는 안 된다. 마지막으로, 최적 자본 구조인 상태에서 부채를 늘려도 기업의 가치는 증대되지 않는다.

다음 장에서는 가중평균자본비용의 개념에 잉여 현금흐름의 개념을 통합하여 가치평가 방법론을 위한 기초를 쌓을 것이다. 그 바탕에서 자산가치를 평가하는 법을 알아볼 것이다.

가치평가 방법론

주택, 교육 서비스, 프로젝트, 기업의 가치를 평가하는 법

주식을 매수하든, 기업을 인수하든, 주택을 사든, 교육에 투자하든 가치를 평가하는 과정을 거칠 필요가 있다. 계획된 투자가 타당한가? 얼마의 가격이 적절한가? 이런 질문들은 기본적으로 가치평가와 관련이 있으며, 재무는 이런 질문과 관련된 결정을 끌어낼 수 있는 강력한 도구들을 보유하고 있다. 다음의 예를 생각해보자.

2012년 말, 페이스북은 스냅챗을 인수하기 위해 30억 달러를 제시한 것으로 알려졌다. 2016년에 구글은 스냅챗의 가치를 300억 달러로 평가했다. 이후 2018년 중반에 주식시장은 170억 달러로 평가했다. 평가액이 이처럼 큰 차이를 보이는 원인은 무엇일까?

2018년 중반, 디즈니와 컴캐스트가 21세기폭스를 놓고 인수전을 벌였는데 경쟁이 가열되면서 인수 가격이 점점 치솟았다. 인수 가격은 어떻게 결정할까? 주가에 반영된 가치보다 한참 더 높은 가격에 인수 가격을 제시하는 이유는 무엇일까?

교육에 대한 투자는 그만한 가치가 있을까? 집을 사야 할까, 아니면 세를 들어 사는 게 나을까? 친구가 비트코인에 투자하여 크게 한몫 챙겼다면 나도 비트코인에 투자해야 할까?

우리는 앞서 가치가 어떻게 창출되는지, 리스크와 수익률이 어떤 관계에 있는지 등을 알아봤다. 현금의 중요성에 대해서도 알아봤다. 이번 장에서는 앞서 다뤘던 이론과 개념들을 한데 모아 가치평가 방법론의 기초를 쌓을 것이다.

가치평가 방법론은 이론적으로는 정교하다. 하지만 가치평가가 과학이 아니라 예술이라는 점을 기억하는 것이 중요하다. 좀더 정확히 말하면, 과학을 가장한 예술이다. 가치평가는 주관적이고, 오류에 취약하고, 모호한 답을 제공한다. 그 해답이 불만족스럽다고 느낄 수도 있지만, 중요한 결정을 현명하게 내리기 위해서는 그 외에 딱히 대안이 없다. 가치평가가 모호하긴 하지만, 그 과정은 결론만큼이나 중요하다. 다양한 시나리오, 다양한 확률, 다양한 모형을 평가하는 것만으로도 기업을 완벽하게 이해할 수 있다. 그러므로 가치평가는 오류와 한계가 있음에도 경영자가 타당하고 올바른 의사결정을 하는 데 매우 중요하다.

이번 장의 전반부에서는 가치평가의 과학적 측면에 초점을 두고 가치평가 방법론의 기초를 명확하게 할 것이다. 그리고 후반부에서는 예술적 측면을 다룰 텐데, 상대적으로 주관적인 내용이지만 이번 장의 핵심이 될 것이다.

가치평가 방법론의 두 가지 대안: 배수법과 현금흐름할인법

가치평가가 부정확하다는 점을 고려할 때, 정확한 결과물을 보장하기 위해서는 가치평가 방법론의 대안에 의존하는 것이 유용하다. 가치를 알아내는 마법 같은 방법은 없다. 현실을 측량할 수 있도록 도와주는 방법들이 있을 뿐이다. 가장 중요한 두 가지 가치평가 방법이 배수법Multiples과 현금흐름할인법Discounted Cash Flows, DCF이다. 배수법부터 시작해보자. 당신도 일상생활에서 부지불식간에 이 방법을 사용하고 있다. 배수법의 단점을 이해한 뒤 가치평가의 황금률인 현금흐름할인법으로 넘어가자.

배수법

배수법은 자산의 가치(예: 주가)를 해당 자산을 활용해 얻은 영업활동 지표(예: 주당순이익)로 나눈 비율이다. 기본 구조만 있을 뿐 배수를 구하는 통일된 규칙은 없어서 변형된 형태가 많다. 가치평가에 활용되는 일반적인 배수로는 P/E 배수, 즉 순이익 대비 주가 배수Price-to-Earnings ratio, P/E ratio가 있다. 주가를 주당순이익으로 나누거나 시가총액을 순이익으로 나누어 계산한다. 예를 들어, P/E 배수가 15라고 해보자. 이 말은 기업이 창출하는 1달러의 이익을 15달러로 쳐줄 용의가 있다는 것이다. 쉽게 구할 수 있어 널리 통용되고, 기업들을 간편하게 비교할 수 있다는 장점이 있다.

P/E 배수가 15라는 점이 이해가 잘 안 갈지도 모르겠다. 1달러의 이익을 왜 15달러로 쳐준단 말인가? 재무의 모든 것이 그렇듯이,

15배는 한마디로 미래의 기대를 반영한다. 1달러의 이익을 15달러로 쳐주는 것이 아니라 향후 증대될 것으로 예상되는 미래의 순이익을 15달러로 쳐주는 것이다. 그렇다면 동일한 산업에 속하는 모든 기업이 15배라는 의미일까? 그렇지 않다. 순이익이 증대되는 속도가 기업마다 다르고, 순이익의 질도 다르기 때문이다.

P/E 배수와 관련된 또 다른 의문은 이것이다. 어떤 기업이 창출한 1달러 이익의 가치가 다른 기업보다 높은 이유는 무엇일까? 영업이 잘돼서인가, 아니면 과대평가된 것인가?

제2장에서 알아봤듯이, 순이익은 한계가 있는 지표다. EBITDA, 영업 현금흐름, 잉여 현금흐름 같은 대체 지표를 현금 지표로 활용해 배수를 산출할 수 있다. 그리고 제4장에서 알아봤듯이, 또 다른 자본 제공자가 있다. 타인자본 제공자다. 그러므로 배수법에는 기업이 타인자본도 활용할 수 있다는 점이 반영돼야 한다. 이 두 가지 문제를 보완한 것이 EBITDA 대비 기업가치Enterprise Value, EV 배수법, 즉 EV/EBITDA 배수법이다. 여기서 EV는 타인자본과 자기자본의 시장가치 합으로, 말 그대로 그 기업의 가치를 의미한다. EV/EBITDA 배수법은 서로 다른 자본 구조를 가진 기업들을 비교하는 데 유용하다.

배수법을 어떻게 활용할 수 있을까? 〈표 5-1〉은 화장품 산업을 대표하는 세 기업과 각 기업의 2016년 말 기준 EV/EBITDA를 보

〈표 5-1〉 화장품 기업 3개의 EBITDA 배수(2016)

기업명	EV/EBITDA
에이번	8.91
로레알	17.42
시세이도	11.20

여준다.

이 정보를 활용해 같은 산업에 속해 있는 프록터앤갬블P&G의 가치를 평가해보자. P&G의 2016년 EBITDA는 174억 달러다. 세 기업의 평균 EV/EBITDA가 12.5이므로 이를 P&G의 EBITDA에 곱하면 P&G의 EV를 구할 수 있다. 2,167억 7,000만 달러가 나온다.

이를 통해 무엇을 알 수 있을까? 세 가지 질문이 제기된다. 첫째, P&G가 순수한 화장품 기업인가? 둘째, 이 모든 기업이 지역적으로 같은 시장과 같은 고객층을 대상으로 영업하는가? 셋째, 이 기업들이 같은 방식으로 제품을 유통하는가? 2016년 말 기준, P&G의 EV는 2,421억 달러였다. 같은해 EBITDA가 174억 달러이므로 13.9배의 EV/EBITDA로 거래되고 있다는 말이다.

재무 대부분이 그렇듯이, 배수법을 활용할 때 처음에는 이상해 보일 것이다. 하지만 우리는 이미 이 방법을 알고 있다. 당신이 일

트위터 vs. 페이스북

배수법은 융통성이 높은 방법론이다. 그래서 어떤 영업활동 지표에도 적용할 수 있다. 트위터의 기업공개IPO를 예로 들어보겠다. 기업이 공개될 당시 트위터의 가치는 어떻게 산정됐을까? 트위터는 당시 매출이 많지 않아 순이익도, EBITDA도 미미했다. 그러나 확실한 것은 이 기업이 가치가 있다는 것이었다. 당시 시장 참여자들은 트위터가 보유한 광범위한 사용자층의 가치에 주목하여 매출 구조가 비슷한 소셜 미디어 산업의 다른 기업을 찾았다. 결국 페이스북을 발견해 페이스북의 사용자 1인당 가치가 얼마인지 계산했고, 그 배수를 활용해 트위터의 가치를 평가했다.

페이스북의 1인당 사용자 가치는 98달러를 약간 웃도는 수준이었다. 페이스북 시가총액(1,170억 달러)을 사용자 수(11억 9,000만 명)로 나누어 계산한 결과다. 링크드인의 1인당 사용자 가치는 93달러였다(240억 달러/2억 5,900만 명). 2억 3,200만 명의 사용자를 보유한 트위터는 상장 직후 사용자 1인당 가치 110달러 선에서 거래됐다. 다음 그래프는 2013년 11월부터 2018년 말까지 트위터와 페이스북의 상대적 주가 추이를 보여준다. 페이스북의 사용자 가치와 트위터의 사용자 가치를 단순 비교하는 것은 분명 잘못이다. 왜 그럴까? 많은 이유가 있겠지만, 몇 가지만 나열하면 다음과 같다.

• 사용자들이 각 플랫폼에 참여하는 정도가 다르다.

• 사용자의 연령 구성이 다르다.

• 사용자들을 활용하는 수익 구조가 다르다.

이 예는 배수법의 한계와 그 위험성을 보여준다. 가정하고 비교하는 과정에서 오류가 일어나면 가치평가가 심각하게 잘못될 수 있다.

트위터 vs. 페이스북(2013~2018)

2013년 11월 주가 = 100

생 중 가장 중요한 재무 결정을 내릴 때 이 방법을 활용했을 수도 있다. 일테면 주택을 구입할 때 말이다. 이것이 좋은 투자 기회인지 판단하기 위해 '제곱피트당 가격'이 얼마인지 알아보고 주변 주택과 비교해본다. 가격을 면적으로 나눠 제곱피트당 가격을 계산하는 것이 바로 배수법을 활용한 예다. 이렇게 하면 주택을 살 때 집주인이 제시하는 가격이 타당한지 아닌지 판단할 수 있다.

"옆집은 제곱피트당 300달러에 거래됐는데, 이 집은 왜 400달러나 부르는 건가요?" 또 주택 보유자로서 이웃들이 거래한 내용과 비교해서 자기 집의 가치를 평가할 수 있다. "여보, 골목 맞은편 집 있잖아. 제곱피트당 600달러에 팔았대. 우리도 이제 부자네." 같은 맥락에서 사모펀드 투자자는 "그 기업 주식을 EBITDA의 8배에 샀습니다"라고 말한다.

배수법의 장단점

지금까지의 논의는 배수법의 장점만을 부각한 측면이 있다. 계산하기 쉽고 소통하기도 쉽다는 점이다. 배수법이 막강한 힘을 가지는 또 다른 이유는 시장가격에 기초하고 있다는 점이다. 배수법이 의미하는 바는 해당 기업의 가치를 시장이 그렇게 평가하고 있고, 실제로 그 가격을 주고 투자한 사람이 있다는 것이다. 엑셀 프로그램으로 계산한 가상의 가치가 아니다. 마지막 장점으로는, 활용하기가 간편해 기업 간(그리고 일테면 주택 간) 비교가 신속하고 쉬워 보인다는 점이다. 여기서 핵심은 '보인다'라는 표현에 있다.

배수법은 기업 간 비교가 간단하고 쉽다는 장점이 있지만, 단점도 적지 않다. 비교의 용이성과 시장가치 기준 같은 특징 덕에 큰 호응을 얻었지만, 그런 특징들은 사람들을 곤혹스럽게 하는 원인이 되기도 했다. 가장 큰 단점은 비교가 항상 가능한 것은 아니라는 점이다. 주택의 예로 돌아가 보자. 제곱피트당 가격에는 많은 요인이 영향을 미치는데, 이를 고려하지 않는다. 전망이 좋은가? 주차장이 있는가? 바닥에 카펫이 깔려 있는가, 아니면 1800년대식 나무 바닥인가? 이처럼 제곱피트당 가격에 영향을 미치는 요인은 한둘이 아니다.

기업의 경우에서도 1달러의 순이익이 그저 1달러 순이익일 뿐일까? 이베이에 투자하려 한다고 해보자. 애플과 비교하는 방법을 활용해 가치평가 작업을 시작했다. 2015년 12월 31일 기준 이베이의 EPS는 1.6달러였다. 같은 날 애플의 주가는 EPS 대비 12.7배였다. 애플의 P/E 배수인 12.7배를 활용해 이베이의 가치를 평가하면 20.32달러가 된다.

이베이는 같은 날 27.48달러에 거래를 마감했다. 기대보다 7달러가 높다. 배수법을 활용하면, 이런 식의 간단한 비교를 통해 차이를 발견하고는 이베이가 과대평가되어 있으니 매도해야겠다거

쉐이크쉑버거의 가치평가

햄버거 체인 쉐이크쉑버거는 2014년에 기업공개를 단행했다. 상장 직후 쉐이크쉑의 주가는 21달러에서 출발해 최대 90달러까지 치솟았다. 쉐이크쉑은 동종 산업의 기타 기업과 어떻게 비교됐을까?

소매업의 대표적 영업활동 지표인 매장의 개수로 나누는 배수법을 활용하면, 쉐이크쉑을 다른 유력 패스트푸드 체인 기업과 보다 정확히 비교할 수 있다.

쉐이크쉑의 매장당 가치는 경쟁 업체와 비교할 때 매우 높은데, 쉐이크쉑이 여타 체인 기업과는 매우 다른 성장 전략을 취하고 있다는 점에서 비교하기 힘들다. 배수법은 쉐이크쉑의 가치를 더 좋아 보이게 할 수도 있고, 고평가됐다고 보이게 할 수도 있다.

쉐이크쉑은 맥도날드와 자신을 어떻게 차별화하고 있을까? 아래쪽 그래프에서 쉐이크쉑의 주가 추이를 확인할 수 있다.

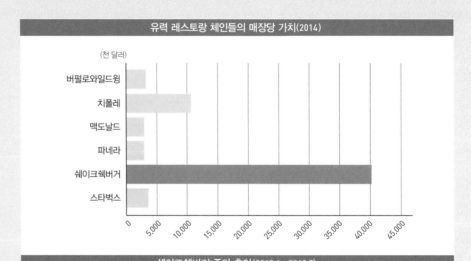

유력 레스토랑 체인들의 매장당 가치(2014)

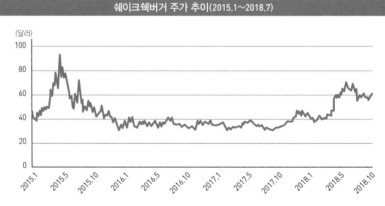

쉐이크쉑버거 주가 추이(2015.1~2018.7)

출처: 휘트니 필룬Whitney Filloon, 〈쉐이크쉑버거의 가치는 다른 거래소 상장 레스토랑 체인 기업과 어떻게 비교되는가?How Does Shake Shack's Valuation Compare to Other Publicly-Traded Chains?〉, 이터닷컴Eater.com, 2015.5.5

나, 애플이 저평가됐다고 생각하게 된다.

　그러나 애플과 이베이를 비교하는 것이 타당할까? 그렇지 않다. 애플은 제품을 만들어 판매하는 기업이고, 이베이는 온라인 상거래를 위한 공간을 제공해 구매자와 판매자를 연결해주는 기업이다. 그렇다면 이베이와 비교 가능한 기업은 아마존일까? 아니면 페이스북? 이들도 아니다. 이베이의 비즈니스 모델 및 수익 모델과 비교할 수 있는 기업을 찾는 건 어려운 일이다. 하지만 배수법을 활용하면 두 기업이 비교 가능하다고 잘못 생각하게 된다.

　같은 산업 내 기업들이라면 배수법으로 비교할 수 있다고 보는 게 일반적이다. 그렇다고 하더라도, 순이익의 차이를 무시하는 비교가 적절하다고 하기는 힘들다. 두 기업을 비교하는데, 한 기업의 순이익이 다른 기업보다 굉장히 빠르게 성장한다고 해보자. 여기에 배수법을 적용하면 순이익의 성장 양상이 기본적으로 유사하다고 가정하는 게 되기 때문에 비교 자체가 잘못될 가능성이 크다. 그리고 기업별로 순이익을 계산하는 방법이 달라 순이익이 질적으로 균일하지 않다는 점에서도 배수법은 적절한 비교 방법이 되지 못한다. 투자자들이 순이익의 '질'에 대해 이야기할 때가 있다. 이는 순이익의 성장 양상이나 질을 유사하게 유지할 수 있는 기업도 있고 그렇지 않은 기업도 있음을 전제로 하는 표현이다. 한 기업의 배수라는 잣대를 다른 기업에 들이대는 것은 순이익의 성장 양상

과 질이 기본적으로 유사하다고 가정하는 것이다. 그러므로 오류가 생길 가능성이 크다.

　시장가치를 기초로 한다는 점은 약이 될 수도 있지만, 독이 될 수도 있다. 당신의 이웃이 제곱피트당 500달러라는 말도 안 되는 가격에 집을 샀다고 해서 당신도 똑같이 500달러를 지급해야 할 이유는 없다. 당연하다고 느낄지 모르겠지만, 부동산 버블 시기에는 이런 얼토당토않은 일이 비일비재하게 벌어진다. 별생각 없이 시류에 동조했다가는 심각한 문제에 봉착하게 될 것이다. 따라서 배수법 외에 올바른 가치평가 방법론을 찾을 필요가 있다.

잘못된 가치평가 방법론

　가치평가 방법론의 황금률인 현금흐름할인법을 알아보기에 앞서, 배수법보다 더 심각한 문제를 안고 있는 가치평가 방법론 두 가지를 소개하고자 한다.

회수기간법

회수기간법Payback Periods은 투자금을 회수하는 데 걸리는 기간을 활용해 프로젝트를 평가하는 가치평가 방법론이다. 최초 투자금과 그 후 유입되는 자금을 비교하여 투자금을 몇 년 후에 모두 회수할 수 있는가를 알아보는 방법이다. 투자할 만한지 그렇지 않은지를

다음 표는 전 세계 25개 주요 도시의 제곱피트당 주택 가격을 보여준다. 표를 보면 알 수 있듯이, 도시별 편차가 상당히 크다. 가장 낮은 곳은 카이로로 77.2달러이며, 가장 높은 곳은 홍콩으로 2,654.22달러다. 왜 이렇게 편차가 클까?

주택 가격이 수요를 반영하는 경우도 있다. 주택 가격은 평균 소득 수준과 높은 상관관계를 보이기 때문이다. 그러나 홍콩, 런던, 뉴욕 같은 도시들은 글로벌 경제 중심지이기 때문에 수요가 사실상 전 세계에서 몰린다.

공급도 중요한 역할을 한다. 홍콩은 면적이 좁아 아파트처럼 건물당 가구 수가 많은 부동산만 들어설 수 있다. 게다가 지방정부의 정책 때문에 허용되는 신축 건물 수에 제약이 있어 구매 가능한 주택의 선택 폭이 좁을 가능성도 있다.

세계 주요 도시의 제곱피트당 주택 가격

(단위: 달러)

순위	도시명	제곱피트당 가격
1	이집트 카이로	77.20
2	멕시코 멕시코시티	172.05
3	벨기에 브뤼셀	348.29
4	태국 방콕	367.15
5	브라질 상파울루	405.98
6	덴마크 코펜하겐	492.94
7	스페인 마드리드	504.83
8	터키 이스탄불	527.68
9	아랍에미리트 두바이	549.80
10	독일 베를린	680.51
11	네덜란드 암스테르담	795.06
12	스웨덴 스톡홀름	805.37
13	이탈리아 로마	972.13
14	캐나다 토론토	990.06
15	호주 시드니	995.08
16	중국 상하이	1,098.94
17	싱가포르	1,277.22
18	스위스 제네바	1,322.00
19	오스트리아 빈	1,331.57
20	러시아 모스크바	1,366.96
21	프랑스 파리	1,474.08
22	일본 도쿄	1,516.35
23	미국 뉴욕	1,597.08
24	영국 런던	2,325.90
25	홍콩	2,654.22

출처: 글로벌 부동산 가이드 globalpropertyguide.com

알아보는 데 쓰인다. 회수 기간이 짧을수록 투자할 가치가 높다고 판단한다.

최초 투자금으로 90만 달러가 필요한 두 가지 투자 대안 중에서 선택하는 상황이라고 해보자. 두 프로젝트 중 하나만 선택할 수 있고, 판단 기준으로 회수기간법만 활용할 수 있다고 가정하겠다. 〈표 5-2〉는 프로젝트별 예상 현금흐름을 보여준다.

어떤 프로젝트를 선택하겠는가? 프로젝트 A는 투자금을 회수하는 데 2년이 채 안 걸리고, 프로젝트 B는 3년이 걸린다. 회수 기간이 판단 기준이라면 프로젝트 A를 선택할 것이다.

이 사례를 통해 알 수 있듯이 회수기간법은 심각한 문제점을 안고 있다. 첫 번째 문제점은 기간을 두고 유입되는 자금을 단순 비교하기 때문에 화폐의 시간 가치가 무시된다는 점이다. 두 번째이

자 더 심각한 문제점은 회수기간법을 통해 구한 해답이 단순히 '몇 년'으로 나온다는 점이다. 우리의 관심사는 그게 아니라 가치를 창출하고 있는가 하는 점이다. 회수 기간이 짧은 프로젝트만 선택하다 보면 훨씬 더 많은 가치를 창출하는 투자 대안을 외면하게 된다.

순현재가치를 비교하면 회수기간법이 왜 문제가 되는지 알 수 있다. 10%의 할인율을 적용하면 프로젝트 A의 순현재가치는 193,160 달러이며, 프로젝트 B는 354,700달러다. 회수기간법을 활용하면 이처럼 순현재가치가 현저히 낮은 프로젝트를 선택하게 돼 결과적으로 더 많은 가치를 창출하는 프로젝트를 놓치고 만다.

내부수익률법

프로젝트 평가 방법으로 내부수익률도 흔히 활용되는데, 내부수익률법Internal Rate of Return, IRR은 회수기간법만큼 문제가 있는 것은 아니다(현금흐름할인법과 밀접한 관련이 있기 때문이다). 그렇다고 문제점이 전혀 없는 것은 아니다. 할인의 개념을 소개할 때, 현재가치를 구하기 위해 예상 현금흐름과 할인율을 활용한 바 있다.

내부수익률법에서는 예상 현금흐름과 할인율 개념을 활용한다. 미래의 예상 현금흐름을 활용해 순현재가치를 제로로 만드는 할인율을 구하는 것이다. 내부수익률을 구하는 공식은 다음과 같다.

〈표 5-2〉 회수기간법을 활용한 예상 현금흐름 예시

(단위: 달러)

구분	프로젝트 A	프로젝트 B
0년	−900,000	−900,000
1년	500,000	0
2년	500,000	0
3년	300,000	1,670,000

$$0 = 현금흐름_0 \frac{현금흐름_1}{(1+IRR)} + \frac{현금흐름_2}{(1+IRR)^2} + \frac{현금흐름_3}{(1+IRR)^3} + \cdots$$

바꿔 말해, 내부수익률법은 프로젝트에 대한 예상이 실현된다면 경험하게 될 수익률을 포착해준다. 그런데 왜 문제점이 있다는 걸까? 왜 내부수익률을 검토하는 것만으로 투자를 분석하지 않을까? 수익률의 개념이 막강하다는 점 때문에 내부수익률법을 많이 활용하며, 내부수익률을 알면 이를 가중평균자본비용이나 할인율과 비교할 수 있다. 제4장에서 했던 가치 창출 문제 맞히기 훈련과 비슷한 측면이 있다.

내부수익률법은 세상을 바라보는 훌륭한 방법이지만, 두 가지 점에서 한계가 있다. 첫째, 틀린 해답을 줄 수 있다는 점이다. 수익률에만 초점이 맞춰져 정작 중요한 가치 창출에는 관심을 두지 않게 되기 때문이다. 두 프로젝트를 비교할 수는 있지만, 내부수익률이 더 높은 프로젝트가 가치를 덜 창출하는 프로젝트일 가능성도 있다. 여기서도 마찬가지로, 우리의 관심사는 가치 창출이지 수익률 극대화가 아니다.

둘째, 현금흐름이 (최초에 유출되고 유입되는 간단한 패턴이 아니라) 유출과 유입이 반복되는 패턴일 경우 틀린 답을 알려줄 가능성이 있다는 점이다. 게다가 이런 리스크가 있음에도 손이 많이 가는 작업

을 필요로 한다. 계산된 내부수익률을 예상 현금흐름을 활용해 구한 가중평균자본비용과 비교해야 한다. 따라서 제2장에서 현금흐름을 할인하는 데 필요했던 정보와 동일한 정보가 필요하다.

첫 번째 문제점이 무엇인지 알아보기 위해 앞서의 예로 돌아가보자(표 5-2). 프로젝트 A의 순현재가치는 193,160달러이며 프로젝트 B는 354,700달러다. 내부수익률의 개념을 이해하고 있으므로 프로젝트 A와 B의 내부수익률을 구할 수 있다. 프로젝트 A의 내부수익률은 22.9%이고, 프로젝트 B도 22.9%다. 순현재가치를 무시하고 내부수익률에만 집중하면 이 둘은 같은 프로젝트가 되고 만다. 내부수익률법을 활용하면 우월한 프로젝트를 가려내지 못하게 될 수도 있다. 이처럼 어이없는 결과가 발생하는 원인은 경영자의 관심사가 수익률의 극대화에 있다고 내부수익률이 착각하게 하기 때문이다. 경영자의 관심사는 가치 창출이다.

현금흐름할인법

현금흐름할인법은 가치평가의 황금률이다. 다행스러운 점은 이것이 제2장, 제3장, 제4장에서 다룬 핵심 개념들을 집대성한 것에 불과하다는 것이다. 제2장에서는 자산의 가치가 미래의 현금흐름을 창출할 수 있다는 데 있으며, 창출된 미래의 현금이 모두 동등한 것이 아니고 현재의 현금으로 할인할 필요가 있다고 했다. 제4

현금흐름할인법을 활용한 주택 구입

배수법보다 현금흐름할인법이 중요하다는 점을 제대로 알 수 있는 한 가지 방법은 주택 구입 결정 사례를 다시 살펴보는 것이다. 주택을 구입할 때 배수법을 활용하지 않고 현금흐름할인법을 활용하는 방법은 무엇일까?

배수법에서는 이웃들을 살펴 그들이 지급하는 평균 가격을 알아내는 것이 분석의 시작이자 끝이다. 그에 비해 현금흐름할인법에서는 다음과 같은 질문을 던진다. 소유한 주택에서 창출되는 현금흐름은 무엇인가? 주택에 문제가 생겼을 때 지출해야 하는 수리 비용처럼 명확하게 알 수 있는 현금흐름이 있다. 장기적으로 볼 때 지붕을 새로 고쳐

야 할 수도 있는데, 이것이 바로 잉여 현금흐름 분석에서 나오는 자본적 지출이다. 세금 효과도 있을 수 있다.

그러나 주택 구입과 관련된 주된 현금흐름은 주택 임차료를 내지 않아도 된다는 데 있다. 프로젝트의 현금흐름은 프로젝트에서 창출되는 현금흐름이 증가하는 양상을 보이지만 주택 구입의 현금흐름은 임차료만큼 현금 유출이 감소하는 데 있다. 따라서 주택의 가치는 주택을 구입하면서 지급하지 않아도 되는 임차료다.

주택 구입을 이렇게 바라보면 가격을 과도하게 지급하지 않는 데 도움이 된다. 2000년대 중반

주택시장에 버블이 발생했음을 증명하는 핵심 지표는 임대수익률이었다. 주택 가격을 임대수익으로 나눈 비율이다. 현금흐름할인법을 적용하면, 주택 구입은 비합리적이고 주택 임차가 합리적 행태임을 알 수 있다. 배수법은 그 방법을 활용하는 시점의 상황을 규정하는 가정들을 명확히 볼 수 없게 하지만, 현금흐름할인법은 상황을 명확히 볼 수 있게 해준다. 버블기에는 주택을 무조건 소유해야 하는 것으로 인식하므로 소유냐 임차냐 하는 상충 관계가 드러나지 않는다. 하지만 현금흐름할인법을 적용해 분석해보면 이 상충 관계를 명확하게 들여다볼 수 있다.

장에서는 적절한 할인율이 투자자의 기대수익률이며, 이는 곧 경영자의 자본비용이 된다고 했다. 그리고 제3장에서는 가치평가를 위한 정보를 확인하는 것이 말처럼 쉬운 건 아니라고 했다.

제2장에서 다뤘던 현재가치를 구하는 공식을 약간 변형한 다음의 공식에서 출발해보자.

$$\text{현재가치}_0 = \frac{\text{현금흐름}_1}{(1+r)} + \frac{\text{현금흐름}_2}{(1+r)^2} + \frac{\text{현금흐름}_3}{(1+r)^3} + \frac{\text{현금흐름}_4}{(1+r)^4} + \cdots + \text{종료가치}$$

공식의 마지막에 종료가치terminal value라는 낯선 용어가 등장했다. 이에 대해서는 곧 알아볼 것이다. 그러나 기본 논리는 똑같다.

모든 현재가치는 미래의 현금흐름에 대한 기대에서 나온다. 현금흐름이 어떻게 예측돼야 하는지, 현금이 어떻게 규정돼야 하는지, 어떤 할인율을 활용해야 하는지 알아볼 필요가 있다.

잉여 현금흐름

잉여 현금흐름은 말 그대로 자산이 창출하는 초과 현금흐름을 말한다. 달리 말해, 제반 비용을 차감한 후 자본 제공자에게 제공할 수 있는 현금흐름이다. 잉여 현금흐름은 새로운 투자 프로젝트에 재투자할 수도 있고, 자본 제공자에게 배분할 수도 있다.

기억을 더듬어 기본 공식을 떠올려보라. 첫째, 영업활동용 자산에서 창출되는 예상 EBIT에서 시작된다. 둘째, 세금을 차감하여 EBIAT를 구한다. 셋째, 실제적인 현금 지출과 관련이 없는 감가상각비 같은 비현금성 비용을 더한다. 넷째, 운전자본의 변동분과 고정자산에 대한 투자(자본적 지출)를 차감하여 자본집약도를 반영한다.

• **1단계–미래의 현금흐름 예측하기: 당신이 경영하는 기업이 새로운 연구소를 마련하기 위해 투자를 검토하고 있다고 해보자.**

- 새로운 연구소에 대한 0년 차의 최초 자본적 지출은 250만 달러다.

- 운영은 1년 차부터 시작되고, 1년 차의 예상 EBIT는 100만 달러다.

- 2년 차부터 EBIT는 매해 5%씩 증가한다. 운영은 5년 차 말에 중단될 예정이며, 연구소 자산은 100만 달러에 매각할 예정이다.

- 프로젝트 기간에 자산은 감가상각되며, 자본적 지출은 연구소 설비 유지보수용으로 지출된다. 감가상각비는 매해 30만 달러이며, 5년 동안 자본적 지출은 매해 30만 달러다.

- 운전자본은 필요한 상황이며, EBIT의 10%에 해당하는 금액에서 시작될 것으로 예상된다. 바꿔 말해, EBIT가 0달러에서 100만 달러로 바뀌는 시점인 1년 차의 운전자본에 대한 투자는 10만 달러다. EBIT가 100만 달러에서 105만 달러로 바뀌는 시점인 2년 차의 운전자본에 대한 투자는 5,000달러다. 사안을 단순화하기 위해 이 프로젝트와 관련된 모든 운전자본은 5년 차에 0이 돼 수명을 다하는 것으로 가정한다.

- 세율은 30%이며 운영 5년 차에 매각하는 자산에 대해서는 세금이 없다.

이 정보를 가지고 엑셀 시트를 만들어보면 훌륭한 훈련 기회가 될 것이다. 〈표 5-3〉이 이 프로젝트의 잉여 현금흐름을 보여준다.

당신이 만들고 있는 엑셀 시트가 〈표 5-3〉과 같은지 확인해보기 바란다. 가장 상단에 관련 가정을 정리하는 작업부터 시작하면 엑셀 시트를 만드는 데 도움이 된다. 관련 가정을 정리했다면 최초의 EBIT 값을 적고 EBIT 성장률 가정에 따라 EBIT 값을 해마다 채워 넣는다. 그런 뒤 세율을 적용하여 EBIAT를 구한 다음, 잉여 현금흐름 공식을 적용해 잉여 현금흐름을 구한다.

주의해야 할 단계가 몇 가지 있다. 첫째, 프로젝트의 시간 순서를 잘 따라가는 것이 중요하다. 둘째, 운전자본 수치는 운전자본이 얼마인지가 아니라 운전자본의 변동분을 말한다. 셋째, 자본적 지출은 5년 차의 자산 매각 금액과 합산한다. 따라서 5년 차의 자본적 지출은 마이너스가 된다. 마지막으로, 현금 유입과 유출이 구별되게 표시하는 것이 중요하다. 그래서 〈표 5-3〉에는 모든 현금 유출을 마이너스로 표기했다. 잉여 현금흐름은 모든 요소를 합하면 된다.

〈표 5-3〉 연구소 투자가치 평가 ①

(단위: 달러)

가정						
EBIT 성장률	5%					
세율	30%					
EBIT의 비율로 표현한 운전자본	10%					
구분	0년 차	1년 차	2년 차	3년 차	4년 차	5년 차
EBIT		1,000.00	1,050.00	1,102.50	1,157.63	1,215.51
−세금		−300.00	−315.00	−330.75	−347.29	−364.65
=EBIAT		700.00	735.00	771.75	810.34	850.85
+감가상각비		300.00	300.00	300.00	300.00	300.00
−운전자본 변동분		−100.00	−5.00	−5.25	−5.51	−5.79
−자본적 지출	−2,500.00	−300.00	−300.00	−300.00	−300.00	700.00
=잉여 현금흐름	−2,500.00	600.00	730.00	766.50	804.83	1,845.07

현장의 목소리

배수법은 한계도 있지만 현금흐름할인법의 가정을 중복해서 확인하는 방법이 되기도 한다. 그래서 배수법을 다면적인 가치평가 방법으로 활용하는 기업들이 많다. 모건 스탠리 글로벌 사모펀드 본부장 앨런 존스는 다음과 같이 말했다.

"EBITDA 배수는 신속하고 간단한 지표입니다. 왜냐하면 현금흐름 지표와 관련되어 있기 때문입니다. EBITDA 배수처럼 휴리스틱(heuristics, 시간이나 정보가 부족할 때 빠르고 쉽게 의사결정을 하기 위해 과거의 경험이나 어림셈 등에 의존하는 것—옮긴이)을 활용하는 지표는 가치평가 방식을 발전시켜왔습니다. 잉여 현금흐름 배수를 검토하기도 합니다. 왜냐하면 자본적 지출과 운전자본에 대한 투자를 얼마로 가져가야 하는지 알고 싶기 때문입니다. 더불어 다른 배수법도 빈번하게 검토하죠.

그런 의미에서 다양한 지표를 활용해 기업의 가치를 평가합니다. 가장 먼저 현금흐름할인법을 활용하는데, 이것이 가치평가 방법론의 중심이기 때문입니다. 현금흐름할인법이 특히 중요한 이유는 할인된 현금흐름에 영향을 주기 위해 어떤 변화를 추구할 수 있는지 알 수 있게 해주기 때문입니다. 하지만 배수법을 활용해 유사한 기업들이 거래되는 공개시장도 검토합니다. 주로 다른 기업들의 EBITDA 배수, 순이익 배수를 검토합니다. EBITDA 배수를 검토한 뒤 최근에 있었던 유사한 기업에 대한 인수 건을 검토해 인수 대금이 얼마 정도였는지 확인합니다.

가치평가를 할 때는 다음의 질문에 대한 답을 찾으려 합니다. 현금흐름할인법이 의미하는 바가 무엇인가? 상장된 유사한 기업들을 통해 무엇을 알 수 있는가? 유사한 기업에 대한 인수 건에 적용된 배수는 얼마인가? 그런 뒤 우리가 검토하고 있는 기업에서 가장 중요한 것을 측정합니다. 극단치를 보이는 특별한 이유가 있는가? 현금흐름할인법, EBITDA 배수, 순이익 배수를 모두 동원해 가치를 면밀하게 측정합니다. 가장 중요한 것은 기업 인수를 통해 현금을 창출할 수 있는가, 장기에 걸쳐 현금흐름을 창출하는 기업을 인수할 수 있는가 하는 것입니다."

● **2단계–가중평균자본비용 계산하여 적용하기:** 잉여 현금흐름은 자본 제공자에게 돌아가는 초과 현금흐름이다. 그러므로 자본 제공자의 기대수익률은 미래의 현금흐름을 할인하는 데 활용되는 자본비용, 즉 가중평균자본비용이다. 요약하면, 가중평균자본비용은 타인자본 조달 비용과 자기자본 조달 비용을 모두 계산하고, 투자를 위한 자금 조달에서 차지하는 상대적 중요도에 따라 가중치를

적용하고, 세금 효과를 포함해 이자비용의 세금 공제 가능성을 반영한다. 자본자산가격결정 모형은 자기자본 조달 비용이 어디서 나오는지를 이해하는 데 유용하며, 베타계수는 투자자들의 관점이 고려된 리스크가 얼마 정도인지 포착해준다.

연구소 투자 사례의 가중평균자본비용을 알아내기 위해 다음의 사항을 고려해보자.

- 연구소 투자의 최적 자본 구조는 타인자본 35%, 자기자본 65%다.
- 무위험 이자율은 4%다.
- 타인자본 제공자는 7%의 이자율을 부과한다.
- 시장 리스크 프리미엄은 6%다.

자기자본 조달 비용과 가중평균자본비용을 알아내는 데 필요한 대부분 자료가 준비됐다. 빠진 것은 베타계수뿐이다. 베타계수를 알기 위해, 주식의 월간 수익률을 점으로 찍어 표시하여 프로젝트의 리스크를 파악한다(시장 수익률과 대비하여 점으로 표시한다). 그런 뒤 회귀분석을 통해 도출된 직선을 그린다.

〈그림 5-1〉에 있는 직선의 기울기, 즉 베타계수는 1.1이다. 자본자산가격결정 모형을 활용해 자기자본 조달 비용을 구하라. 그런

〈그림 5-1〉 베타계수 그래프

주식 수익률

시장 수익률

〈표 5-4〉 가중평균자본비용의 계산

타인자본 비중(%)	35	
자기자본 비중(%)	65	
세율(%)	30	
타인자본 조달 비용(%)	7	
무위험 이자율(%)	4	
시장 리스크 프리미엄(%)	6	
베타계수	1.1	
자기자본 조달 비용(%)	10.6	← 무위험 이자율+베타계수×시장 리스크 프리미엄
WACC(%)	8.61	← 세율-조정된 타인자본 조달 비용×타인자본 비중+자기자본 조달 비용×자기자본 비중

뒤 제4장의 공식을 활용해 가중평균자본비용을 구하라.

마지막 단계는 예상 잉여 현금흐름으로 돌아와 순현재가치를 구하는 것이다. 할인계수는 1을 '1+WACC'로 나눈 값이다. 마지막으로 모든 잉여 현금흐름과 할인계수를 곱한 뒤 그 값들을 모두 더해 순현재가치를 구하라(표 5-5).

연구소 투자의 순현재가치는 약 106만 9,000달러다. 순현재가치가 양의 값이므로 연구소 투자 프로젝트는 기업에 가치를 창출해주는 사업이다. 따라서 추진해야 하는 프로젝트다. 다시 말해, 초기 투자금을 빼지 않은 현금흐름의 현재가치 합은 356만 9,000달러가 된다.

〈표 5-5〉 연구소 투자가치 평가②

(단위: 달러)

가정						
EBIT 성장률	5%					
세율	30%					
EBIT의 비율로 표현한 운전자본	10%					
연차	0년 차	1년 차	2년 차	3년 차	4년 차	5년 차
EBIT		1,000.00	1,050.00	1,102.50	1,157.63	1,215.51
− 세금		−300.00	−315.00	−330.75	−347.29	−364.65
= EBIAT		700.00	735.00	771.75	810.34	850.85
+ 감가상각비		300.00	300.00	300.00	300.00	300.00
− 운전자본 변동분		−100.00	−5.00	−5.25	−5.51	−5.79
− 자본적 지출	−2,500.00	−300.00	−300.00	−300.00	−300.00	700.00
= 잉여 현금흐름	−2,500.00	600.00	730.00	766.50	804.83	1,845.07
WACC	8.61%					
할인계수	1.00	0.92	0.85	0.78	0.72	0.66
현재가치	−2,500.00	552.46	618.90	598.36	578.50	1,221.13
순현재가치	1,069.35					

• **3단계 – 종료가치 계산하기:** 기업은 영속적으로 존재한다고 가정하는 경우가 대부분이다. 투자에서도 그렇게 가정하는 경우가 많다. 그런데 현금흐름은 일정 기간만 발생하는 것으로 예측되는 게 대부분이다. 그래서 예측 기간을 넘어선 현금흐름을 어떻게 평가해야 하는지가 문제가 된다. 예측 기간을 넘어선 현금흐름에 대해서는 기업이 안정적으로 성장할 것으로 가정하고, 현금흐름 종료 이후의 모든 예상 현금흐름을 한 해를 기준으로 집약할 필요가 있다. 이를 '종료가치'라고 한다. 종료가치는 예상 현금흐름이 종료되는 시점의 자산가치를 요약해주는 개념이다.

종료가치를 구하는 방법으로는 두 가지가 있다. 첫째는 배수법을 활용하는 것이다. 현금흐름의 종료 시점(예: 5년 차) 기준 기업의 가치가 잉여 현금흐름의 몇 배(예: 10배) 수준으로 집약될 것으로 보인다고 말하는 방법이다.

두 번째이자 더 선호되는 방법은 '영구연금perpetuity(동일한 현금흐름이 영원히 계속되는 연금 – 옮긴이) 공식'을 활용하는 것이다. 안정적으로 유지될 것으로 보이는 예상 현금흐름들을 모두 모아 현재가치로 계산할 수 있는 방법이다. 성장하지 않고 안정적으로 영속될 것으로 보이는 현금흐름의 현재가치를 구하려면 현금흐름을 할인율로 나누면 된다.

$$영구연금 = \frac{현금흐름_1}{할인율}$$

물론, 기업을 비롯한 영구 현금흐름은 영속적으로 성장하는 경우가 대부분이다. 특히 누군가가 당신에게 성장형 영구연금을 주기로, 예컨대 해마다 3%씩 증가하는 100달러를 주기로 약속한다면 매우 간단한 공식으로 축약할 수 있다. 성장형 영구연금의 현재가치는 현금흐름을 '할인율 – 성장률'로 나누면 된다. 마술처럼 신기하지 않은가?

$$성장형\ 영구연금 = \frac{현금흐름_1}{(할인율\ -\ 성장률)}$$

이 공식을 현금흐름할인법으로 활용할 경우, 현재가치는 1년 차 영속 현금흐름의 0년 차 기준 현재가치가 된다. 예를 들어, 방정식의 분자가 6년 차 현금흐름이라면 공식으로 계산되는 값은 6년 차 현금흐름의 5년 차 기준 현재가치가 된다. 이 말은 오늘 기준 현재가치를 얻기 위해 이 공식을 활용해 나온 값을 다시 할인해야 한다는 뜻이다(6년 차 현금흐름의 5년 차 현재가치이므로 '$(1+WACC)^5$'로 나누어 현재 기준 현재가치로 다시 할인해야 한다).

이 공식이 편리하다면 엑셀 시트로 계산할 필요 없이 이 공식을

배수와 영구연금

성장형 영구연금 공식을 기존의 가치평가 방법에 적용하면 숨어 있는 기초 가정들을 파악할 수 있다. 유수의 소매 기업 3개를 대상으로 이 기업들의 추정 할인율을 시장이 어떻게 보고 있는지 알아보자. 세 기업은 할인 소매 체인 월마트, 창고형 소매 기업 코스트코, 온라인 소매 기업 아마존이다. 다음 표에 있는 데이터를 활용해 이 기업들의 자기자본 및 타인자본의 시장가치를 측정해주는 지표인 EV를 EBITDA와 비교할 것이다.

소매 기업 EBITDA 배수 비교

기업명	EBITDA 대비 EV 비율
월마트	7.97
코스트코	13.57
아마존	46.42

이 기업들이 안정된 비율로 성장하고 있다고 가정하면, 이 기업들의 추정 할인율과 성장률을 시장이 어떻게 보고 있는지와 관련해 배수가 의미하는 것은 무엇일까?

월마트를 자세히 들여다보자. 우선 EBITDA 대비 EV 비율을 성장형 영구연금 공식으로 전환할 수 있다. 즉, EBITDA 대비 EV 배수가 10이라는 말은 할인율과 성장률이 10%의 차이를 보인다는 말이다. 예를 들어, 할인율(r)이 15%라면 성장률(g)이 5%라는 뜻이다(r-g=10%). 월마트의 EBITDA 대비 EV 배수는 7.97이다. 이를 성장형 영구연금 공식에 적용하면 분모 r-g가 7.97이므로 1/7.97, 즉 12.97%가 된다. 이는 곧 할인율이 18%라면 성장률은 5.5%이며 할인율이 15%라면 성장률은 2.5%라는 의미다.

코스트코의 경우, 같은 방식으로 계산하면 r-g가 13.57%이므로 1/(r-g)는 7.4%가 된다. 할인율이 12.5%라면 성장률은 5.5%, 할인율이 15%라면 성장률은 7.6%라는 의미다.

아마존은 EBITDA 대비 EV 배수가 46.42이므로 1/(r-g)는 2.1%가 된다. 마찬가지로 할인율이 7.6%라면 성장률은 5.5%, 할인율이 15%라면 성장률은 12.9%가 된다.

이 기업들의 가치와 추정 성장률을 비교할 수 있다. 시장은 아마존의 성장률이 월마트와 코스트코보다 높다고 보는 것일 수도 있다. 아니면 아마존의 사업 리스크와 할인율이 월마트와 코스트코보다 낮다고 보는 것일 수도 있다. 물론 두 경우가 복합적으로 작용한다고 보는 것일 수도 있다. 이 기업들은 서로 유사하다는 점에서 할인율이 같을 가능성이 크다. 그러므로 EBITDA 배수가 기대 성장률들의 차이를 반영하고 있다고 할 수 있다.

이 사례에서 알아야 할 뿐 아니라 일반적으로 통용되는 차이점은 배수가 순이익, 즉 EBITDA의 배수일 때가 아니라 잉여 현금흐름의 배수일 때 현금흐름할인법 대비 배수법의 장점이 가장 잘 드러난다는 점이다.

간단히 말해, 잉여 현금흐름의 배수에 기초한 가치는 잉여 현금흐름할인법의 가치와 일치한다는 것이다. 따라서 EBITDA를 활용하는 것은 정확하지 않다. 특히 미래에 대규모 자본적 지출이 있을 경우, 미래의 EBITDA는 미래의 잉여 현금보다 훨씬 높아질 가능성이 있다.

바로 쓰면 되는데 왜 그렇게 하지 않을까? 간단히 말해, 모형에 명시적 영향을 미치는 단기적 변동 요인이 많기 때문이다. 새로운 공장, 매출 추이, 비용 절감 등이 단기적 변동 요인으로 가치에 큰 영향을 미친다. 이 공식은 상황이 안정적인 상태에 있을 때만 사용할 수 있다.

물론 종료가치를 계산하는 단계에서 오류가 발생할 위험도 있다. 성장률 가정이 특히 그렇다. 예를 들어, 경제 성장률이 3%인데 종료가치를 계산하기 위한 기업의 성장률을 7%로 잡는다면, 이는 유지될 수 없는 가정이다. 가정대로 된다면 이 기업이 세상을 독차지하는 것이나 마찬가지인데 그럴 가능성은 없다. 경제 성장률은 종료가치를 계산할 때 유용한 기준이 된다.

• **4단계-EV와 비교하기**: 기업(논의 중인 사례에서는 연구소 프로젝트)의 가치를 구했다면, 그 가치를 발행주식 수로 나눠 기존의 주가와 비교할 수 있을까? 그렇지 않다. 가치평가를 통해 우리가 구하려는 것은 주식의 가치가 아니라 기업의 가치EV다. 제2장에서 기업이 창출하는 가치는 타인자본 제공자와 자기자본 제공자에게 제공할 수 있는 현금흐름의 가치라고 평가한 바 있다(〈그림 2-3〉을 다시 보라). 즉 'EV+현금=부채+주식의 시장가치'다.

EV는 주식의 시장가치보다 훨씬 크기도 하다. 예를 들어 EV가 100달러이고 40달러의 타인자본이 있다면, 주식의 가치는 60달러에 불과하다. 정반대로 기업의 시장가치가 EV보다 훨씬 클 수도 있다. 특히, 많은 양의 현금을 보유하고 있다면 그렇다.

2013~2014년경 애플의 상황을 보면, 시장가치는 5,000억 달러인데 운영 필수 자금이 아닌 잉여 현금이 1,000억 달러였다. 다시 말해, EV가 시장가치보다 낮았다. 따라서 EV로부터 특정 기업의 주식 가치를 구하려면 타인자본과 현금이 각각 얼마나 있는지 알아야 한다.

〈그림 5-2〉는 2012년부터 2016년까지 애플의 EV와 현금의 합, 주식과 부채의 시장가치를 보여준다. 시장가치와 현금, 부채 수준을 함께 활용해 추정 EVImplied EV를 구할 수 있다. 애플의 기업가치를 평가할 때 가치평가 결과를 시장가치가 아니라 추정 EV와 비교해야 한다. 시장가치와 추정 EV 간에 30% 이상 차이가 나기 때문이다.

• **5단계-시나리오, 기대수익률, 입찰 전략 분석하기**: 특정 시나리오에 따라 가치를 구하면 모든 것이 끝났다고 생각할 수도 있다. 하지만 실제로는 이제부터 시작이다. 투자를 잘 이해하여 자산의 가치를 구하기 위해서는 자산의 '기대가치'를 통해 생각할 필요가 있다. 특정한 가정하에 자산의 가치를 구했는데, 그 가정이 잘못됐

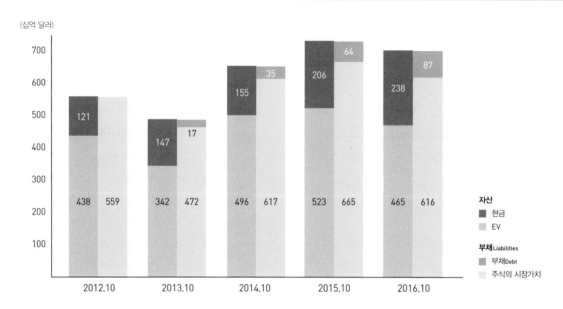

(십억 달러)

자산
■ 현금
EV

부채Liabilities
■ 부채Debt
주식의 시장가치

다면 어떻게 할 것인가? 당신이 가정한 대로 세상이 돌아갈 확률은 제로에 가깝다.

올바른 기대가치를 구하는 적절한 방법은 최악의 시나리오, 최상의 시나리오, 기본 시나리오를 비롯한 여러 시나리오를 검토하여 해당 시나리오가 발생할 확률을 알아보는 것이다. 이런 시나리오들을 만들고 확률을 적용하는 것은 애널리스트에게 가장 중요한 작업이다. 기업의 속성과 미래의 실적 전망을 통해 생각할 수밖에 없기 때문이다. 예를 들어, 가치가 120달러(최상의 시나리오)일 확률이 10%, 가치가 100달러(기본 시나리오)일 확률이 70%, 가치가 10달러(최악의 시나리오)일 확률이 20%라면 기대가치는 얼마일까? 120달러? 100달러? 10달러? 사실, 그 어느 것도 아니다. 기대가치는 시나리오에 확률 가중치를 적용해 계산해야 한다.

기대가치 공식은 꽤 단순하다.

$$\text{기대가치} = \begin{array}{l} (10\% \times \text{최상 시나리오의 현재가치}) \\ + (70\% \times \text{기본 시나리오의 현재가치}) \\ + (20\% \times \text{최악 시나리오의 현재가치}) \end{array}$$

공식에 따르면, 이 사례의 기대가치는 84달러(12+70+2)가 된다.

현재가치의 기대치를 구하고 그 기대치가 EV와 관련되어 있다는 사실을 알았다면, 기업을 인수하려고 하는 경우 입찰 전략에 어떻게 활용할 수 있을까? 기대가치가 84달러라면, 84달러를 공개입찰 가격으로 제시해야 할까? 지급할 용의가 있는 최대 가격을 84달러로 상정해야 할까? 아니면 최상의 시나리오에 따른 120달러까지 지급할 용의가 있는가? 입찰 최고 제시 가격은 최악의 시나리오에 기초한 기대가치가 돼야 할까?

기대가치가 최종 입찰 가격의 마지노선이 돼야 한다. 기대가치와 동일한 입찰 가격을 지급한다면 투자의 순현재가치가 제로가 되기 때문이다. 물론 그 가격을 제시하면 손해 볼 일은 없을 것이다. 입찰자가 스스로 가치를 창출했다면 그 이상을 제시해도 되겠지만, 그렇게 하지 않았기 때문에 그 이상을 제시해서는 안 된다. 따라서 입찰 가격의 마지노선은 기대가치와 같거나 낮은 가격이어야 한

다. 가치를 창출하기 원한다면 입찰 가격은 기대가치보다 낮아야 한다.

만약 75달러를 제시하여 낙찰된다면 9달러의 가치가 창출될 것으로 기대할 수 있다. 기대가치보다 적은 금액을 지급하지 않는 한 인수를 통해서 어떤 가치도 창출되지 못할 가능성이 크다. 최상의 시나리오에 따른 기대가치 120달러를 지급한다면 매도자에게 가치를 넘겨주는 셈이고, 최상의 시나리오대로 된다고 하더라도 어떤 가치도 창출하지 못하게 된다. 그러면 자신의 자본 제공자에게는 가치 파괴라는 결과를 안겨주게 될 것이다.

가치평가 과정에서 발생할 수 있는 오류들

가치평가를 할 때 빠지기 쉬운 오류에 대해 알아보자. 가치평가는 과학이 아니라 예술이다. 따라서 다양한 주관적 판단이 개입될 여지가 커 오류 발생의 가능성이 존재한다. 예컨대, 기업 인수 건이 발표된 후 인수 기업의 주가는 내려갈 가능성 크다. '인수가가 너무 높아서 피인수 기업에 가치를 넘겨주고 마는 꼴이 됐다' 등 여러 가지 원인이 제기된다.

그렇다면 의문이 들지 않을 수 없다. 인수가가 높을 수밖에 없는

구조적 원인이 있는 것은 아닐까? 이에 대한 대답은 가치평가 과정에서 오류를 범할 수 있다는 것이다. 여기서는 가치평가를 할 때 빠지기 쉬운 오류 세 가지를 설명하고, 더 자세한 사항은 다음 장에서 다룰 것이다.

첫째, 인센티브를 외면한다

첫 번째이자 가장 광범위하게 퍼져 있는 오류는 인수에 관여한 사람들의 인센티브를 고려하지 않는다는 것이다. 당연하게도, 자산 매도자들은 인수 기업이 더 많은 돈을 지급하기를 원한다. 또한 매도자들이 재무 실적 정보를 비롯한 모든 정보를 독차지하고 있다는 점에서, 제3장에서 다뤘던 비대칭 정보의 문제도 발생할 수 있다. 매도자가 매각을 준비하면서 어떤 일을 벌일 가능성이 있다고 생각하는가? 매도자는 매출을 늘려 잡고, 비용을 연기하고, 투자를 아끼는 등 기업이 좋아 보이게 하는 작업을 했을 가능성이 있다. 이 때문에 인수 과정에서 기업실사due diligence가 중요한 것이다.

이런 문제가 매도자에게만 있는 것은 아니다. 투자은행가는 일반적으로 거래가 성사됐을 때만 보상이나 보너스를 받게 된다. 그래서 투자은행가도 거래가 성사되기를 바란다. 인수에 관여하는 회사 내부자들도 인센티브에서 벗어나기 쉽지 않다. 인수가 원활하게 진행되면 승진할 기회를 잡을 수도 있기 때문이다.

이처럼 인수에 관여하는 모든 당사자는 거래가 성사되게 하려는 인센티브에 노출된다. 그래서 가치평가 시 적용되는 가정이나 예측치를 미세하게 조정해 거래가 성사되게 할 여지는 충분하다. 이처럼 정보의 불균형이 존재하는 상황에서, 가정이나 예측치가 조정되어 인수가가 터무니없이 책정되거나 긍정적 분위기가 과도하게 형성될 가능성이 있다.

둘째, 시너지 효과를 과장하고 통합 비용을 외면한다

시너지 효과는 인수 기업과 피인수 기업이 통합됐을 때 두 기업의 가치가 각 기업의 가치 합보다 커진다는 개념이다. 표면적으로는 시너지 효과라는 개념이 불합리한 것은 아니다. 예를 들어, 양 기업에 있는 영업팀을 합쳐 구조조정을 하면 인건비를 절감할 수 있다. 또한 동일한 산업 내의 두 기업이 합병할 경우 해당 산업의 최대 생산 능력을 더 확대할 수 있고 그 결과 막강한 가격 통제권까지 발휘하게 될 수 있다.

아마존이 이베이와 합병한다고 해보자. 두 기업의 고객층과 납품 업체를 같이 활용하면 시장 지배력을 높일 수 있다. 게다가 합병을 통해 관리 비용과 전산 비용의 상당 부분을 줄일 수도 있다. 이런 것들이 시너지 효과의 예다. 통합 기업은 통합하지 않았다면 가질 수 없었던 고객을 보유할 수도 있고, 상상도 할 수 없었던 비용 절감도 가능해진다.

시너지 효과와 관련된 문제점은 시너지 효과가 곧 실현될 수 있다거나 시너지 효과가 엄청나게 클 것이라고 과대평가하게 되는 데서 비롯된다. 합병이 복잡한 양상으로 전개되는 바람에 기존 문화나 인력을 바꾸는 데 시간이 오래 걸릴 수 있다는 현실 등은 외면해버리는 것이다.

시너지 효과와 관련된 두 번째 문제점은 타당성이 확인되지도 않은 시너지 효과들을 죄다 인수 가격에 반영시키려 하는 데 있다. 그러면 인수가가 과도하게 책정되면서 시너지 효과로 창출될 가치가 피인수 기업의 주주에게 모두 넘어가게 된다.

셋째, 자본집약도를 과소평가한다

의욕이 넘치는 인수 기업들이 범하는 마지막 오류는 기업의 자본집약도를 과소평가한다는 점이다. EBIT나 잉여 현금흐름이 계속 성장하려면 자본적 지출을 통해 자산을 늘려나가야 한다. 하지만 자본적 지출은 잉여 현금흐름을 감소시키는 요인이기도 하다. 인다는 기존 가정을 스스로 부정하는 모순이 발생한다. 이처럼 자본 집약도를 과소평가하면 가치가 부풀려지게 된다.

제2장에서 다뤘던 넷플릭스의 사례를 떠올려보자. 그 사례에서 핵심 질문은 콘텐츠 인수 비용이 시간이 갈수록 어떤 양상으로 커져야 성장세를 유지할 수 있는가 하는 것이었다. 넷플릭스의 가입자 수가 엄청나게 늘어난다고 가정했다면 콘텐츠 인수 비용 등 자본집약도에 영향을 미치는 요인에 대한 예측을 면밀하게 진행할 필요가 있다. 이와 마찬가지로 테슬라 같은 기업의 가치는 소비자 수요의 성장에만 달린 것은 아니다. 소비자 수요가 성장한다면 그 수요를 충족시키기 위해 공장을 신규로 건설해야 한다. 따라서 자본집약도를 엄밀히 평가하지 않고 과소평가하면 가치평가 전체가 잘못될 수 있다.

수 기업은 이런 양면적 성격이 있는 자본적 지출을 제대로 고려하지 않는다.

예를 들어, 종료가치는 성장률이 영속된다고 가정한다. 그러면서도 자본적 지출은 잉여 현금흐름이 예측되는 마지막 해에 감가상각비와 같다고 가정하기 쉽다. 그러면 자산이 더는 성장하지 않는다고 가정하는 셈이 되고, 결국 종료가치가 영속적으로 성장한

개념 응용: 스피릿에어로시스템즈, 델컴퓨터의 사례

스피릿에어로시스템즈 투자 사례

2012년, 스코피아캐피털(이하 '스코피아')은 비행기 부품 제조 기

업 스피릿에어로시스템즈Spirit AeroSystems(이하 '스피릿')에 투자했다. 스코피아는 스피릿의 주가가 저평가되어 있다고 판단했고 이에 투자를 감행했다. 스피릿은 한때 보잉이 소유하기도 했다. 그래서 전체 사업의 80% 이상을 차지할 정도로 보잉에 대한 의존도가 매우 높았고, 보잉 737 기종 개발에 진작부터 발을 들여놓고 있었다. 하지만 스피릿은 이에 만족하지 않았다. 연료 효율이 좋은 것으로 알려진 787 드림라이너 기종을 비롯한 보잉의 신규 개발 프로젝트뿐 아니라 에어버스와 걸프스트림의 여객기 개발에도 참여하기 시작했다.

이에 시장은 흥분에 휩싸였다. 하지만 에어버스와 걸프스트림 프로젝트를 위한 투자가 진행될수록 주당순이익이 감소세로 접어들면서 주당 2달러에서 1달러 미만으로 떨어졌다. 그 원인은 투자의 수익성을 잘못 가정했다는 데에 있었다. 프로젝트 기간이 매우 길었기 때문에(최소 10년, 최대 20년) 이에 따른 비용을 고려했어야 하는데, 이를 간과하는 바람에 수익 구조가 악화됐고 주가 역시 하락을 면치 못했다.

● **투자자들은 순이익 대비 주가 배수에 근거해 스피릿의 가치를 평가하고 있었는데 순이익이 큰 폭으로 감소했다. 이와 관련하여 순이익 대비 주가 배수가 가치평가법으로서 가지는 한계는 무엇인가?**

순이익 대비 주가 배수를 활용해 스피릿의 가치를 평가한 데에는 두 가지 주요한 문제점이 있다. 첫째, 순이익은 제2장에서 논의한 대로 경제적 실적을 측정하는 지표로는 한계가 있다는 점이다. 둘째, 순이익 대비 주가 배수의 가정과 관련된 문제다. 스피릿의 순이익 감소는 일시적인 현상이었는데, 이는 투자금이 일시불로 집행됐고 스피릿의 회계 시스템이 독특하다는 점이 반영된 결과였다. 그런데도 순이익 대비 주가 배수는 일시적이든 아니든 변동이 생기면 영속적으로 지속될 것이라고 가정한다.

스코피아는 스피릿을 평가하기에 유리한 위치에 있었다. 스피릿은 비행기 동체 및 날개에 적용되는 부품을 생산하는 기업인데 이런 부품들을 생산하는 기업이 거의 없어 이 틈새시장을 장악하고 있었다. 이 점을 잘 알고 있는 스코피아는 스피릿의 사업을 좀더 깊이 들여다볼 수 있었을 뿐 아니라 시장이 감지하고 있는 문제점이 경고 신호인지 아닌지도 판단할 수 있었다.

예를 들어, 보잉과 787 기종을 개발할 때 스피릿의 현금흐름이 곤두박질친 적이 있었다. 보잉이 787 기종에 대한 설계를 마무리하지 못했고 그에 따라 본격적인 생산이 지연됐기 때문이다. 그와 함께 스피릿은 엄청나게 많은 부품 재고를 떠안아야 했다. 스코피아에 투자한 투자자에게 심각한 문제를 안겨줄 수도 있는 상황이었다. 이대로라면 헤지펀드의 공세가 시작되어 십중팔구 공매도의 희생양이 될 게 뻔했다.

　스코피아는 상황을 예의 주시했고 그 결과 이런 상황이 문제가 될 게 전혀 없다는 결론을 얻었다. 스피릿의 현금흐름은 마이너스였지만 일시적인 현상일 뿐이었다. 실제로 787 기종이 본격 생산에 돌입하자 상황은 급반전했다. 재무상태표에 부담을 주었던 일회성 지출들이 사라졌을 뿐 아니라, 보잉·에어버스·걸프스트림과의 계약이 프로젝트 기간 내내 지속되는 장기 계약이었기 때문이다. 이들과의 프로젝트가 본격적으로 가동되면서 스피릿의 현금흐름은 급격히 호전됐다.

〈그림 5-3〉 스피릿에어로시스템즈의 주가 추이(2010~2017)

(달러)

● **미래의 프로젝트를 위해 재고를 쌓아두면 어떤 리스크가 있는가? 리스크의 속성과 할인 개념, 화폐의 시간 가치와 연관 지어 생각해보라.**

　스피릿이 한 두 가지 결정에 주목하자. 첫째, 실현 여부가 불확실한 미래의 현금을 위해 돈을 지출했다는 점이다. 둘째, 쌓여 있는 재고가 낡거나 무용지물이 되지 않을 거라는 데 베팅했다는 점이다. 첫 번째는 모든 투자자에게 적용되는 반면, 두 번째는 재고 분야에서 특히 심각한 주제다.

　스코피아의 투자가 순탄하기만 했던 건 아니다. 스코피아는 스피릿의 순이익 대비 주가 배수가 3.5배로 올라가 주가가 40달러를 넘

어설 것으로 확신했다. 그러나 투자 초기, 20달러 선에서 움직이던 주가가 15달러 밑으로 떨어지고 말았다. 당시 스코피아는 주식을 추가로 더 매수할지, 아니면 거기서 멈추고 손절매를 해야 할지 결정해야 했다. 스피릿의 주가 하락을 주식을 추가 매수할 기회로 보는 투자자들도 일부 있었다. 그들은 시장이 오판하고 있기 때문에 저가 매수를 하지 않을 이유가 없다고 생각했다.

　스코피아는 한 발짝 물러서서 스피릿에 대한 가치평가를 재검토했고, 상황이 호전될지 점검했다. 그리고 마침내 투자 포지션을 늘리기로 했다. 스피릿의 상황이 일회성 지출 때문에 일시적으로 나빠진 것이라고 결론 내린 것이다. 실적을 짓누르던 요인들이 사라

지고 비행기가 본격 생산에 들어가면서 스피릿은 스코피아가 예상한 대로 돌아가기 시작했다. 〈그림 5-3〉은 2010년부터 2017년까지 스피릿의 주가 추이를 보여준다.

델컴퓨터의 교훈

2013년 9월 13일, IT 업계의 상징이었던 델컴퓨터는 경영자 매수Management Buyout, MBO의 형식으로 자사의 상장을 폐지하고 사유화하는 조치를 단행했다. 델컴퓨터의 창립자이자 CEO인 마이클 델Michael Dell은 델컴퓨터의 매수를 위해 사모펀드 실버레이크와 손을 잡았다. 경영자 매수 건은 2013년 2월에 발표됐는데, 델컴퓨터의 주주들이 반기를 들었다. 매수 건을 추진한 마이클 델에게 비난이 쏟아졌고, 결국 법정 투쟁으로까지 번졌다.

우리는 여기서 경영자 매수의 조건, 입찰 과정, 그 후 벌어진 소송 과정, 소송을 통해 시도된 델컴퓨터에 대한 정확한 가치평가 노력 등을 추적해볼 것이다. 지금까지 몇 개의 장에 걸쳐 배우고 익힌 많은 교훈을 곱씹어볼 기회가 될 것이다.

마이클 델의 창업과 매수 제안

1983년, 마이클 델은 텍사스대학교의 신입생용 기숙사 방에서 델컴퓨터를 창업했다. 개인용 PC, 서버, 저장 장치를 판매하며

2012년경에는 글로벌 기술 기업으로 성장했다. 얼마 지나지 않아 그는 델컴퓨터가 변화를 모색해야 한다고 확신했다. 그래서 경쟁 기업들과 마찬가지로 소프트웨어 및 소프트웨어 서비스 영역으로 사업을 확장해나갔다. 이런 시도를 달갑지 않게 바라보는 애널리스트들이 많았다.

그런 시도에도 불구하고 매출은 제자리걸음을 했고, 순이익은 감소하고 있었다. 마이클 델은 여러 가지 면에서 변화를 모색하는 델컴퓨터의 의도를 시장이 제대로 이해하지 못한다고 생각했다. 2012년 전반기, 전체 시장은 25% 가까이 상승했지만, 델컴퓨터의 주가는 18달러에서 12달러로 고전하고 있었다. 시장이 오해하고 있다고 느낀 마이클 델은 경영자 매수를 통한 상장 폐지 및 사유화 가능성을 타진하기 시작했다. 상장을 폐지하고 사유화하면 마이클 델은 공개 자본시장의 철저한 검증 없이도 델컴퓨터를 재건하고 자신의 비전에 맞게 변모시킬 수 있었다.

델컴퓨터의 이사회는 위원회를 구성하고 경영자 매수 제안을 검토했다. 위원회 차원에서뿐 아니라 실버레이크와 KKR 등 매수 후보로 나선 사모펀드에서도 델컴퓨터에 대한 가치평가를 진행했다. 입찰가에 대한 평가가 이루어질 무렵 델컴퓨터의 주가는 9.35달러로 추락했다. 2012년 말, 델컴퓨터는 매출 11%, 순이익 28%가 하락했다고 발표했다(그림 5-4).

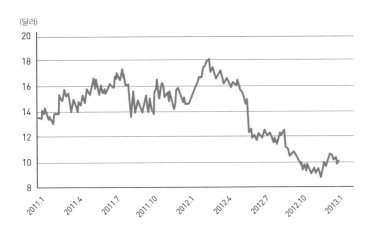

(달러)

경영자 매수 제안을 검토하기 위해 델컴퓨터의 이사회는 두 가지 사항을 검토할 필요가 있었다. 마이클 델이 제안한 비용 절감 조치가 실현 가능성이 있는 것인지 알아야 했고, 사모펀드들이 델에 대해 어떤 평가를 하고 있는지도 알아야 했다. 그래야 매수 입찰가를 검토할 기준 가격을 설정할 수 있었다.

델컴퓨터의 경영진은 33억 달러의 비용 절감이 가능하다고 봤다. 2013년 1월 3일, 델컴퓨터 이사회의 요청에 따라 실버레이크는 보스턴컨설팅을 고용해 가치평가 작업을 지원하게 했다.

세 가지 시나리오

보스턴컨설팅은 비용 절감과 관련해 세 가지 시나리오를 마련했다.

① 기본 시나리오: 비용 절감이 전혀 실현되지 않을 경우
② 25%의 비용 절감이 실현될 경우
③ 75%의 비용 절감이 실현될 경우

보스턴컨설팅은 25%의 시나리오는 가능하다고 봤다. 그러나 75%의 시나리오는 실현 가능성이 작다고 봤다. 왜냐하면 75%를 실현하려면 델컴퓨터가 기존보다 높은 이익률을 달성해야 할 뿐 아니라 어떤 경쟁 기업보다 높은 이익률을 보여야 했기 때문이다. 이를 알게 된 델컴퓨터의 이사회는 현금흐름이 중요하다는 사실을 깨달았다. 다음으로 델컴퓨터의 이사회는 사모펀드들이 델컴퓨터에 대해 어떤 평가를 내리고 있는지 알아야 했다.

가치평가의 가정은 델컴퓨터의 상장을 폐지하여 사유화하고, 4.5년 뒤 공모를 통해 다시 공개한다는 것이었다. 비용 절감 금액을 파악하기 위해 비용 절감 시나리오와 기타 가정을 함께 활용한 끝에 4.5년 이후의 주가가 예측됐다. 비용 절감 시나리오별로 32.49달러, 35.24달러, 40.65달러였다.

〈표 5-6〉 보스턴컨설팅의 시나리오별 주가			

(단위: %, 달러)

내부수익률	비용 절감이 전혀 실현되지 않을 경우	25%의 비용 절감이 실현될 경우	75%의 비용 절감이 실현될 경우
20	13.23	14.52	17.08
25	12.67	13.75	15.88
30	12.23	13.13	14.92

비용 절감 시나리오와 예측 주가를 손에 쥔 JP모건은 델컴퓨터의 이사회를 대신해 주당 매수 가격을 산출하는 작업에 돌입했다. 사모펀드가 미래에서 현재로 거슬러 올라오는 방식으로 작업하는 것은 흔한 게 아니다. 이 작업은 매각이 예상되는 미래의 가격을 먼저 산출하고, 그다음으로 투자자의 요구 수익률을 산출하고, 그런 뒤 요구 수익률로 미래의 가격을 할인하여 현재 시점에서 얼마의 가격을 지급해야 하는지를 산출하는 방식으로 진행됐다. 〈표 5-6〉은 20%, 25%, 30%의 수익률을 달성하기 위해 매수자가 지급해야 하는 주가가 얼마인지를 보여준다. 비용 절감 시나리오에 따른 미래 주가를 수익률로 할인한 결과다.

● 이 방법은 현금흐름할인법과 어떻게 다른가?

이 상황에서 투자자들은 얼마의 수익률을 요구할 것인지 판단해

야 하는데, 그 수준은 자산 리스크가 아니라 자산이 창출해낼 수익률에 따라 결정돼야 한다. 그리고 미래의 예상 현금흐름을 할인하는 방법을 통해 현시점에서 얼마의 가격을 지급해야 요구 수익률을 달성할 수 있는지도 판단해야 한다. 현금흐름할인법은 적절한 할인율을 구해 자산의 현재가치를 구한다. 반면, 여기서 활용한 방법은 백지상태에서 원하는 수익률을 구하고 그 수익률을 창출해줄 가격을 구하는 것이다. 현금흐름을 할인하여 가치를 구한다는 점에서는 현금흐름할인법과 유사해 보이지만, 여기서 활용한 방법은 가치평가에 도달하려는 것이 아니라 수익률을 달성해줄 가격을 찾으려는 것이다.

2013년 1월 15일, 실버레이크와 마이클 델은 주당 12.90달러에 델컴퓨터를 매수하겠다고 제안했다. 3일 후 델컴퓨터 이사회는 이 제안을 거절하고, 최소 매각 가격을 설정한 후 입찰을 진행하기로 했다.

● 델컴퓨터 이사회의 입장에서 적정한 최소 가격은 얼마라고 생각하는가? 그 이유는 무엇인가? 이사회는 투자자들이 입찰에 응하도록 유도하되 너무 많은 가치를 투자자에게 넘겨주려 하지 않는다는 점을 명심하라. 다양한 시나리오가 생겨날 가능성도 고려하라(합리적이라고 생각하는 가능성을 백분율로 나타내라). 어떤 가정이든 나름의

신념이 있기 마련이므로 올바른 답도 없고 틀린 답도 없다.

예측에 근거해 델컴퓨터의 이사회는 주당 최소 가격을 13.60달러로 설정했다. 이 최소 가격은 모든 입찰 후보에게 배포됐고, 그런 뒤 입찰을 진행했다.

승자의 저주

델컴퓨터 이사회는 매수 후보자들에게 응찰을 권했다. 결국, 마이클 델과 실버레이크가 낙찰됐다. 델컴퓨터는 주당 약 14달러에 매각됐다. 낙찰가는 9.35달러의 주가보다 40%가 높았지만 이 거래를 의심의 눈초리로 바라보는 주주들이 많았다. 주주들은 델컴퓨터의 가치가 매우 높다고 생각했다. 주주들이 특히 우려한 것은, 이 거래가 입찰 과정을 무력화하는 문제점을 가질 수밖에 없다는 것이었다. 마이클 델이 델컴퓨터와 주주들을 대신해 델컴퓨터를 매각하는 역할도 하고, 사모펀드 실버레이크와 협력해 매수자 역할도 했다는 점이 그렇다.

마이클 델이 매수자이자 매도자였기 때문에 주주들은 이해충돌의 문제가 있다고 주장했다. 마이클 델이 매수자 후보이기는 하나 CEO였기 때문에 모든 정보를 보유하고 있어 정보의 문제를 유발했다. 마이클 델에게 델컴퓨터에 대한 대부분 정보가 있었고, 델컴퓨터의 가치도 그가 가장 잘 알고 있었다. 입찰이 끝나고 마이클

델보다 높은 입찰가로 낙찰받는 매수자가 있다면 그 매수자는 가장 많은 정보를 보유한 마이클 델이 자신보다 낮은 입찰가를 제시했다는 사실을 알고 후회했을 것이다. 이것이 바로 입찰 과정을 무력화하는 승자의 저주다.

이후의 전개 과정

매수 건이 이후 어떤 양상으로 전개됐는지 알아보자. 2013년 2월 3일, 마이클 델과 실버레이크는 최종 인수가로 주당 13.65달러를 제안했다. 이에 주주들은 즉각 분개했다. 3월 5일, 칼 아이컨Carl Icahn과 아이컨엔터프라이즈는 주당 22.81달러(주주 배당 9달러에 인수가 13.81달러)에 차입형 자본재구조화(Leveraged Recapitalization, 제6장 참조)를 진행하자고 델컴퓨터에 제안했다. 3월 22일, 투자 기업 블랙스톤은 주당 14.25달러에 거래를 제안했다가 게임이 공정하지 못하다며 거래 제안을 철회했다. 6월 19일, 아이컨은 합병을 저지할 별도의 이사회를 구성하자고 델컴퓨터의 주주들에게 제안했다.

이에 대해 마이클 델과 실버레이크는 7월 31일 인수가를 13.96달러로 올려 다시 제시했고, 의결 정족수를 낮추는 방향으로 의결 절차를 변경하자고 제안했다. 8월 2일, 이사회가 이 조건을 수락했다. 9월 12일, 델컴퓨터 주식의 57%를 보유한 주주들은 특별주주총회를 열고 경영자 매수의 건을 승인했다.

그런데도 주주들의 분노는 사그라지지 않았다. 부진한 주가에 대한 델컴퓨터의 해명을 받아들이지 않는 투자자들도 있었다. 해명과 달리, 낮은 인수가에 델컴퓨터를 장악하려는 마이클 델이 주가를 떨어뜨린 주범이라고 주장했다. 경영진이 영업 성과나 회계를 조작해 기업을 더 좋아 보이게 하는 경우가 있는데(제3장을 보라), 이 사례는 그 반대의 경우다. 마이클 델이 경영자로서의 권한을 활용해 델컴퓨터가 더 안 좋아 보이게 해 인수가를 낮추려 한다는 것이 주주들의 주장이었다.

델컴퓨터의 최대주주 사우스이스턴자산운용은 "매수 가격이 굉장히 낮다. 주주를 희생시켜 내재적 가치보다 훨씬 낮은 가격에 델컴퓨터를 매수하려는 속셈이다"라고 말했다.[1]

2011년부터 2017년까지 델컴퓨터의 주가 추이를 다시 보라(그림 5-4). 델컴퓨터의 주가는 저조한 실적 때문에 2012년 내내 고전을 면치 못했다. 하지만 8월 16일 예상 실적이 발표된 후 델컴퓨터의 주가는 더 하락했다. 당일 델컴퓨터는 매출액 성장률 추정치를 재조정한다고 발표했다. 기존 5~9% 성장에서 1~5% 성장으로 물러섰다. 8월 14일, 당시 델컴퓨터의 CEO였던 마이클 델은 델컴퓨터의 상장을 폐지하고 사유화하겠다고 결정했다.

이사회가 매수 건을 처리하는 방식에 주주들의 불만은 더 커졌다. 실망한 아이컨은 이사회에 대해 다음과 같이 말했다. "우리끼리 농담조로 이렇게 말합니다. '델컴퓨터가 독재국가랑 다른 게 뭡니까?' 그럼 누군가가 대꾸합니다. '독재국가는 이길 수 있을 때까지 투표를 미루기만 하면 되죠.' 이 나라의 많은 이사회가 그런 식이긴 하지만, 델컴퓨터의 이사회는 〈바람과 함께 사라지다〉에서 클라크 케이블의 마지막 대사를 생각하게 합니다. '내 알 바 아니오.'"[2]

결국, 주주들은 입찰의 절차적 정당성에 반기를 들었다. 주주들의 생각은 이랬다. '마이클 델이 델컴퓨터의 내부적 예측 정보를 모두 알고 있는 마당에 누가 그의 가치평가와 상반되는 입찰을 할 수 있겠는가?' 그 뒤 이어진 소송에서 판사는 승자의 저주 문제에 대해 다음과 같이 말했다. "지갑에 돈이 얼마 들어 있는지 그들이 다 아는데, 그 액수를 놓고 베팅할 사람은 아무도 없다."[3]

● 이런 우려들 때문에 입찰 과정이 공정하게 진행되기가 불가능하다. 당신이 마이클 델이라면 입찰의 공정성을 확보하기 위해 어떤 조치를 취하겠는가?

모든 서류와 문서를 완전히 공개하는 것이 좋은 해결책으로 보이지만, 그렇다고 마이클 델이 이미 차지하고 있는 입찰상 유리한 고지가 없어지는 것은 아니다. 최선의 해결책은 마이클 델이 입찰에서 손을 떼는 방안일 것이다. 입찰자로서 손을 떼고, 델컴퓨터의

CEO로서도 손을 떼는 방안이다. 그렇다고 해서 정보의 문제가 무시되게 놓아둘 수는 없다. 월스트리트의 애널리스트 리언 쿠퍼먼 Leon Cooperman은 이 매수 건을 "경영진이 주주들의 이익을 해하는 전형적인 내부자 거래 사례"라고 말했다.[4] 결국, 그 해결책은 소송이었다. 주주들은 주당 14달러가 정당한 가격인지 알아보자며 법원에 감정평가를 요청했다.

이런 유형의 소송에서는 양측 모두가 기업가치를 평가할 전문가를 고용하여 판사가 정확한 가치가 얼마인지 파악할 수 있도록 지원하는 게 일반적이다. 양측의 전문가들은 상당히 다른 수치를 내놓으며 의뢰인들의 주장을 뒷받침했다. 특히, 실버레이크와 마이클 델 쪽에 고용된 전문가는 주당 13달러 미만의 가치를 제시하며 14달러가 공정 가치보다 높다는 점을 강조했다. 반면, 입찰 과정에서 농락당했다고 생각하는 주주들이 고용한 전문가는 14달러의 2배에 달하는 29달러의 가치평가 결과를 내놓았다.

양쪽이 내놓은 가치평가액은 13달러와 29달러로, 총액으로 치면 280억 달러의 차이가 난다. 어떻게 이처럼 다른 결과가 나온 걸까? 양쪽 전문가가 진행한 가치평가 과정이 소송 기록으로 남아 있다. 이 기록을 들여다보면 가치평가와 관련해 많은 교훈을 얻을 수 있을 것이다.

● 전문가들은 왜, 그리고 어떻게 이토록 다른 가치평가액을 제시한 것일까?

첫 번째이자 가장 중요한 이유는 양쪽 전문가가 보스턴컨설팅의 시나리오를 매우 다르게 활용했다는 점이다. 주주들이 고용한 전문가는 비용 절감과 관련해 매우 낙관적인 상황이 포함된 시나리오를 활용했다. 반면 마이클 델과 실버레이크가 고용한 전문가는 비관적인 가정을 활용했다.

비용 절감과 관련된 시나리오 분석만 다른 것이 아니었다. 가치평가 모형에도 다른 가정들을 적용했다. 특히 종료가치를 계산하는 데 각각 2%와 1%의 성장률을 적용했다. 게다가 주주가 고용한 전문가는 21%의 세율을 적용했고, 마이클 델과 실버레이크가 고용한 전문가는 18%를 적용했다가 종료가치를 계산할 때는 36%의 세율을 적용했다. 양쪽 전문가는 최적 자본 구조와 베타계수도 다르게 봤는데, 특히 흥미로운 것은 시장 리스크 프리미엄이었다. 주주가 고용한 전문가는 5.5%를 적용했고, 마이클 델과 실버레이크가 고용한 전문가는 그보다 1%가량 높은 6.4%를 적용했다. 마지막으로, 델컴퓨터에 필요한 현금의 양과 현금 보유량도 다르게 봤다.

결국, 법원은 델컴퓨터의 공정 가치가 매각 시 합의된 주당 14달러가 아니고 주당 18달러라고 결론 내렸다. 델컴퓨터가 정상적인 가격보다 25% 싸게 매각됐다고 판결한 것이다. 이에 따라 마이클 델과 실버레이크는 1주당 4달러를 추가로 지급해야 했다.

미래

이 판결을 두고 논란이 뜨거웠다. 주주를 옹호하는 사람들은 판결을 환영했다. 하지만 그렇지 않은 사람들은 안 좋은 선례를 남겼다며 판결에 의문을 제기했다. 〈뉴욕타임스〉는 이 판결로 인해 "앞으로 대형 합병이 있을 경우 가격을 놓고 소송이 줄을 이을 것이며, 가격에 대한 추측도 난무할 것"이라고 우려를 표명했다.[5]

흥미로운 것은, 판결문에 마이클 델과 델컴퓨터의 경영진이 윤리적으로 올바른 행태를 보였지만 가격은 공정하지 않았다고 명시됐다는 점이다. 판사는 "본 재판부가 마주했던 여타 상황들과 달리, 마이클 델이나 델컴퓨터의 경영진이 잘못된 가치평가를 했다는 증거가 없다는 점을 이 사건은 강조하고 있다. 반대로, 마이클 델과 델컴퓨터의 경영진은 델컴퓨터의 가치가 그보다 높다고 시장을 설득하려고 노력했다. 그러나 전술한 증거는 다른 증거와 더불어, 델컴퓨터의 보통주 시장가격과 델컴퓨터의 내재적 가치 사이에 큰 격차가 있음을 보여주고 있다"라고 언급했다.[6]

● 마지막으로, 이 사건이 가치평가 일반론과 관련해 어떤 시사점을 줄까? 가치평가를 마쳤다면 그 결과를 놓고 무슨 일을 해야 할까?

이 이야기는 델컴퓨터의 경영자 매수 사례를 통해 명백히 드러난 제3장의 내용, 즉 정보와 인센티브의 중요성을 다시 일깨워주는 교훈을 많이 담고 있다. 첫째, 마이클 델의 매도자와 매수자로서의 인센티브가 그다지 분명히 드러나지 않았다. 이는 이해충돌의 문제가 이 사례의 본질임을 일깨워준다. 둘째, 매도자인 델컴퓨터의 대표 마이클 델이 매수자이기도 했다는 점이다. 그런 점이 누구도 그보다 높은 가격을 제시하려 하지 않는 '승자의 저주' 상황을 낳았다.

이 사례는 가치평가와 관련된 많은 교훈을 강조해주기도 한다. 첫째, 시나리오 분석과 예상 현금흐름을 산출하는 방식의 중요성을 깨닫게 한다. 둘째, 가치평가에서 가정들의 차이가 얼마나 중요한 것인지 알려준다. 마지막으로, 가치평가가 과학이 아니라 예술이라는 점을 일깨워준다. 앞서 봤듯이 양쪽 전문가는 다른 가정에 근거해 다른 가치평가액을 제시했다.

퀴즈

1. 당신이 일하는 대규모 기업집단이 한 제철 기업의 인수에 관심이 있다. 당신은 몇 개의 시나리오별로 가치평가 모형을 적용해 세 가지 결과를 얻었다. 첫째, 최악의 시나리오가 발생할 확률은 25%이며 그

때 기업가치는 500억 달러다. 둘째, 기본 시나리오는 50%의 확률로 발생하며 그때 기업가치는 1,000억 달러다. 마지막으로, 최상의 시나리오가 발생할 확률은 25%이며 그때 기업가치는 2,000억 달러다. 제철 기업을 인수하기 위한 입찰가는 최대 얼마로 제시해야 할까?

① 500억 달러

② 1,000억 달러

③ 1,125억 달러

④ 2,000억 달러

2. 당신이 일하는 제지 기업에서 비용을 절감하기 위해 목재 기업 인수를 희망한다. 당신은 현금흐름할인법을 근거로 목재 기업의 현재가치를 5억 달러로 추정했다. 목재 기업을 인수하면 비용 절감과 수직적 통합 등의 결과 현재가치로 5,000만 달러의 시너지 효과가 발생할 것으로 생각한다. 목재 기업은 상장기업이어서 (주당 가격, 발행주식 수, 자본 구성을 고려해) 현재 시장가치가 4억 달러라는 사실을 알 수 있다. 당신의 기업이 시너지 효과를 독차지하고 싶다면, 목재 기업을 인수하기 위한 입찰가는 최대 얼마를 제시해야 할까?

① 5,000만 달러

② 4억 달러

③ 5억 달러

④ 5억 5,000만 달러

3. 다음 표는 패스트푸드 기업인 맥도날드, 웬디스, 얌!의 2016년 8월 1일 기준 P/E 배수를 보여준다. P/E 배수의 차이를 설명할 수 있는 것은 다음 중 무엇인가?

3개 패스트푸드 기업의 P/E 배수	
기업명	P/E 배수
맥도날드	22.0
웬디스	20.7
얌!	27.4

① 시장은 얌!의 브랜드들이 웬디스나 맥도날드보다 성장할 가능성이 크다고 본다.

② 맥도날드는 웬디스보다 할인율이 높다.

③ 웬디스는 얌!의 브랜드들보다 할인율이 낮다.

④ 맥도날드는 얌!의 브랜드들과 웬디스보다 순이익이 높다.

4. 당신이 일하는 기업이 얼마 전에 경쟁 기업 하나를 인수했다. 인수가 발표된 직후 당신 기업의 주가가 10% 하락하며 시가총액이

5,000만 달러 줄었다. 피인수 기업의 주가는 15% 상승하며 시가총액이 2,500만 달러 늘었다. 다음 중 어떤 일이 발생하겠는가?

① 가치 창출과 가치 이전이 인수 기업에서 피인수 기업으로 옮겨간다.
② 가치 창출과 가치 이전이 피인수 기업에서 인수 기업으로 옮겨간다.
③ 가치 파괴와 부의 이전이 인수 기업에서 피인수 기업으로 옮겨간다.
④ 가치 파괴와 부의 이전이 피인수 기업에서 인수 기업으로 옮겨간다.

5. 다음 중 가치평가를 위한 배수의 예가 아닌 것은 무엇인가?

① 순이익 대비 주가
② EBITDA 대비 EV
③ 유동부채 대비 유동자산
④ EBITDA 대비 시가총액

6. 2016년 12월 31일 기준 굿이어타이어와 러버컴퍼니의 잉여 현금흐름 대비 EV 배수는 16.1이다. 다음의 가정 중 참일 가능성이 있는 것은 무엇인가?

① 5%의 할인율과 4%의 성장률
② 12%의 할인율과 0%의 성장률
③ 9%의 할인율과 3%의 성장률
④ 20%의 할인율과 5%의 성장률

7. 당신은 교육 과정에 얼마를 지급해야 할지 알기 위해 가치평가를 실시하려 한다. 교육을 마치고 나면 연소득이 매해 1,000달러씩 증가하고 급여도 매해 3%씩 성장할 것으로 추정한다. 리스크가 유사한 다른 투자를 고려해 할인율을 계산한 결과 13%가 나왔다. 논의의 편의를 위해 영원히 생존한다고 가정한다(일반적으로 현재의 현금흐름이나 20, 30년 후의 현금흐름에는 큰 차이가 없다). 당신이 지급할 용의가 있는 교육비의 최대치는 얼마인가?

① 1,000달러
② 3,000달러
③ 5,000달러
④ 10,000달러

8. 당신은 두 가지 프로젝트를 고려 중인데, 그중 하나만 선택할 수 있다. 첫 번째 프로젝트의 내부수익률은 15%이고 두 번째 프로젝트는 25%다. 가중평균자본비용이 12%라고 할 때, 어떤 프로젝트를 선택해야 할까?

① 내부수익률이 15%인 프로젝트

② 내부수익률이 25%인 프로젝트

③ 없다. 두 프로젝트 모두 가치를 파괴하는 프로젝트다.

④ 내부수익률이 25%인 프로젝트가 우선될 것 같지만 현금흐름할인법을 시행해야 한다.

9. 당신은 인수팀의 일원으로 사탕 기업의 가치를 평가하고 있다. 경제 성장률인 2~4%보다 더 나은 수익률을 안겨줄 투자 기회를 찾으려 한다. 당신이 데리고 있는 직원이 예비 가치평가를 실시했고 당신은 그 결과를 검토하고 있다.

검토를 해보니, 산업 평균 성장률을 근거로 처음 두 해 동안의 성장률을 6%로, 종료가치를 계산하기 위한 성장형 영구연금의 성장률도 6%로 가정했다. 종료가치의 현재가치가 기업 전체 가치의 80%를 차지하고 있음을 알 수 있었다. 이 수치에 근거해 그 직원은 사탕 기업의 EV를 1억 달러로 추정했다.

또한 시너지 효과의 현재가치가 2,000만 달러라고 추정했다. 사탕 기업은 현재 5,000만 달러의 타인자본(부채)이 있고 1,000만 달러의 현금도 보유하고 있다. 그 직원은 사탕 기업의 주식을 인수하는 대가로 1억 2,000만 달러를 지급해야 한다는 의견을 제시했다. 그러면서 그 금액이 사탕 기업의 가치와 시너지 효과를 합한 금액이라고

설명했다. 그 직원이 범한 실수는 다음 중 무엇인가? (해당하는 것을 모두 고르라.)

① 종료가치의 성장률이 너무 높다.

② 성장률의 기준으로 산업 평균을 활용했다.

③ 인수가의 기준으로 주식의 가치가 아니라 기업의 가치를 활용했다.

④ 시너지 효과를 인수가에 포함했다.

10. 다음 중 가치를 반드시 창출하는 프로젝트는 무엇인가?

① 순현재가치가 1억 달러인 프로젝트

② 회수 기간이 2년인 프로젝트

③ 내부수익률이 15%인 프로젝트

④ 현재가치가 2억 달러인 프로젝트

제5장 요약

가치평가는 재무와 경영의 중심이다. 가치평가 방법론의 하나인 배수법은 지름길과도 같아서 간단하며 신속하다. 또 다른 가치평가 방법론인 내부수익률법은 유용한 측면도 있지만, 오류를 안고

있어 잘못된 답을 알려줄 가능성이 있다. 다행스럽게도, 가치평가의 황금률인 현금흐름할인법이 있다. 현금흐름할인법은 미래 모든 현금흐름의 현재가치가 기업의 현재가치임을 이해하게 해준다.

가치 예측 작업은 이번 장에서 가장 중요한 교훈을 알려준다. 바로 가치평가가 과학을 가장한 예술이라는 점이다. 과학적 방법이 일부 동원되지만, 가치평가는 기본적으로 주관적이며 많은 판단이 개입되는 과정이다. 그래서 가치평가 과정에 오류가 발생하기도 한다. 시너지 효과를 과대평가하거나 자본집약도를 과소평가하는 등의 오류를 범하기 쉬우므로, 이를 경계할 필요가 있다. 가치평가와 관련된 마지막 교훈은 기업을 정말로 이해하고 싶다면 실제로 가치평가를 해보라는 것이다. 미래, 현금흐름, 자본집약도, 리스크를 생각하는 것만으로도 기업을 진정으로 이해하는 길이 열린다.

이번 장에서는 가치가 잉여 현금흐름과 할인율에 따라 결정된다는 사실을 논의했다. 이제 마지막으로 다루어야 할 문제가 하나 남았다. 잉여 현금흐름을 어떻게 처리해야 하는가 하는 것이다. 자본 제공자에게 잉여 현금흐름을 돌려줘야 하는가, 아니면 새로운 프로젝트에 투자해야 하는가? 돌려줘야 한다면 그 방법은 무엇인가? 모든 잉여 현금흐름을 놓고 프로젝트나 자본 제공자들에게 어떻게 배분해야 하는가? 이 질문들이 바로 다음 장의 주제다.

제 **6** 장

자본 배분

CEO와 CFO가 직면한 가장 중요한 결정을 어떻게 내려야 하는가

2013년, 애플의 주주들은 CEO 팀 쿡Tim Cook에 대항해 반란을 일으켰다. 그 이유는 팀 쿡에게 막대한 현금을 보유하도록 허락한 적이 없으며, 따라서 그 현금을 주주들에게 나눠줘야 한다는 것이었다. 현금이 재무상태표에 잡혀 있거나 주주의 호주머니에 있는 것이 중대한 문제가 되는 이유는 무엇일까? 결국 애플은 자기주식 취득의 형식으로 2,800억 달러가 넘는 돈을 주주들에게 나눠주었다. 그게 현명한 행동이었을까?

이와 비슷한 시기에 구글의 모기업 알파벳은 주요 주주들의 의결권을 강화하는 방향으로 지분 구조를 변경하여 애플과 같은 반란 사태가 일어나지 않게 조치했다. 그 후에도 알파벳은 엄청난 양의 현금을 창출하고 있지만, 주주들에게 나눠주는 현금은 극히 적었고 다양한 자회사에 재투자하는 길을 택했다. 그게 현명한 행동이었을까?

앞에서 우리는 잉여 현금흐름을 창출하는 것이 기업의 가치 창출 여부와 방식에 얼마나 중요한 역할을 하는지 알아봤다. 하지만 이는 또 다른 의문을 불러일으킨다. 한 기업이 현금을 창출하고 있다면, 그 현금을 가지고 경영진은 무엇을 해야 할까? 새로운 프로젝트에 투자해야 할까, 아니면 다른 기업을 인수해야 할까? 최근 몇 년 사이 자기주식 취득이 많이 늘어나고 있다. 기업들이 자기주식을 취득하는 이유는 무엇일까?

모든 CEO와 CFO는 이런 핵심 질문에 답을 내놓아야 한다. 이런 질문이 자본 배분 과정을 결정한다. 기업 이윤과 현금 보유량이 사상 최대를 기록하고 있는 상황에서 자본 배분의 문제는 중요성이 점점 커지고 있다. 그에 따라 주주들은 실수를 점점 더 용납하지 않게 됐다. 자본 배분의 문제는 제3장에서 소개한 문제를 생각해보는 또 다른 방법이다. 즉, 주주들은 자본 제공자가 맡긴 자본 관리의 임무를 얼마나 충실히 수행했는지를 보고 경영진의 경영성과를 판단한다는 점이다.

자본 배분을 위한 의사결정 나무

〈그림 6-1〉에 보이는 것처럼, 자본 배분의 문제는 의사결정 나무 형태의 구조를 통해 가장 잘 이해할 수 있다. 경영자가 답해야 하는 첫 번째 질문은 순현재가치가 양의 값을 갖는 투자 프로젝트가 있는가 하는 것이다. 가치 창출은 경영자 임무의 핵심이다. 제4장에서 알아봤듯이, 경영자가 자신의 임무인 가치를 창출하려면 매년 자본비용을 뛰어넘으며 기업을 성장시켜야 한다.

순현재가치가 양의 값을 갖는 프로젝트가 있다면 그 프로젝트를 추진해야 한다. 이런 프로젝트는 내생적 성장organic growth(신제품 개

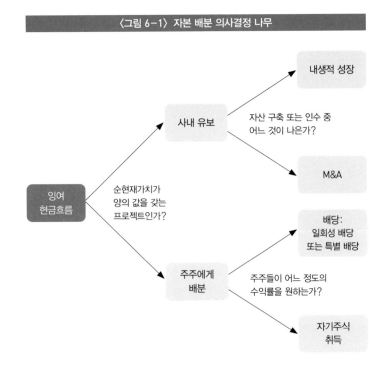

〈그림 6-1〉 자본 배분 의사결정 나무

발 및 새로운 부동산·공장·설비의 구매 등을 통한 자체적 성장)일 수도 있고 외생적 성장inorganic growth(M&A 등 외부 요인을 통한 성장)일 수도 있다. 가치 창출의 기회가 아니라면, 즉 순현재가치가 마이너스라면, 경영자는 배당이나 자기주식 취득을 통해 현금을 주주들에게 나눠줘야 한다. 배당을 하기로 했다면 정기적으로 줄지, 일회성의

제약 산업에서의 자본 배분

다음 그림은 세계 최대 규모의 바이오 테크 및 제약 기업 중 하나인 암젠의 매출액 대비 연구·개발과 현금 배분(배당과 자기주식 취득)의 비율을 보여준다.

이 그림은 암젠과 제약 산업이 자본 배분을 어떻게 처리하는지에 관해 어떤 이야기를 해주는가? 처리 방식이 왜 바뀌고 있다고 생각하는가?

연구·개발 지출 수준은 동일한 수준을 유지하거나 감소하고 있다. 반면 현금 배분은 예전에는 전혀 이루어지지 않고 있다가 자본 배분 과정의 주요 부분으로 성장하고 있다.

이는 암젠이 자사가 창출하는 현금흐름에 비해 충분한 투자 기회를 찾지 못하고 있음을 의미한다. 암젠이 자본 배분을 잘하고 있다면, 주주들로서는 충분한 수익률을 창출해낼 가능성이 작은 제품이나 연구 활동에 투자하는 것보다 더 행복

할 것이다. 암젠이 자본 배분을 잘하지 못하고 있다면 참을성 없는 주주들을 만족시키느라 연구·

개발에 과소 투자하고 있다고 볼 수 있다.

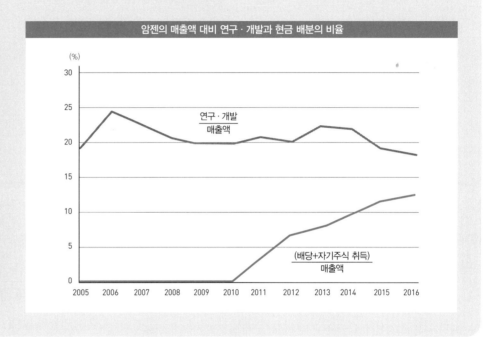

암젠의 매출액 대비 연구·개발과 현금 배분의 비율

특별 배당으로 줄지 결정해야 한다.

〈그림 6-1〉의 의사결정 나무는 간단해 보이지만, 어떤 조치를 취할지 선택할 때 경영진을 농락할 수 있는 위험 요인과 오류들로 가득하다. 이번 장에서는 의사결정 나무를 경우의 수별로 모두 검

현장의 목소리

바이오젠의 CFO를 역임했던 폴 클랜시는 다음과 같이 말했다.

"저는 자본 배분을 초과 현금흐름으로 무엇을 할 것인가의 문제로 봅니다. 한 기업이 장기적 안목으로 연구·개발에 많은 돈을 투자하고 있다면 이 또한 자본 배분의 일종입니다. 자본을 활용하는 방안으로는 전략적 자본 활용과 주주에 대한 현금 배분이 있습니다. 전략적 자본 활용이란, 단기적으로 손익계산서에 악영향을 주지 않으면서도 기업의 성장이라는 장기적 목표를 위해 공장이나 자본적 지출에 투자하는 것을 말합니다.

현금 창출량이 많고 연구·개발에 많은 자금을 투자하는 기업이라면, 기업 인수가 전략적 자본 활용의 방안으로 활용될 수 있습니다. 연구·개발에 해마다 많은 자금을 투자하는 것도 자본 배분의 일종이라고 할 수 있습니다. 그 돈 역시 연구·개발에 투자되지 않았다면 주주에게 배분해줬어야 할 자본이니까요."

토하면서 각각의 상황에서 어떤 의사결정을 내려야 하고, 어떤 오류를 피해야 하는지 알아볼 것이다.

현금 사내 유보

투자를 하기로 했다면 투자 결정을 내릴 때 활용해야 하는 기준이 있다. 우선, 여러 가지 투자 대안을 놓고 현재가치를 계산한 뒤 가치 창출의 측면에서 최상의 기회를 가려내야 한다. 그 투자 대안은 내생적일 수도 있고, 외생적일 수도 있다. 순현재가치가 가장 높은 안을 선택하면 된다는 점에서 기준은 간단하지만, 고민해봐야 할 상충 요인들이 많다.

예를 들어, 제4장에서 알아봤듯이 인수와 합병을 추진할 때 고려해야 할 게 한둘이 아니다. 이 점이 현재가치를 평가하는 일을 복잡하게 만든다.

외생적 성장의 함정

내생적 성장을 위한 투자와 달리, M&A는 시간을 들이지 않고도 자산을 확보할 수 있다는 매력이 있다. 게다가 자산을 구축하는 게 아니고 자산을 사는 것을 의미하는 M&A는 자산 구축이 마무리될 때까지 리스크를 부담할 필요가 없다는 점에서 더 안전하다. 합병이 성장의 달성을 위한 안전하고 신속한 방법이 된다고 생각하는 사람들이 많지만, 합병이 마무리되기 전후에 기업이 극복해야 할 난관이 많다.

합병 전

기존의 자산을 살 때, 매수자보다 매도자에게 그 자산에 대한 정보가 많기 때문에 매수자는 (제3장에서 논의한 것처럼) 추측을 할 수밖에 없다. 따라서 M&A 과정에서 기업 실사는 중요한 의미가 있다. 매수자는 자신이 인수하는 자산을 잘 알아야 한다. 동시에 정보라는 측면에서 매도자가 우위를 점하고 있다는 점을 잊지 말아야 한다.

매도자는 매각을 앞두고 어떤 행태를 보일까? 자본집약도가 낮아 보이게 하기 위해 자산에 과소 투자를 할 가능성이 있다. 매출 실현을 앞당기고 비용 집행을 미룰 가능성도 있다. 매출채권 회수가 여전히 가능하다는 것을 증명하기 위해 이미 파산한 고객들이 있다는 사실을 숨기는 등 문제가 될 만한 사항을 덮을 가능성도 있다. 이런 가능성이 존재하기 때문에 매수자는 컨설턴트나 투자은행 같은 자본시장의 중간자를 고용해 도움을 받을 필요가 있다. 컨설턴트나 투자은행가 등으로 구성된 매수측 거래팀은 매도자가 숨기거나 감추는 것은 없는지 찾아야 한다.

안타깝게도, 매수측과 매도측은 물론이고 고용된 조력자들에 이르기까지 거래에 관여하는 모든 당사자가 거래를 성사시키고자 하는 인센티브를 갖고 있다. 촉각을 곤두세우고 조심하지 않는다면 거래 당사자들의 열정에 휘둘려 과도한 인수가를 지급하게 되기 쉽다. 따라서 M&A가 내생적 성장을 위한 투자보다 안전하다는 주장은 근거가 빈약하다. 또한 합병 실패율 데이터에 따르면, 안전하다는 주장은 근거가 더 빈약해 보인다.

합병 후

시너지 효과는 합병을 평가할 때 옹호하는 논리로 활용될 수 있다. 하지만 시너지 효과를 실현하는 것은 말처럼 쉬운 일이 아니다. 합병이 추진될 때 시너지 효과는 과대평가되고, 시너지 효과를 실현하기까지 필요한 비용은 과소평가되는 것이 일반적이다. 더 심각한 문제는 인수 기업이 인수를 통해 최대 생산 능력이 중복되고 그 상황이 장기간 지속되면서 기대했던 것보다 비용이 늘어난

휴렛팩커드의 오토노미 인수

2011년 8월 18일, 컴퓨터 및 하드웨어 제조 기업 휴렛팩커드HP는 검색 서비스 및 데이터 분석 기업 오토노미를 인수한다고 밝혔다. HP는 인수의 대가로 111억 달러를 지급했는데 이는 EBITDA 배수의 12.6배에 달하는 금액이었다. 이 인수가는 누가 봐도 매우 높았다. 오라클의 가치평가에 따르면, 최대 60억 달러였다. 오라클은 오토노미를 인수하더라도 그 이상 지급할 용의는 없었다. HP의 CFO 캐시 레스작Cathie Lesjak조차도 이 인수에 반대한다는 의견을 표명한 것으로 언론에 보도됐다.

인수 발표에 대한 시장의 반응은 혹독했다. 발표가 있던 날, HP의 주가는 29.51달러에서 23.60달러로 하락했다(하루 만에 50억 달러의 시가총액이 날아갔다). HP의 이사회 의장 레이 레인Rav Lane은 가치평가 방법인 현금흐름할인법 모형과 모형의 기본 가정에 대한 질문을 받았다. 이에 레이 레인은 현금흐름할인법을 잘 모른다고 말했고 HP의 전략적 비전만을 강조했다. 인수를 발표한 지 한 달도 안 돼 HP의 CEO는 해고되고 말았다.

1년 뒤, HP는 88억 달러를 평가손으로 상각해야 했다. 무형자산 중 영업권 금액을 줄이고 일회성 비용으로 계상해야 했다는 뜻이다. 88억 달러 중에는 '회계 부정'이라며 오토노미의 경영진 탓으로 돌렸던 50억 달러의 비용도 포함됐다. HP는 오토노미의 경영자들이 매수자를 속이기 위해 재무 지표를 부풀렸다고 주장했다. 인수 발표 시점부터 2012년 8월까지 HP의 시가총액은 43%가 감소했다.

HP는 오토노미를 인수하면서 어떤 실수를 범했는가?

HP의 실수는 여러 가지가 있지만 대표적인 것을 나열하면 다음과 같다.

- 부실한 기업 실사
- 회계 관행에 대한 검토 부족
- 보편적인 가치평가 모형 외면
- 내생적 성장 기회와 외생적 성장 기회에 대한 부실 평가

다는 것이다. 게다가 시너지 효과가 실현되기까지 시간도 필요해지면서 합병을 통한 가치 창출에 막대한 지장이 초래될 수도 있다.

마지막이자 가장 중요한 문제점은 2개의 조직이 하나로 합치면서 기업 문화를 고려하지 않을 수 없다는 점이다. 문화적 통합이 어렵다는 점은 가치평가 모형이 표현되는 엑셀 시트에서는 전혀 고려되지 않는다. 하지만 문화의 차이로 인해 발생하는 문제점은 무엇보다 중요하고 재무적으로도 막대한 대가를 초래한다. 가치평가의 가정들은 엑셀 시트에 그렇게 들어갔다고 해서 반드시 그렇

게 되는 건 아니다. 그 가정들은 인간이 어떻게 행동하느냐에 따라 달라지는데, 이 사실을 잊기가 쉽다.

이런 이유로 문화적 통합의 문제가 무시되면 치명적인 결과를 낳을 수 있다. 문화적 통합의 문제는 내생적 성장을 위한 투자 대비 M&A의 상대적 장점으로 꼽히는 신속함과 안전함을 환상에 불과한 허상으로 만들어버릴 수도 있다.

기업집단

공격적인 M&A 전략은 복수의 사업부나 복수의 법인을 거느린 기업집단을 탄생시키는 결과를 낳기도 한다. 이런 기업집단은 다양한 사업을 하는 사업부나 법인을 두고 있으면서도 사업부나 법인끼리 사업적인 연관성이 적은 경우가 보통이다.

예를 들어, 미국의 통신 기업 ITT는 1960년대 ABC 방송의 인수를 시도했는데 연방 반독점 기관이 인수 중단을 명하자 인수 시도를 멈췄다. ITT는 반독점법에 저촉되지 않는 방법으로 사업 확장을 꾀하고 있었기에 쉐라톤호텔, 에이비스렌터카, 원더브레드 등 사업적 유사성이 떨어지는 기업들을 인수하며 기업집단으로 변모해나갔다. 결국 ITT는 300개 이상의 기업을 인수했다. 일부 국가에서 여전히 흔히 찾아볼 수 있는 기업 형태인 기업집단은 중요한 재무 개념들을 되돌아볼 기회를 제공해준다.

기업집단을 추구하는 재무적 이유에는 두 가지가 있다. 첫 번째는 자본비용 논란이다. 일테면 이렇게 생각하는 것이다. '사업 다각화를 위한 인수를 하면 내 자본비용을 피인수 기업에도 적용할 수 있다. 예컨대, 우리의 할인율이나 자본비용이 10%일 때 피인수 기업을 15% 정도의 자본비용으로 평가한다. 그런 뒤 인수를 하고 우리 회사랑 합병해 재평가하면 내 자본비용이 10%이기 때문에 가치가 높아지지 않겠는가. 합병의 효과는 막강해지면서 가치 창출이 가능해질 것이다.'

이런 식의 사고는 잘못된 것이다. 자본비용은 인수 기업이 아니라 피인수 기업에 의해 결정되기 때문이다. 자본비용을 피인수 기업으로 이전할 수는 없다.

다각화의 방안으로 기업집단을 추구하는 두 번째 재무적 이유는 리스크를 관리한다는 명목이다. 다양한 산업의 다양한 사업부나 법인을 보유하면 다각화를 통해 주주들이 분산 투자의 이득을 누릴 수 있다고 생각하기 때문이다. 기업 인수를 주식 포트폴리오와 동일시하는 것이다. 한 사업부나 법인에 문제가 생기면 포트폴리오의 다른 사업부나 법인이 이를 보완해준다고 생각하는 것인데 이는 잘못된 것이다.

논란의 여지는 있지만, 주주들은 분산 투자를 통해 스스로 리스크를 관리할 수 있다. 그런데도 경영자들이 다각화를 통해 분산 투

AOL과 타임워너의 합병

2000년 말, AOL과 타임워너는 닷컴 시대 최대 규모로 꼽히는 합병을 발표했다. 합병 평가액이 3,500억 달러에 달했다. 합병 전, 두 기업의 궁합이 잘 맞을 거라며 기대가 높았다. 당시 AOL은 전화 회선 기반 저속 인터넷 서비스를 제공하는 기업이었고, 타임워너는 다양한 콘텐츠를 보유하기는 했지만 인터넷을 잘 이해하고 있는 기업은 아니었다. 어쨌든 시너지 효과는 분명해 보였고 달성하기도 어렵지 않아 보였다. 이 합병을 두고 '동등한 기업 간의 합병'이라는 말도 있었지만, AOL은 합병 당시 업계를 주름잡고 있는 기업이었다.

합병 직후 문제가 불거졌다. AOL은 기업 문화가 공격적이었고 영업 위주로 돌아가는 분위기였다. 반면 타임워너는 보다 전통적인 기업 문화를 갖고 있었다. 타임워너는 AOL의 회계 부정을 발견해냈다. 따라서 AOL의 실적이라고 발표된 것들이 저평가돼야 할 상황이었다. 양사 간의 마찰이 커지면서 타임워너는 AOL에 시정조치를 강요했고, 그게 여의치 않자 타임워너의 콘텐츠를 온라인으로 보급할 다른 파트너를 찾기 시작했다. 2001년 초, 인터넷의 열기가 식으면서 상황이 급반전됐고 힘의 균형이 AOL에서 타임워너로 옮겨갔다.

결국 합병은 실패로 돌아갔다. 현재 두 기업의 가치는 합병 전 가치에 비하면 새 발의 피 수준으로 줄어들었다. 2009년 3월에 타임워너가 타임워너케이블을 분사했고, 2009년 12월에는 AOL과 타임워너가 결별을 선택했다. 2015년, AOL은 버라이즌에 인수됐다. 그리고 2016년 10월 22일, AT&T가 타임워너의 인수에 합의했다.

AOL의 CEO 스티브 케이스Steve Case는 다음과 같이 결론지었다. "실행 없는 비전은 환상일 뿐이다. 이 표현이 AOL과 타임워너의 합병을 집약적으로 보여준다."[1]

자의 효과를 주주에게 안겨줄 수 있다는 발상은, 다각화를 추진하는 주체가 경영자임과 동시에 그에 따른 책임을 지는 주체도 경영자라는 사실을 외면하는 처사다. 재무의 원칙은 주주들 스스로 할 수 있음에도 경영자들이 주주들을 위해서 무언가를 해줄 필요는 없다는 것이다. 사업 다각화는 바로 그런 예에 해당한다.

기업집단은 사실 가치 창출이 아니라 가치 파괴의 전형적인 예

다. 기업집단은 낮은 가격에 거래되는 경우가 많은데 그 말은 기업집단의 총가치가 개별적으로 거래될 때보다 낮다는 것이다. 왜 그럴까? 모든 사업부나 법인을 동등하게 대해야 한다는 압박 때문에 기업집단 내의 자본 배분이 왜곡된다는 점도 그 이유 중 하나다. 자본이 최상의 투자 기회에 배분되는 것이 아니라 동등하게 분배되기 때문이다. 그러면 빈약한 사업부나 법인은 확장되고, 유망한

타타의 재규어랜드로버 인수

2008년 3월, 인도의 자동차 제조 기업 타타는 포드로부터 재규어랜드로버JLR를 인수했다. 인수의 대가로 타타는 포드에 23억 달러를 지급했다(이전에 포드는 두 브랜드를 인수하는 데 54억 달러를 지급했다. 재규어는 1989년에 인수하면서 25억 달러를 지급했고, 랜드로버는 2000년에 인수하면서 29억 달러를 지급했다).

시장의 반응은 그다지 좋지 않았다. 타타의 주가는 그 영향으로 2008년 내내 하락했다(인수 발표 전날 기준 시가총액이 69.3억 달러였는데 2008년 말 기준으로는 17.2억 달러에 불과했다. 시장은 전체적으로 33% 하락했는데, 타타의 주가는 75%가 하락했다).

합병 후 타타는 JLR과 기업 통합을 하지 않기로 했다. 대신 JLR이 독립된 기업으로 운영되도록 놔두었다. 타타는 사업계획 수립이나 신흥 시장 진출이라는 측면에서는 JLR을 지원했지만, 나머지 일에 대해서는 직접 통제하지 않았다. 다음 그림을 보면 알 수 있듯이, 문화적 통합은 어려움이 예상된다면 피하는 게 상책일 수 있다.

JLR이 타타자동차 가치의 90%를 차지한다고 보는 애널리스트들도 있다. 지금 생각해보면, JLR과 통합하지 않겠다는 타타의 결정이 큰 효과가 있었다고 할 수 있다. 그러나 통합에 따른 리스크는 고려해볼 가치가 있다. 피인수 기업이 독립적으로 운영된다면 제품시장과 노동시장에서 서로 경쟁을 벌이며 혼란을 가중시킬 가능성은 물론이고, 이중으로 지출되는 경상 비용Overhead Expenses 같은 비용 중복의 문제도 고려해야 한다.

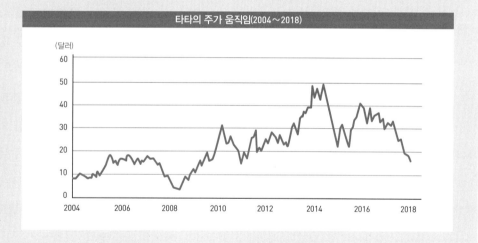

타타의 주가 움직임(2004~2018)

사업부는 빈약해진다. 그래서 사업부들이 함께일 때보다 개별적일 때 가치가 더 높아지는 것이다.

기업집단이라고 해서 항상 나쁜 점만 있는 것은 아니다. 불완전한 신흥 시장에서는 막강한 힘을 발휘할 수 있다. 기업의 활동을 불완전한 시장에 맡기기보다 기업집단 내부로 돌리면 자본시장과 노동시장의 불완전성을 극복할 수 있기 때문이다. 그렇다고 기업집단이 모든 문제를 해결할 수 있는 만병통치약인 것은 아니다. 기업집단의 경영자는 기업집단의 자본이 공공재처럼 인식되는 자본의 '사회화' 가능성을 방심해서는 안 된다.

주주에게 현금 배분하는 법

투자할 만한 프로젝트가 없다면 기업은 현금을 주주에게 배분해야 한다. 주주들에게 현금을 배분하기로 했다면 어떤 방식으로 배분해야 할까? 배당을 주는 것과 자기주식을 취득하는 방안이 있다. 현금을 배분하는 가장 손쉬운 방법은 배당금을 지급하는 것이다. 정해진 비율에 따라 주주들에게 현금을 나눠주는 방법이다. 배당금은 매해 동일하거나 유사한 수준으로 지급할 수도 있고, 특별 배당이라는 이름으로 일회성으로 지급할 수도 있다.

현금을 배분하는 두 번째 방법인 자기주식 취득은 언뜻 이해가 가지 않을지도 모르겠다. 기업이 공개시장에서 자사 주식을 사들여 발행주식 수를 줄이는 방법이다. 따라서 주식을 계속 보유하는 투자자들은 지분율이 올라가고 현금을 배분받는 효과를 누린다. 자기주식 취득은 지난 수십 년간 광범위하게 활용되고 있다(그림 6-2).

그렇다면 어떤 방법이 더 나을까? 현금 배당일까, 아니면 자기주식 취득일까? 정답은 없다. 다만, 현금 배분과 관련된 오해가 무엇인지 알면 현금 배분 결정을 더 잘 이해하는 데 도움이 될 것이다. 예를 들어, 자기주식 취득 이후에 기존 주주들의 지분율이 올라가기 때문에 주가가 올라간다고 주장하는 사람들도 있다. 배당을 하면 주식 가치가 떨어져 주주에게 좋은 일이 아니라고 주장하는 사람들도 있다. 이런 오해들을 바로잡고 현금 배분 결정의 속성을 밝히기 위해, 기업이 현금을 어떻게 배분하는가 하는 문제가 가치 창출에 영향을 주지 않는다는 점을 먼저 증명할 것이다.

현금 배분의 방법으로 배당을 주든, 자기주식을 취득하든 차이는 없다. 하지만 각각의 현금 배분 방법은 시장에 다른 신호를 발송할 가능성이 있는데, 이는 중요한 의미가 있다. 우선 현금 배분 방법이 왜 가치 창출에 영향을 주지 않는지를 증명할 것이며, 당신은 이를 통해 어떤 현금 배분 방법을 활용하든 결과는 동일하다는 사

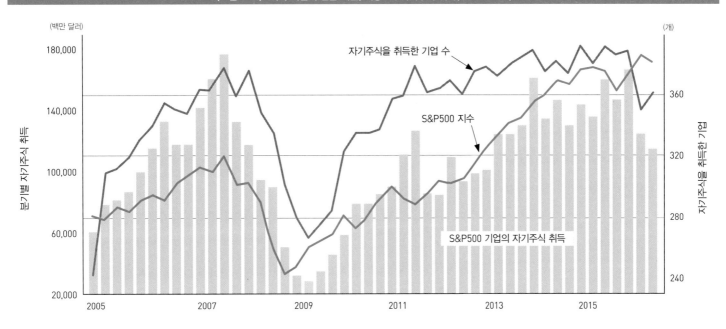

(백만 달러)

(개)

자기주식을 취득한 기업 수

S&P500 지수

S&P500 기업의 자기주식 취득

분기별 자기주식 취득

자기주식을 취득한 기업

180,000

140,000

100,000

60,000

20,000

360

320

280

240

2005　　　　2007　　　　2009　　　　2011　　　　2013　　　　2015

실을 알게 될 것이다. 시장가치 기반으로 작성된 〈그림 6-3〉의 재무상태표를 보라.

　〈그림 6-3〉의 기업은 현금 보유량이 많은 기업이고 배당 또는 자기주식 취득을 통해 현금을 배분하려 하고 있다. 이 재무상태표는 시장가치를 기준으로 하고 있기 때문에 자본금(자기자본)의 가치

〈그림 6-3〉 현금 배분의 준비

(단위: 달러)

자산		부채 및 자본	
현금	100	부채	60
영업용 자산	100	자본금	140

주가 1.4달러
발행주식 수 100주

는 주가를 통해 쉽게 계산할 수 있고, 영업용 자산의 가치도 시장 가치다. 70달러를 배당금으로 주주들에게 지급한다면 시장가치 기준 재무상태표는 어떻게 될까? 발행주식 수가 100주이기 때문에 주당 배당은 0.7달러가 된다(그림 6-4).

현금 보유액은 70달러가 감소해 100달러에서 30달러로 줄어든다. 하지만 영업용 자산의 가치는 100달러로 동일하게 유지된다.

부채도 동일한 수준으로 유지되기 때문에 자본금의 가치는 재무상태표의 균형을 위해 70달러로 떨어져야 한다. 주가가 1.4달러에서 0.7달러로 떨어진다. 주주들이 타격을 입을 수도 있지만, 0.7달러를 배당금으로 받기 때문에 주주의 몫은 여전히 1.4달러다. 주주들은 경제적으로 전과 동일한 상태다. 완전히 가치 중립적인 상황이다. 쉽게 말해, 1주를 0.7달러에 산 후 지금은 1주가 1.4달러인

상황이다.

이제는 70달러의 자기주식 취득으로 현금을 배분하는 경우를 생각해보자(그림 6-5). 이번에도 현금은 30달러로 감소하고, 영업용 자산과 부채는 동일하게 유지된다. 자본금의 가치는 70달러로 떨어진다. 70달러를 자기주식을 사는 데 썼고 주가가 1.4달러이므로 발행주식 수는 50주만큼 줄어든다. 새로운 주가는 얼마일까? 총자본금의 가치가 70달러이고 발행주식 수는 50주이므로 주가는 1.4달러가 된다.

그렇다면 주주는 이에 대해 어떻게 생각할까? 주식을 회사에 넘긴 주주는 현금 1.4달러를 손에 쥐게 된다. 그 외의 주주들은 1.4달러의 주식을 보유하는 셈이 된다. 변한 게 없다. 이 경우도 가치 중립적이다(그림 6-6).

〈그림 6-4〉 현금 배당 후 시장가치 기준 재무상태표

(단위: 달러)

자산		부채 및 자본	
현금	100	부채	60
영업용 자산	100	자본금	140

배당금 지급
발행주식 수 100주
주가 1.4달러

자산		부채 및 자본	
현금	30	부채	60
영업용 자산	100	자본금	70

발행주식 수 100주
주가 0.7달러와 배당금 0.7달러

자산		부채 및 자본	
현금	100	부채	60
영업용 자산	100	자본금	140

자기주식 취득

발행주식 수 100주
주가 1.4달러

자산		부채 및 자본	
현금	30	부채	60
영업용 자산	100	자본금	70

발행주식 수 50주
주가 1.4달러

배당금 지급

자산		부채 및 자본	
현금	30	부채	60
영업용 자산	100	자본금	70

발행주식 수 100주
주가 0.7달러와 배당금 0.7달러

자산		부채 및 자본	
현금	100	부채	60
영업용 자산	100	자본금	140

발행주식 수 100주
주가 1.4달러

자기주식 취득

자산		부채 및 자본	
현금	30	부채	60
영업용 자산	100	자본금	70

발행주식 수 50주
주가 1.4달러

이번 논의는 중요한 사실을 알려준다. 가치가 현금의 이전에서 창출되진 않는다는 것이다. 가치는 순현재가치가 양의 값을 갖는 프로젝트를 통해서만 창출할 수 있다. 현금을 보유하든 현금을 나눠주든 가치에는 변화가 없다면, 왜 그렇게 야단법석일까? 사람들은 왜 현금을 사내에 유보하느냐 배분하느냐를 놓고 그다지도 신경을 쓸까? 배당을 주는지, 안 주는지 왜 그렇게 신경을 쓸까? 그리고 자기주식을 취득하는 기업들이 많아지는 이유는 무엇일까?

현금 배분 결정

현금 배분과 현금 유보가 가치 중립적이라는 사실은 이상적 상황에서는 참이다. 여기서 이상적 상황이란, 이른바 모딜리아니와 밀러의 조건Modigliani and Miller conditions을 말하는 것으로, 세금도 없고 거래 비용도 없고 정보가 완전히 대칭적인 상황이다. 이 조건하에서는 배당이든 자기주식 취득이든, 가치에 아무런 영향을 주지 않는다.

그러나 현실 세계를 고려하면 현금 배분 결정은 상당히 다른 결과를 가져온다. 첫째, 세금이 가치에 영향을 미칠 수 있다. 예를 들어 자기주식 취득 과정에서 투자자들은 주식을 매각해야 하므로 자본이득을 얻게 되는데, 이에 적용되는 세율은 낮고 현금 배당에 적용되는 세율은 높은 상황이 있을 수 있다. 이런 세금 효과가 배

당보다 자기주식 취득을 더 선호하는 이유 중 하나라고 생각하는 사람이 많다.

현실 세계를 논할 때 빠져서는 안 되는 것에는 제3장에서 논의했던 비대칭 정보의 문제와 인센티브의 문제도 있다. 애플이 자기주식을 취득하기로 한 결정을 어떻게 해석해야 할까? 애플이 현금 배당을 결정했다면 어떤 반응을 보이게 될까?

비대칭 정보의 문제를 다시 떠올려보면, 모든 행동은 그 행동을 통해 드러나는 정보로 판단된다. 기업에 대한 정보를 독점하고 있는 사람이 자기주식을 취득한다면 그 기업이 저평가되어 있다는 신호를 주며, 의혹의 시선을 뒤로하고 돈을 주식에 묶어둘 의사가 있다는 신호도 주게 된다. 이렇듯 자기주식 취득 결정은 매우 강력한 신호가 되고, 자기주식 취득이 왜 유행하고 있는지 또는 자기주식 취득이 왜 주가를 끌어올리는지를 설명할 수 있는 근거가 된다.

배당은 어떨까? 배당 결정은 그 효과가 자기주식 취득과 같은데도 다른 반응을 끌어낸다. 기업의 전망에 대한 정보를 독점한 사람들이 해당 기업이 보유한 현금을 투자할 데도 없고 해당 기업의 주식이 저평가된 것도 아니라고 말하는 것과 같다. 사실상 현금을 가지고 할 게 없기 때문에 주주들에게 나눠준다는 메시지를 주는 것이나 마찬가지다. 긍정적인 신호는 분명 아니다.

배당금의 증가는 긍정적으로 해석할 여지가 있다. 배당은 고정적

성격이 강해 한번 시작하면 중단하기가 어렵기 때문에 배당금의 증가는 기업 스스로가 사업 전망을 좋게 보고 있다는 메시지를 전달할 수 있다. 더욱이 늘어난 배당 수준을 유지한다면 경영진의 자의적 행동 가능성을 줄여줄 수 있다는 메시지뿐 아니라 제3장에서 논의한 주인-대리인 문제가 완화될 수 있다는 메시지를 투자자들에게 줄 수도 있다.

주인-대리인 문제는 현금 배분이 가치에 영향을 주는 또 다른 원인이기도 하다. 경영자들은 주주의 이해관계와 일치하는 일에 현금을 활용할 수 있다. 예를 들어 현금을 배분하지 않고 기업의 곳간에 쌓아두면, CEO는 CEO 노동시장에서 자신의 위상은 강화해주지만 가치는 파괴하는 기업 인수를 추진하려는 인센티브를 갖게 될 수도 있다. 따라서 현금 배분은 그 방법 때문이 아니라 주인-대리인 문제를 완화해주는 방안이기 때문에 가치에 영향을 줄 수 있다.

주인-대리인 문제는 자기주식 취득을 달리 바라보게 한다. 신호발송 주장이 사실이라면, 우리는 경영자들이 자기주식 취득에 마켓 타이밍을 잘 적용하여 낮은 가격에 자기주식을 취득할 것이라고 예상할 것이다. 앞의 〈그림 6-2〉에서 확인할 수 있듯이, 시장의 정점이 자기주식 취득의 정점이기도 하다는 점에서 전체적으로는 경영자들이 그렇게 하고 있지는 않은 것 같다. 분명한 것은 자기주식 취득을 잘하는 기업도 있지만 그렇지 못한 기업도 있다는 점이다.

주인-대리인 문제를 통해 바라보면 다음의 행태를 설명할 수 있다. 자기주식 취득이 경영 지표를 달성하는 방안으로 활용될 수 있다는 점이다. 예를 들어, 이번 분기의 EPS 실적이 목표치보다 1센트 부족하다고 해보자. 이에 시장은 경영자의 실책이라며 기업을 응징하려고 한다. 그런 상황이면 경영자는 성과 보너스를 못 받게 될 수도 있다. 이럴 때 경영자는 어떻게 1센트의 EPS를 '만들어낼' 것인가? 자기주식을 취득하면 발행주식 수를 줄일 수 있고 그에 따라 EPS를 증가시킬 수 있다. 그러나 EPS를 늘리는 단기적 착시는 주주의 이해관계와는 배치된다.

간단히 말해, 현금 배분이라는 방법은 주가 희석이나 주식 수의 측면에서 가치에 미치는 영향을 오해하게 하는 경우가 많다는 것이다. 자기주식 취득이든 배당이든, 모두 가치 중립적이다. 현금 배분 결정이 사람들의 이목을 집중시키는 이유는 현금 배분 결정이 정보를 제공해주고, 제3장에서 논의했던 주인-대리인 문제를 해결해주기 때문이다.

재무활동을 위한 의사결정의 오해와 진실

가치 중립성value neutrality이라는 개념은 주식 발행, 주식 분할, 차입형 자본 재구조화, 벤처금융venture financing 등 다양한 재무활동을 이해할 수 있게 해준다. 그뿐만 아니라 이런 재무활동에서 초래되는 환상과 오해도 이해할 수 있게 해준다. 자본 배분을 논하다가 재무활동을 논하게 되어 약간 샛길로 빠지는 감이 없지는 않지만, 이번 논의는 우리가 지금까지 길러온 재무적 식견을 한층 더 강화하는 계기가 될 것이다.

주식 발행

주식 발행이 가치에 나쁜 영향을 미친다고 생각하는 사람들이 많다. 구체적으로 말하자면, 주식 발행은 주가를 끌어내리는 요인이라고 생각한다. 투자자들의 지분율이 낮아지기 때문이다.

앞서 자본 배분에 관련하여 논의했던 기업의 사례로 돌아가 주식이 어떤 작용을 하는지 알아보자. 이번에도 시장가치 기준 재무상태표를 보라(그림 6-7).

70달러의 주식을 더 발행하기로 했다면 시장가치 기준 재무상태표와 주가는 어떻게 될까? 〈그림 6-8〉을 보라.

70달러의 주식을 발행하면 현금이 70달러 늘어 총 170달러가 된다. 자산과 부채는 그대로다. 따라서 자본금의 가치는 210달러가 된다. 주가는 얼마가 되겠는가?

이를 알기 위해서는 발행주식 수가 얼마인지 알아야 한다. 주식이 1.4달러에 거래되고 있으므로 자본금이 70달러 증가하면 50주(70달러/1.4달러)의 주식을 추가로 발행해야 한다. 즉, 발행주식의 총수는 150주가 되고 자본금은 총 210달러가 된다. 따라서 주식은 종전과 마찬가지로 주당 1.4달러(210달러/150주)에 거래돼야 한다.

예전과 마찬가지로, 주식 발행으로 인해 주가는 내려가지 않는다. 이는 가치 창출이 재무활동으로부터 나오는 것이 아니라 자산으로부터 나온다는 일반적인 교훈을 확인시켜준다. 주가 희석은 어

〈그림 6-7〉 주식 발행 전 시장가치 기준 재무상태표

자산		부채 및 자본	
현금	100	부채	60
영업용 자산	100	자본금	140 ← 발행주식 수 100주 주가 1.4달러

떤가? 주주들은 지분율이 줄기는 하겠지만, 그 영향은 크지 않다.

그렇다고 하더라도, 기업이 주식을 발행하면 주가가 내려가는 경우가 태반이다. 왜 그렇게 된다고 생각하는가?

제3장에서 자본시장에서의 정보 문제의 속성에 대해 알아봤다. 주식을 발행할 때 주식 매각의 주체는 기업이다. 기업이 원해서 하는 것이다. 그 때문에 타인자본(부채)이나 내부에 유보된 이익으로

자금을 조달하지 않고 왜 주식의 발행과 매각을 통해 자금을 조달하는가 하는 의문이 들 수밖에 없다. 한마디로, 주식 발행은 부정적인 신호를 발송한다.

주식 분할

비슷한 오해가 주식 분할stock split의 경우에도 생긴다. 2:1의 비율로 주식을 분할한다고 해보자. 기존에 보유하던 주식 1주가 2주가 되는 것이다. 1주가 2주로 늘어나는 것이므로 주식 배당stock dividend이라고 할 수도 있다.

이때 시장가치 기준 재무상태표와 주가는 어떻게 될까? 시장가치 기준 재무상태표에는 변화가 생기지 않는다. 영업활동과 재무활동이 변한 것이 없기 때문이다.

주식의 가치는 얼마가 될까? 자본금이 여전히 140달러이고 발행

〈그림 6-8〉 주식 발행 후 시장가치 기준 재무상태표

자산		부채 및 자본	
현금	100	부채	60
영업용 자산	100	자본금	140 ← 발행주식 수 100주 주가 1.4달러

주식 발행 →

자산		부채 및 자본	
현금	170	부채	60
영업용 자산	100	자본금	210 ← 발행주식 수 150주 주가 1.4달러

주식 수는 200주이므로 주식의 가치는 0.7달러(140달러/200주)다. 투자자들은 가치를 잃지 않는다. 예전에 1주를 보유했다면 주식 분할 후 보유주식이 2주가 되고 주가가 0.7달러가 되므로 총액은 여전히 1.4달러다. 주식 분할로 인해 가치가 창출되지도, 파괴되지도 않았다.

소액 투자자의 투자를 유도하기 위해 주식 분할을 하는 기업들이 있다. 하지만 워런 버핏Warren Buffet은 본인 소유의 기업 버크셔해서웨이 주식을 분할해본 적이 없다. 버크셔해서웨이는 클래스 A 주식Class A shares(의결권이나 배당에서 클래스 B나 클래스 C의 주식보다 우대받는 주식-옮긴이)은 주당 21만 5,000달러에 거래된다. 그가 주식 분할을 하지 않는 이유는 주식 분할이 의미가 없고 주식을 싸 보이게 하여 단기적 투자자들을 주식에 끌어들이는 역할밖에 하지 않는다고 생각하기 때문이다.

1983년, 버핏은 다음과 같은 질문을 했다. "가치보다 지폐를 좋아하는 관계로 100달러 지폐 한 장보다 10달러 지폐 열 장을 보유한 사람이 부자라고 생각하는 참을성 없는 주주들로 심지 굳은 현재 주주들을 대체하면 우리 주주들의 수준을 높일 수 있을까요?"[2] (1996년, 버핏은 클래스 B 주식을 도입하여 클래스 A 주식 13분의 1의 가격에 판매했다. 그 목적은 버크셔해서웨이의 주식을 더 많은 투자자가 살 수 있도록 하는 것이었다. 클래스 B 주식은 주식 분할을 한 적도 있다.)

주식 분할은 특정 상황에서는 문제 해결 방안이 되기도 한다. 2011년, 씨티그룹은 주식 분할의 반대인 주식 병합reverse stock split을 한 적이 있다. 일테면 주식 10주가 1주로 줄어드는 식이다. 씨티그룹이 주식 병합을 한 이유는 주가가 4달러로 떨어졌기 때문이다.

〈그림 6-9〉 주식 분할 후 시장가치 기준 재무상태표

자산		부채 및 자본	
현금	100	부채	60
영업용 자산	100	자본금	140

발행주식 수 100주
주가 1.4달러

주식 발행 →

자산		부채 및 자본	
현금	100	부채	60
영업용 자산	100	자본금	140

발행주식 수 200주
주가 0.7달러

5달러 미만의 주식은 매수를 금지하는 내부 규정이 있는 기관 투자자들이 많다. 주식 병합을 통해 씨티그룹은 주가를 40달러로 올렸고 그 덕에 씨티그룹의 주식을 사줄 소중한 투자자를 잃지 않을 수 있었다. 주식 분할은 가치를 창출하지 않는다. 하지만 주식 발행의 경우와 마찬가지로 정보의 비대칭성 같은 시장의 불완전성 때문에 가치에 영향은 미칠 수 있다.

차입형 자본재구조화

차입형 자본재구조화Leveraged recapitalization는 용어만 봐도 복잡하고 무서울 것 같은 느낌이 든다. 하지만 우리가 이미 알아본 재무활동을 통합한 것에 불과하다. 사실 타인자본(부채)의 발행으로 자금을 조달하는 대규모의 배당이라고 할 수 있다. 한 기업을 소유하고 있는 사모펀드가 차입형 자본재구조화를 한다고 해보자. 그 기업이 60달러를 추가로 빌려 현금 보유액 40달러와 합쳐 100달러의 특별 배당금을 주주들에게 지급한다고 해보자(그림 6-10). 시장가치 기준 재무상태와 주가는 어떻게 될까?

우선 부채가 60달러 증가하여 현금도 60달러 증가하고 총현금은 160달러가 된다. 그런 뒤 현금으로 배당금을 지급했기 때문에 100달러가 감소한다. 영업용 자산의 시장가치와 남은 현금을 합하고 부채를 빼면 자본금이 40달러가 된다. 이 상황이 주주에게는 무엇을 의미할까? 주식의 가치는 0.4달러(40달러/100주)가 된다. 그런데 주주들은 총 100달러의 현금 배당을 받았으므로 주당 1달러(100달러/100주)를 손에 쥐게 된다. 0.4달러와 1달러를 합치면 1.4달러가 되어 전과 동일해진다.

〈그림 6-10〉차입형 자본재구조화 후 시장가치 기준 재무상태표

자산		부채 및 자본	
현금	100	부채	60
영업용 자산	100	자본금	140

주식 발행
발행주식 수 100주
주가 1.4달러

자산		부채 및 자본	
현금	60	부채	120
영업용 자산	100	자본금	40

발행주식 수 100주
주가 0.4달러와 현금 배당 1달러

이는 가치에 반드시 영향을 주는 것은 아니다. 하지만 다른 요인 때문에 가치에 영향을 주게 된다. 구체적으로 말하자면, 부채의 증가가 주식의 리스크를 크게 끌어올리고 주식 리스크의 증가가 기대수익률을 끌어올리기 때문에 가치를 감소시킨다.

벤처금융

기업은 성장해나가면서 더 많은 자금을 필요로 하게 된다. 그래서 기업의 창업자들은 엔젤 투자자Angel Investors라 불리는 투자자들을 물색해 자금을 공급받으려 한다. 벤처금융은 한 번에 그치는 경우가 거의 없다. 그에 따라 일련의 자금 조달이 시리즈 A, 시리즈 B 등으로 불리며 이 과정에 전문 벤처캐피털들이 등장한다.

신생 기업이 있다고 해보자. 최초로 외부에서 자금을 조달해 오기 전, 즉 시리즈 A 자금 조달 전의 재무상태표는 수치가 불분명하다. 창업자들이 소유하고 있는 것은 주식이라고 볼 수 있고, 창업자의 아이디어는 자산이라고 볼 수 있다. 창업자가 일테면 자기 자신에게 100주의 주식을 배정한, 아직 공개된 적이 없는 비공개 기업이다.

순현재가치가 양의 값을 갖는 프로젝트에 투자하기 위해서는 100달러의 추가 자금이 필요하다. 그래서 벤처캐피털리스트에게 찾아가 자금을 요청한다. 그 벤처캐피털리스트는 다음과 같이 말한다. "요구하신 대로 100달러를 투자하겠습니다. 그런데 투자에 대한 대가로 20%의 지분을 받고 싶습니다." 벤처캐피털리스트는 이런 제안을 함으로써 암묵적으로 이 기업의 가치를 평가한 것이다.

20% 지분의 가치가 100달러라면 100% 지분은 500달러가 된다. 재무상태표의 균형에 의해 전체 자산의 가치도 500달러가 된다. 자금을 조달했으므로 현금은 100달러가 될 것이다. 그 말은 창업자가 이제까지 구축한 나머지 자산의 가치가 400달러라는 뜻이다. 자본금 500달러는 창업자의 지분율 80%, 벤처캐피털리스트의 지분율 20%이므로 각각의 출자 금액은 400달러(500달러×80%)와 100달러(500달러×20%)가 된다(그림 6-11).

마지막으로, 지분율에 따라 주식 25주가 벤처캐피털리스트에 발행되어 전체 발행주식 수는 125주가 된다(창업주가 보유한 100주가 80%이므로 전체 발행주식 수는 125주가 돼야 하고 25주는 벤처캐피털리스트의 몫이다). 주식의 가치는 4달러(500달러/125주)가 된다. 기업이 자금을 조달하기 전 암묵적인 가치평가를 프리 머니 밸류pre-money value라고 하고, 자금 조달 후의 가치평가를 포스트 머니 밸류post-money value라고 한다.

몇 년 뒤 시리즈 B 자금 조달을 진행한다고 해보자. 지금 현금이 하나도 없고(현금 잔액 0달러), 1,000달러의 투자를 원한다. 시리즈 B 투자자는 1,000달러를 투자하는 조건으로 지분의 50%를 요구한

자산		부채 및 자본	
현금	100	자본금(창업자)	400
EV	400	자본금 (시리즈 A 투자자)	100

발행주식 수 125주
주가 4달러

다. 시리즈 B 자금 조달 후 재무상태표는 어떻게 될까? 창업자가 보유한 주식의 가치는 이제 얼마일까?

시리즈 B 투자자는 50%의 지분을 받는 대가로 1,000달러를 제안했다. 투자 후 현금은 1,000달러가 된다. 1,000달러가 지분의 50%이므로 자본금 총액은 2,000달러가 된다. 그 말은 EV가 1,000달러(총자산 2,000달러-현금 1,000달러)라는 뜻이다.

창업자는 100주를 소유하고 있고, 시리즈 A 투자자는 25주를 소유하고 있다. 125주는 그 가치가 1,000달러, 즉 주당 8달러(1,000달러/125주)가 된다. 이는 곧 창업자의 주식 가치는 이제 800달러(8달러×100주)이며, 시리즈 A 투자자의 주식 가치는 200달러(8달러×25주)라는 말이다. 마지막으로 125주가 시리즈 B 투자자에게 발행되는데, 지분율로는 50%이고 가치로는 1,000달러가 된다(그림

6-12).

창업자의 주식 가치가 희석됐는가? 창업자의 지분은 최초에 100%였고 그 가치는 알 수 없으며, 시리즈 A 투자 후에는 지분 80%이고 그 가치는 주당 4달러(총가치 400달러)이며, 시리즈 B 투자 후에는 지분 40%이고 그 가치는 주당 8달러(총가치 800달러)다. 투자가 거듭됨에 따라 주식 가치가 희석되기는 했지만, 주식 총가치는 기업의 규모가 커지면서 증가했다.

신생 벤처기업의 경우 주식 발행은 부정적인 효과를 가져오는 측면이 있다. 주식으로 자금을 조달하면 창업자 입장에서 기업의 가치가 명확해지기 때문이다. 그러나 주식 발행(자기자본 조달)은 가치에 영향을 주지 않는다. 이와 마찬가지로, 현금 배분도 가치에 영향을 주지 않는다. 하지만 차입형 자본재구조화처럼 주식 리스크가 바뀌게 되는 현금 배분은 가치에 영향을 준다. 그런 현금 배분

자산		부채 및 자본	
현금	1,000	자본금(창업자)	800
EV	1,000	자본금(시리즈 A 투자자)	200
		자본금(시리즈 B 투자자)	1,000

발행주식 수 250주
주가 8달러

코스트코의 자본 배분 결정

코스트코는 2000년부터 정기 배당, 특별 배당, 자기주식 취득 같은 현금 배분 방식을 다양하게 활용해오고 있다. 다음 그래프는 코스트코의 주가 추이와 현금 배분 방안들을 비교한 것이다.

그래프를 보면, 코스트코가 정기 배당을 서서히 늘리면서 다른 현금 배분 방안을 실험하고 있다는 사실을 알 수 있다. 예를 들어, 2005년과 2008년 사이에는 대규모의 자기주식 취득이 있었고, 2013년과 2015년에는 대규모 특별 배당이 있었다.

자기주식 취득과 특별 배당에 대한 코스트코의 결정 시기에 대해 어떻게 생각하는가?

자기주식을 취득한 후 코스트코의 주가가 상승했다는 점에서 코스트코가 현명하게 자기주식을 취득했다는 점은 분명해 보인다. 또한 정기 배당과 특별 배당을 병용했다는 점도 현명한 행보로 보인다.

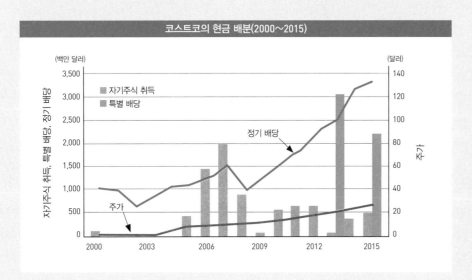

코스트코의 현금 배분(2000~2015)

은 리스크를 변경시키고, 그에 따라 기대수익률을 변경시키고 주식 가격까지 변경시키기 때문이다.

재무상태표에 현금 쌓아두기

기업이 배분도 하지 않고 투자도 하지 않는다면 어떻게 될까? 즉, 현금을 모아두면 어떻게 될까? 지난 10년 동안 현금을 쌓아두

IBM의 자기주식 취득과 EPS

최근 몇 년 사이 IBM은 자기주식 취득을 활용하고 있다. 2005년 이후, IBM은 자기주식 취득을 통해서는 1,250달러 이상을, 배당을 통해서는 320억 달러 이상을 배분했다. 연구·개발과 자본적 지출에 각각 820억 달러와 180억 달러를 투자한 것과 비교된다.

2007년 IBM은 이익률, 기업 인수, 성장, 자기주식 취득을 병행해 2010년까지 EPS를 주당 10달러로 올리겠다고 발표했다. 2010년에는 그 목표를 2015년까지 주당 20달러로 상향 조정했는데 적어도 상향 목표의 3분의 1은 자기주식 취득을 통해 달성하겠다고 덧붙였다.

그래프를 보고, 2010~2018년의 자기주식 취득과 관련하여 그 장단점은 무엇이라고 생각하는가?

같은 기간의 주가 추이와 클라우드 컴퓨팅 사업의 상승세를 고려하면 IBM이 투자 기회를 놓치고 있다거나, 자기주식 취득의 타이밍이 좋다고 단정하기 어렵다.

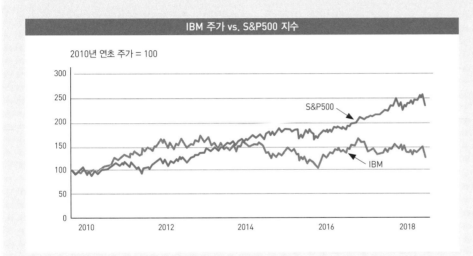

IBM 주가 vs. S&P500 지수

2010년 연초 주가 = 100

는 현상이 보편화되면서 많은 사람을 골치 아프게 하고 있다. 현금 보유 현상이 왜 강화되고 있을까?

첫째는 현금을 배분할 경우 배분한 현금이 외국으로 나가게 되면 세금 측면에서 불이익이 크기 때문이다(미국에서는 2017년 말에 세제상 불이익이 완화됐다). 둘째는 현금 보유액이 불안정한 시기에 대비하는 보험적 성격을 띠기 때문이다. 셋째는 적당한 투자처를 찾을 때까지 그냥 기다리고 있기 때문이다.

자본 배분과 관련된 여섯 가지 실수와 오해

자본 배분의 중요성을 고려하면, 그 과정에서 어떤 실수와 오해가 생길 수 있는지를 반드시 짚고 넘어가야 한다. 자본 배분 과정에서 발생하는 여섯 가지 실수는 다음과 같다.

첫째, 의사결정을 미룬다

자본 배분을 결정하지 않으면 재무상태표상의 현금이 증가한다. 이렇게 현금이 증가하는 것은 주주 입장에서는 달가운 일만은 아니다. 경영자들이 왜 자본을 효율적으로 활용하지 못하는가 하는 의문이 들기 때문이다. 더욱이 재무상태표상 현금이 많은 기업은 행동주의 투자자들의 타깃이 되고, 결국 그 현금은 기업의 상장을 폐지하고 사유화하는 데 활용될 우려가 있다.

둘째, 자기주식 취득을 통해 가치 창출을 시도한다

경영자들은 자기주식을 헐값에 취득하는 방법을 통해 주주에게 가치를 창출해주고 있다고 주장하며 자기주식의 취득을 합리화하려 들기도 한다. 사실, 자기주식의 취득을 통해 가치가 창출되지는 않는다. 자기주식 취득은 기껏해야 주주들 간에 가치를 이전하는

것에 불과하다. 어떤 주주가 가치를 넘겨받고 넘겨주는지는 자기주식을 취득하는 가격에 따라 달라진다. 경영자가 가치를 창출하는 유일한 방법은 순현재가치가 양의 값을 갖는 프로젝트에 투자하는 것이다.

셋째, 기업 인수는 신속하고 안전하기 때문에 내생적 성장을 위한 투자보다 더 낫다고 생각한다

기업 인수는 신속하고 안전해 보이지만, 실은 정반대의 결과를 가져오게 된다. 매도자와 매수자 간 정보의 문제 때문에 기업 인수는 큰 리스크가 따를 가능성이 있다. 인수 후 야기되는 통합의 문제는 이득이라고 알려진 인수의 여러 장점을 상쇄할 수 있다.

넷째, 자기주식 취득보다 배당이 더 낫다고 생각한다

자기주식 취득은 자의적이므로 반드시 해야 하는 것이 아니고, 배당은 그 반대이기 때문에 배당보다 자기주식 취득이 더 낫다고 생각하는 경우가 많다. 배당의 경우와 마찬가지로, 자기주식 취득도 사실 시행하다 보면 주주들에게 기대감을 심어주게 되고, 주주들이 이에 길드는 결과가 발생하게 된다. 오히려 배당의 경우에는 기업의 배당금 지급 의지를 주주들이 당연하게 받아들이지 않기 때문에 주주들에게 이득이 될 수 있다. 현금을 배분하는 간편한 방

법인 특별 배당도 미래 배당에 대한 명시적 기대를 심어주지는 않는다.

다섯째. 더 큰 기업으로 성장하기 위해서는 현금을 재투자하는 것이 낫다고 생각한다

가치 창출이 아니라 기업의 규모가 경영자의 목표가 되기 쉽다. 더 큰 기업을 경영하는 것이 보다 즐거운 일이라고 생각하기 때문이다. 제국을 건설하는 것이 경영자의 주요 목표가 될 수 있는데, 이는 훌륭한 자본 관리자가 되라는 경영자의 소임과는 대치되는 것이다.

여섯째. 현금을 많이 배분하면 단기적으로 주주들을 만족시킬 수 있다고 생각한다

순현재가치가 양의 값을 갖는 프로젝트를 간과하는 것은 가치 창출보다 기업의 규모를 키우는 것을 우선시하는 것만큼이나 심각한 문제다. 단기적 이익 목표와 단기적 이익 지표에만 관심을 두는 주주들로부터의 압박도 경영자들이 좋은 투자 기회를 간과하게 하는 원인이 된다.

개념 응용: 바이오젠, 하이네켄, 애플의 사례

바이오젠의 컨버전스제약 인수: 통합 리스크

2015년 1월, 바이오젠은 신경통 치료제 개발을 전문으로 하는 컨버전스제약을 인수한다고 발표했다. 컨버전스제약은 영국 케임브리지에 있는 소규모 제약 기업이다. 제약 대기업 글락소스미스클라인은 컨버전스제약의 통증 치료제에 대한 사업 전망이 밝지 않다고 평가했다. 그래서 글락소스미스클라인은 컨버전스제약을 분사시키고 그 대신 치료제 연구를 지속할 수 있도록 컨버전스제약에 연구비를 지원해주는 정책을 취했다. 이에 반해 바이오젠은 컨버전스제약의 신경통 치료제를 높이 평가했고, 인수할 기회를 노리고 있었다.

바이오젠의 연구원이 한 콘퍼런스에 참여한 적이 있는데, 여기서 컨버전스제약이 얼굴 통증을 유발하는 3차 신경통 치료제를 개발하고 있다는 사실을 알게 됐다. 당시 컨버전스제약은 임상 2상 데이터를 보유한 상태였는데, 이는 컨버전스제약이 치료제의 효과를 입증하는 최종 단계인 개념 증명Proof of Concept 단계가 멀지 않았음을 의미한다.

바이오젠은 인수를 진행하기 위해 치료제의 과학적 근거와 시장성을 검토하고 평가하는 작업에 착수했다. 또한 치료제를 특허로 등록할 수 있는지 조사하는 작업에도 착수했다. 이 시점부터 재무 전문가들이 개입하기 시작했다. 재무 전문가들은 영업·마케팅 직원들과 함께 순현재가치 모형을 구축하고, 치료제 개발 비용을 검토하는 작업에 착수했다. 그런 뒤 모형을 통해 다양한 예상 결과를 뽑아낸 뒤 인수 추진의 타당성을 저울질했다.

● **당신이라면 새로운 치료제의 기술적 리스크를 인수 가치평가에 어떻게 반영하겠는가? 예상되는 시너지 효과는 공개 입찰가와 최종 입찰가에 어떤 영향을 줄까?**

다양한 시나리오를 정립하여 기술적 리스크를 가치평가 모형에 반영해야 한다. 시나리오의 발생 가능성(예를 들어, 기술이 가치가 없는 것으로 판명될 경우 변동될 가능성이 있는 사항이나 요인이 있다면 이를 반영한다)을 바탕으로 시나리오별로 가중치를 구할 수 있다. 이를 통해 인수에 따른 최종 예상 가치를 산출할 수 있다.

컨버전스제약의 단독 가치가 얼마나 되는지뿐 아니라 인수 시 바이오젠과의 시너지 효과가 얼마나 되는지도 알고 싶을 것이다. 입찰을 한다면 공개 입찰가는 컨버전스제약의 가치에만 기초해야 하며, 최종 입찰가는 시너지 효과에 따른 부가가치까지 포함된 예상 가치에 기초해야 한다.

당시 바이오젠의 CFO였던 폴 클랜시는 컨버전스제약의 치료제가 단일 질환만 치료할 수 있는 치료제라는 점이 문제라고 지적했다. 쉽게 말해, 치료제의 적용 가능 범위가 좁기 때문에 리스크가 크다는 것이다. 그래서 바이오젠은 이에 따른 리스크를 일부나마 완화하고자 했다. 컨버전스제약은 더 많은 자금이 필요한 중소 제약 기업이었기 때문에 바이오젠은 일시불 지원과 함께 미래에 발생할 순이익 일부를 재투자하겠다고 제안했다. 결국 바이오젠과 컨버전스제약은 한배를 타게 됐다.

● **조건부가격청구권**contingent value right, CVR**을 활용할 경우, 매도자의 보상은 치료제의 효능이나 인수의 성과를 비롯해 미래에 발생할 사건에 따라 결정된다. CVR을 활용하면 인수에 따른 리스크가 어떻게 재분배될까? 폴 클랜시는 왜 CVR을 활용하기를 원했을까?**

바이오젠은 CVR을 활용할 경우 리스크를 매도자에게 조금이나마 전가할 수 있다. CVR을 통한 리스크의 전가가 타당성을 갖는 이유로는 몇 가지가 있다. CVR을 제안하면 자신 있는 매도자만이 그 제안을 받아들일 수 있기 때문에 미래의 전망에 자신이 없는 매도자를 걸러주는 효과가 있다.

CVR은 치료제의 개발에 매진하여 치료제의 성공을 관철하고자

하는 인센티브를 매도자에게 부여하는 효과도 있다. 게다가 인수자 입장에서는 기술이 실패로 돌아갔을 경우 인수가를 과도하게 지급하지 않도록 해주는 효과가 있다. 바이오젠이 판매했던 어떤 치료제보다 잘 팔릴 거라고 컨버전스제약이 확신하고 있었기에 CVR은 비대칭 정보의 문제를 해결하는 방안도 제공할 수 있다.

인수가 마무리된 후 바이오젠은 두 법인을 통합하는 절차를 진행했다. 문제는 컨버전스제약이 영국에 남아 있을 것인가, 아니면 미국으로 이전할 것인가 하는 점이었다. 처음에는 영국에 남아 있기로 했다. 치료제의 시장성이 매우 높은 것으로 판명되면 다시 생각해볼 수 있었기 때문이다. 영국에 남게 하는 것이 컨버전스제약의 기업 정신을 보존하는 길이라는 게 바이오젠의 생각이었다.

● 바이오젠이 컨버전스제약과의 완전한 통합을 택한다면 어떤 어려움이 있을까?

다음에 예시하듯이, 많은 어려움이 있을 수 있다.

① 치료제를 개발하는 연구원들이 바이오젠의 본사가 있는 보스턴으로 이사하기를 원치 않을 수 있다. 그러면 개발을 이어갈 노하우를 잃을 수도 있다.

② 컨버전스제약 직원들의 독립성이 보장되지 못하면 문화 충돌이 통합에 방해가 될 수도 있다.

③ 컨버전스제약이 직원들이 통합 전에는 함께 일하며 성공을 일구려는 인센티브가 있었다고 하더라도, 통합으로 인해 그런 인센티브가 사라질 수도 있다.

결국 바이오젠과 컨버전스제약은 2년 동안 별거 체제를 유지했다. 그런 뒤 바이오젠은 컨버전스제약의 연구·개발 조직과 생산 거점을 보스턴이 아니라 제3 지역의 공장으로 이전했고, 컨버전스제약의 영국 공장은 폐쇄 조치했다.

하이네켄의 에티오피아 진출: 해외 사업 확장의 리스크

바이오젠처럼 하이네켄도 인수를 통해 사업을 확장하는 대기업이다. 특히 새로운 국가로 진출할 때 인수를 많이 활용한다. 2012년, 하이네켄은 아프리카로 사업을 확장하면서 교두보를 확보하기 위해 에티오피아의 기업 2개를 인수했다. 빠른 경제 성장세, 젊은 층 인구가 많은 인구 구성, 비교적 낮은 맥주 소비 비율 같은 에티오피아의 환경이 투자할 만한 가치가 있다고 하이네켄은 생각했다.

● 해외에서 기업을 인수할 때, 기업 인수에 따른 일반적 어려움 이외에 어떤 재무적 어려움이 있을까?

잠재적 리스크 몇 가지가 있다.

① 외환 리스크가 있다. 매출이 외화로 표시되기 때문에 현금흐름이 본국 통화로 환전될 경우 해당 통화의 환율 변동이 전체적인 현금흐름에 영향을 미칠 수 있다.
② 무역 협정이나 조세 문제와 관련된 리스크도 있다.
③ 문화적 기호의 차이로 인해 매출액이 예상에 못 미칠 리스크도 있다.
④ 진출 현지의 정치적 리스크도 있다. 즉, 정권이 바뀔 경우 맥주 기업들을 국유화하여 장악할 가능성이 있다.

기업이 해외에서 사업을 할 경우 물류 문제는 항상 큰 골칫거리다. 하이네켄 같은 대기업에는 최적의 물류 견적을 산출할 수 있는 물류 및 협상 전문가들이 있다. 그러나 물류비는 재무 예측에 혼란을 가져다줄 가능성이 크다. 예를 들어, 선박으로부터 물품을 하역할 때 하역비를 내야 할 수도 있다. 그 때문에 물품을 트럭으로 제때 옮겨 싣지 못하면 지연된 일수에 따라 납품 업체가 추가 요금을 부과하는 경우가 있다. 이런 추가 비용이 예측에 혼선을 준다.

● **아프리카 같은 신흥 시장에서는 물류비 같은 예상 밖 비용이 존재하는 경우가 적지 않다. 이런 예상 밖 비용을 인수와 관련된 순현재가치에 어떻게 반영할 것인가?**

신약을 시장에 선보이는 데 따른 리스크와 마찬가지로, 시나리오 분석을 통해 비관적 결과의 발생 가능성을 분석할 수 있다. 이런 시나리오 분석을 제대로 하려면 투자하려는 기업과 국가를 철저히 조사할 필요가 있다. 이런 불확실성이 있는 상황에서 최선의 가치 평가를 하는 방법은 시나리오별 가중평균치와 시나리오별 발생 확률을 활용하는 것이다.

● **외국 기업을 인수할 경우, 통합의 걸림돌로 작용할 수 있는 요인은 무엇이라고 생각하는가?**

문화적 차이가 문제가 될 가능성이 크다. 업무 처리 스타일이 본국의 기업과 다름은 물론이고 행정 기관의 업무처리 스타일도 본국과 다를 수 있다. 그 때문에 시너지 효과가 실현되기가 예상보다 더 어려워질 수 있다. 예를 들어, 언어 장벽이 있으면 IT 콜센터를 통합하는 것은 불가능하다. 수천 킬로미터 떨어져 있는 기업을 통합하는 데 따른 위험 요인도 있다. 현지 정부가 인수 기업에 협력하려는 인센티브가 없는 경우 인수에 따른 변화를 거부할 수도 있다. 이런 잠재적 위험 요인들을 시나리오 분석에 반영하는 것이 올바른 결정을 내리는 데 매우 중요하다.

하이네켄의 CFO 로런스 드뷔르는 다음과 같이 말했다.

"기업을 인수한 후 두 기업이 별도로 존재하게 놔두고 '두 기업의 장점만을 취할 것이다. ERP 시스템을 도입하여 천천히 뭘 할지 알아볼 것이다'라고 말하는 것처럼 나쁜 것은 없습니다. 그렇게 하면 직원들은 의욕을 완전히 잃게 되고, 자신들이 지금 어디에 있는지도 모르게 됩니다. 직원들이 갈피를 못 잡게 하고 조직에 어떤 일이 벌어지는지 알지 못하게 하는 것은 최악입니다. 차라리 현재의 경영자들이 회사를 떠나고 새로운 경영자들이 선임될 수도 있음을 알게 해주는 게 더 나을 수도 있습니다. 그러면 분명한 결정을 할 수 있으니까요. '여기에 남아야 하나? 떠나야 하나? 남는다면 의욕이 충분한가? 미래의 경영자들과 함께 일할 것인가?' 하는 문제를 분명히 할 필요가 있습니다. 더 빨리 분명히 하면 할수록 기업과 직원들에게 더 바람직합니다."

바이오젠의 자기주식 취득

2015년까지 바이오젠은 매해 20~40%의 성장률을 보이며 급성장을 이어갔다. 다발성 경화증 치료제 텍피데라Tecfidera의 성공에 힘입어 사업 규모가 2배 가까이 성장했다. 현금이 많아지는 등 재무 전망이 매우 밝아졌다. 이에 투자자들은 바이오젠이 날로 쌓여가는 현금을 가지고 어떤 행보를 보일지 촉각을 곤두세웠다.

2015년, 당시 바이오젠의 CFO였던 폴 클랜시는 이사회와 회동하여 50억 달러의 자기주식 취득 건을 승인받았다. 승인 내용에 따르면, 자기주식 취득을 한 번에 추진해야 하는 건 아니고 몇 년에 걸쳐 진행할 수 있는 권한이 폴 클랜시에게 부여됐다. 이사회가 이를 승인할 때는 주가가 높았다. 300달러 중반과 후반을 왔다 갔다 하고 있었다. 그래서 바이오젠은 자기주식 취득의 실행 시기를 뒤로 잠시 미루기로 했다.

몇 달 후, 텍피데라의 성장세가 잦아들면서 주가는 200달러 중반대로 하락했다. 클랜시의 계산에 따르면, 시장의 오판으로 주가가 20% 정도 저평가된 것이었다. 클랜시는 당시 바이오젠이 "향후 몇 년 이내에 성과를 낼 수 있는 기업 인수와 내생적 성장을 위한 프로그램을 열심히 알아보고 있었다"라고 말했다.

● **바이오젠의 가치를 평가할 때 애널리스트나 투자자 대비 폴 클랜시가 가질 수 있는 장단점은 무엇인가?**

장점은 바이오젠의 미래나 바이오젠의 치료제에 대해 클랜시가 외부의 애널리스트보다 더 많은 정보를 가지고 있다는 것이다. 단점은 외부의 객관적 시각이 아니라 내부자의 시각으로만 바이오젠을 바라보게 된다는 것이다. 주가가 떨어지자, 클랜시를 포함한 바이오젠 팀은 자기주식 취득에 박차를 가했다.

● 단기간에 자기주식 취득을 추진하는 장점은 무엇일까? (힌트: 신호 발송의 문제를 생각해보라.)

바이오젠이 평가하기에 주가가 저평가되어 있다는 강력한 신호를 발송할 수 있다는 것이 장점이다. 자기주식 취득을 정기적으로 시행할 경우에는 자기주식 취득이 기업의 일관된 방침이라는 신호를 발송하게 되고, 한 번에 다량의 자기주식을 취득할 경우에는 주식이 저평가되어 있다는 신호를 발송하게 된다.

〈그림 6-13〉은 바이오젠의 자기주식 취득 프로그램을 보여준다. 2015년 1월부터 진행된 자기주식 취득 작업의 금액과 주가 추이가 나와 있다. 2017년 7월까지 바이오젠의 주식은 300달러를 약간 못 미치는 수준을 유지했다. 그런 뒤 새로운 알츠하이머 치료제 개발을 발표한 후 350달러 정도까지 급상승했다.

● 바이오젠의 자기주식 취득이 성공적이었다고 생각하는가? 그렇다면 그 이유는 무엇이고, 안 그렇다면 그 이유는 무엇인가?

바이오젠은 총 54억 6,000만 달러의 자기주식을 취득했다. 가중평균 취득가는 303.66달러였다. 2018년 말 바이오젠의 주가는 325

달러였다.

애플 주주들의 반란

행동주의 투자자들은 경영진에 대한 압박 수위를 점점 더 높이며 자본 배분 결정의 정당성에 의문을 제기하고 있다. 애플이 시장에서 성공을 구가하고 있던 2012년, 주주들은 반란을 시작했다. 당시 애플은 1,300억 달러가 넘는 현금을 비축하고 있었다. 애플 주식의 시가총액은 5,600억 달러였다. 그러므로 애플의 EV는 4,300억 달러였다(시가총액-초과 현금보유액). 투자자들은 데이비드 아인혼David Einhorn과 칼 아이컨을 주축으로 해서 들고 일어서기로 뜻을 모았다.

아인혼과 아이컨은 애플이 현금을 쌓아놓는 은행과 다를 바 없다고 생각했다. 이자수익도 없이 0%의 이자율에 현금을 쌓아놓고 있는 것으로 보였다. 이에 아인혼과 아이컨은 애플에 현금 일부를 배분하라고 요청했다. 애플은 그들의 요청을 거절했는데 그 근거는 두 가지였다. 첫째, 세계 경제가 안정적이지 않다는 것이었다. 그래서 애플은 미래에 있을지 모르는 긴급 상황에 대비해 현금을 비축해둘 필요가 있다고 생각했다. 둘째, 쌓아둔 현금을 미래를 위한 투자 기회에 활용하겠다는 것이었다.

애플의 해명은 이론적으로는 문제가 없었다. 문제는 현금 보유량이 그들이 해명한 이유에 비해 너무 많다는 것이었다. 예를 들어

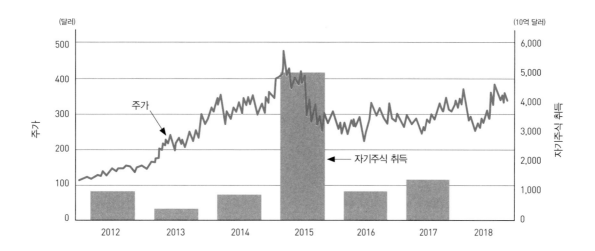

경제 불안정으로 사업에 문제가 생길 경우, 그보다 훨씬 적은 양의 현금으로도 몇 년은 버틸 수 있었다. 투자에 활용하겠다는 해명도 마찬가지였다. 애플의 성장에 도움이 되는 기업을 인수한다고 하더라도 1,300억 달러라는 돈은 휴렛팩커드를 세 번 사고도 남는 금액이라는 점에서 너무 많았다. 당시의 기준으로 가장 최근에 있었던 애플의 기업 인수는 헤드폰 제조 업체 비츠였는데, 그 인수 금액은 고작 30억 달러에 불과했다.

애플이 자기주식 취득과 배당을 거부한 또 다른 이유가 있었다.

현금 대부분이 아일랜드에 있었기 때문에 그 현금을 미국으로 가져오자면 세금 문제를 촉발할 수도 있었다. 현금 배분 문제를 해결하기 위해 아인혼은 자칭 아이프렙iPref 이라는 방안을 제시했다. 아인혼의 말에 따르면, 애플의 주식은 당시 주당 450달러에 거래되고 있어 EPS는 45달러였고, P/E 배수는 10이었다. 아인혼의 제안은 45달러의 EPS 중 10달러를 아이프렙 배당의 형태로 주주들에게 나눠주자는 것이었다.

좀더 구체적으로 말해, 보통주를 보유하고 있는 주주 1명당 5개의 아이프렙을 배정하고 5년에 걸쳐 2달러의 배당금을 지급하자는 것이었다. 즉, 45달러의 EPS를 35달러의 보통주 1주당 이익과 10달러의 아이프렙 배당으로 나누는 것이다.

왜 이렇게 복잡하게 해야 할까? 아인혼에 따르면, 이렇게 하면 대규모의 가치가 창출된다는 것이었다. 논리는 이랬다. 원래의 보통주가 350달러이므로 새로운 보통주도 동일한 P/E 배수, 즉 순이익 대비 10배의 가격으로 책정될 것이다. 현금이 아일랜드에 있기 때문에 새로운 아이프렙 배당은 매우 안전한 채권처럼 평가될 것이다. 따라서 주주들은 4%의 수익률로 만족할 것이다. 4%의 수익률에 만족한다는 것은 곧 5개 아이프렙 배당의 가치가 총 250달러(250달러×4%=배당금 10달러)로 평가될 것이라는 말이다. 아이프렙은 25배의 배수, 즉 4%의 수익률로 평가될 것이다. 따라서 예전에는 450달러였던 1주가 아이프렙으로 분할될 경우 총가치 600달러(250달러+350달러)가 될 것이다.

● 아인혼은 금융공학 기법을 적용해 어떻게 주당 150달러를 창출해낼 수 있었을까? 이 방안의 문제점은 무엇일까? 가치 중립성 개념은 어떻게 된 것일까?

아인혼이 제안한 것은 45달러의 EPS를 35달러의 보통주와 10달러의 아이프렙 배당으로 나누면 가치가 증가한다는 것이다. 도대체 어떻게 이렇게 할 수 있다는 것일까? 그 열쇠는 아이프렙에 대해서는 25배의 배수를, 새로운 보통주에 대해서는 10배의 배수를 가정했다는 데에 있다.

두 가지 가정(아이프렙에 대해서는 25배의 배수, 새로운 보통주에 대해서는 10배의 배수) 중 무엇이 의심스러운가? 언뜻 보아서는 25배의 가정이 의심스럽다고 생각할 수도 있다. 하지만 일반적인 채권의 수익률이 낮고 아이프렙이 안전하다는 점을 고려하면 이 가정은 일리가 있다. 의심스러운 가정은 보통주에 대한 P/E 배수가 예전과 동일하게 10배라고 가정했다는 것이다. 이는 원래의 보통주에 대한 45달러의 EPS가 새로운 보통주에 대한 35달러의 EPS와 동일하게 평가돼야 한다고 말하는 것과 같다.

이 두 가지 EPS가 동일한 것인가? 애플의 자본 구조에 아이프렙이 존재하기 때문에 새로운 보통주는 리스크가 다소 커졌다. 아인혼은 사실상 리스크는 신경 쓰지 말라고 하는 것이나 마찬가지다. 아이프렙 이전이나 리스크가 커진 이후에도 보통주에 대해 같은 가격, 즉 10배를 지급해야 한다고 말하는 것이다. 리스크를 더 감수하는데도 같은 수익률을 요구할 것이라는 말이나 마찬가지다. 의심스러운 가정이다. 보통주의 경우 리스크가 커지면 P/E 배수가 더 낮아야 한다. 투자자는 더 많은 리스크를 감수하는 조건으로 더 높은 수익률을 요구하기 때문이다.

• 당신이 애플 입장이라고 해보자. 아인혼은 아이프렙 문제를 놓고 반란을 일으켰고 주주들은 본때를 보여주겠다고 하고 있다. 아인혼의 주장이 사실이 아님을 알고 있음에도 아이프렙 제안에 동의하겠는가? 주주들에게 아인혼의 계산이 잘못된 것 같다고 말하겠는가? 배당을 줄 것인가, 아니면 자기주식을 취득할 것인가?

애플은 아인혼의 논리가 의심스러웠지만, 애플 역사상 최대 규모의 자기주식 취득 프로그램을 실시했고, 배당금 규모도 점진적으로 몇 배로 늘렸다. 그럼으로써 2015년 말까지 성실히 1,000억 달러가 넘는 현금을 배분했다. 애플은 현금을 배분하는 데 합의함과 동시에 200억 달러를 차입했다.

현금 더미에 앉아 있는데 왜 돈을 빌려왔을까? 한 가지 이유는 현금을 아일랜드로부터 가져올 경우 발생할지 모르는 세금 문제를 피하기 위해서였다. 이 패턴은 지속되고 있다. 2018년 기준 애플은 약 1,150억 달러의 부채를 지고 있으며, 주로 자기주식 취득을 통해 2,900억 달러의 현금을 배분했고, 2,800억 달러의 현금을 보유하고 있다. 주주에게 배분하는 현금을 주로 부채로 조달했다.

시간이 가면서, 특히 현금 배분을 발표할 때마다 애플의 주가는 상승세를 보였고 끝내 분할됐다. 아인혼의 논리는 틀렸다. 그도 이 점을 알았을 것이다. 하지만 애플의 현금 문제를 부각하는 데는 성공을 거두었다. 그리고 애플의 경영진은 "좋습니다. 현금을 배분하겠습니다. 자본 배분 의사결정 나무의 경우의 수 중에서 현금 배분을 하는 경우를 따르겠습니다"라고 말했다.

퀴즈

1. **2017년 2월 14일, 휴마나주식회사는 20억 달러 규모의 자기주식 취득을 실시한다고 발표했다. 20억 달러 중 15억 달러는 2017년 1분기에 서둘러 추진한다고도 밝혔다. 이에 주가는 205달러에서 207달러로 즉각적으로 상승했다. 자기주식 취득 발표 후 주가가 상승하는 이유는 다음 중 무엇인가?**

① 신호 발송

② 주가 희석 방지

③ 가치 창출

④ 세금

2. **2016년 9월, 바이엘은 몬산토를 660억 달러에 인수한다고 발표했다. 몬산토를 인수한 후 바이엘이 부딪히게 될 문제는 다음 중 무엇인가?**

① 기업 실사

② 시너지 효과의 실현

③ 문화적 통합

④ 정확한 종료가치 성장률

3. 당신이 경영하는 기업에 100만 달러의 잉여 현금흐름이 있고, 이 현금을 어떻게 배분해야 할지를 결정하려고 한다. 그 방안으로는 내생적 성장, 배당, 자기주식 취득이 고려되고 있다. 내생적 성장을 위해서는 100만 달러의 투자가 필요하고, 투자에 따른 순현재가치는 230만 달러로 예측된다. 배당과 관련해서는 전체 주주 100만 명에 대해 1인당 1달러를 지급하는 방안이 있고, 자기주식 취득과 관련해서는 주당 10달러에 10만 주를 취득하는 방안이 있다. 당신이 경영하는 이 기업은 어떤 방안을 추진해야 할까?

① 100만 달러로 내생적 성장에 투자한다.

② 100만 달러로 배당금을 지급한다.

③ 100만 달러로 자기주식을 취득한다.

④ 100만 달러로 0.5달러의 배당금을 지급하고 남은 50만 달러로 5만 주의 자기주식을 취득한다.

4. 다음 중 재무적 관점에서 기업집단에 대한 우려가 될 수 있는 것은 무엇인가?

① 주주를 위한 가치 창출이 가능한 사업 다각화를 통해 이득을 볼 수 있다.

② 가격 통제권을 강화하기 위해 수평적으로 통합할 수 있다.

③ 다양한 산업에서 경험이 넓어지면서 양질의 가치를 창출할 수 있다.

④ 주주들이 스스로 분산 투자를 할 수 있기 때문에 기업이 주주를 대신해 사업 다각화를 할 필요는 없다.

5. 2016년 10월, 마이크로소프트는 400억 달러 규모의 자기주식 취득을 실시한다고 발표했다. 주주들이 배당보다 자기주식 취득을 선호하는 이유는 다음 중 무엇인가? (해당하는 것을 모두 고르라.)

① (소득세가 아니라 자본이득세를 적용하면) 자기주식 취득은 배당에 비해 세율이 낮다.

② 자기주식 취득은 기업이 보기에 주가가 저평가되어 있다는 신호를 발송한다.

③ 배당은 기존 주식의 가치를 희석시킨다.

④ 배당은 기업이 보유한 현금을 줄어들게 하기 때문에 가치를 파괴한다.

6. 다음 중 인수 대금을 과도하게 지급할 리스크를 줄일 수 있는 가치 평가 방법은 무엇인가?

① 신호 발송

② 문화적 통합

③ 시너지 효과의 극대화

④ 시나리오 분석

7. 2016년, 캐나다 기업들은 역사상 그 어느 때보다 많은 주식을 발행했다. 주식 발행이 기업의 주가를 종종 끌어내리기도 하는 이유는 무엇인가?

① 주가 희석

② 신호 발송

③ 주가 발행은 항상 가치를 파괴한다.

④ 투자자들은 주식 발행을 통해 자금을 조달하는 기업을 선호한다. 그래야 나중에 자기주식 취득을 실시할 수 있다.

8. 비양심적인 CEO가 자기주식 취득을 실시할 가능성이 큰 이유는 무엇인가? (해당하는 것을 모두 고르라.)

① 목표를 달성하기 위해 EPS를 끌어올리려고

② CEO가 보기에 주식이 저평가되어 있다는 신호를 발송하기 위해

③ 배당은 자기주식 취득과는 다른 세율이 적용되기 때문에

④ 증권거래위원회SEC의 규제를 받는 배당과 달리, 자기주식 취득은 노동부의 규제를 받기 때문에

9. 다음 중 가장 큰 가치를 창출하는 것은 무엇인가?

① 순현재가치가 양의 값을 갖는 프로젝트

② 배당금 지급

③ 자기주식 취득

④ 정답 없음

10. 다음 중 기업 인수가 실패하는 원인은 무엇인가? (해당하는 것을 모두 고르라.)

① 시너지 효과가 실현되지 않기 때문에

② 피인수 기업에 대한 인수 대금 과잉 지급

③ 문화적 충돌

④ 인수 기업과 피인수 기업의 자본비용이 다르기 때문에

자본 배분은 경영자들이 몰두하는 핵심 문제로 부상하고 있다. 사려 깊지 못한 합병과 타이밍이 적절치 않은 자기주식 취득처럼, 자본 배분 결정이 잘못되면 가치 창출이나 가치 파괴에 영향을 줄 수 있다. 그 때문에 자본 배분과 관련되지 않은 여타 경영적 의사결정은 우선순위에서 뒤로 밀릴 가능성이 커진다. 자본 배분 의사결정 나무와 관련하여, 경우의 수별로 어떤 의사결정이 내려질 수 있는지와 의사결정 과정에서 부딪힐 수 있는 난관들에는 무엇이 있는지를 〈그림 6-14〉에 요약해두었다.

항상 그렇듯이, 핵심 전제는 가치를 창출할 수 있는 선택을 해야 한다는 것이다. 싼 가격에 자기주식을 취득한 것은 가치 창출이 아니다. 단지 가치를 재배분하는 것에 불과하다. 가치 창출이 가능한 기회가 주어진다면 내생적 성장을 추구할 것인가, 아니면 외생적 성장을 추구할 것인가 하는 점을 결정하는 것이 핵심이다. 이 갈림길은 그야말로 지뢰밭과 같다. 'M&A는 신속하게' 또는 '시너지 효과를 생각하라' 같은 통념에 갇히면 자칫 뼈아픈 결과를 맞이할 수 있다.

그다음에는 현금 배분을 어떻게 할 것인가를 결정해야 한다. 이번 갈림길에서도 실수와 오류들이 당신을 기다리고 있다. 현금이 기업 내에 유보되어 있든, 배분돼 기업 밖에 있든 그 가치에는 변함이 없다는 점이 중요하다. 가치는 재무적 의사결정으로는 창출되지 않는다. 가치는 재무상태표상의 자산을 활용할 때 창출된다. 자본 배분은 세금이나 정보의 비대칭성처럼 시장의 불완전성이 존재하는 상황에서만 가치에 영향을 줄 수 있다. 이 갈림길에서는 자본 배분으로 발생하는 신호 발송 문제, 대리인 비용 문제, 세금 문제가 중요하다. 자본 배분 결정을 다양하게 하거나, 특별 배당을 활용하면 큰 효과를 볼 수 있다.

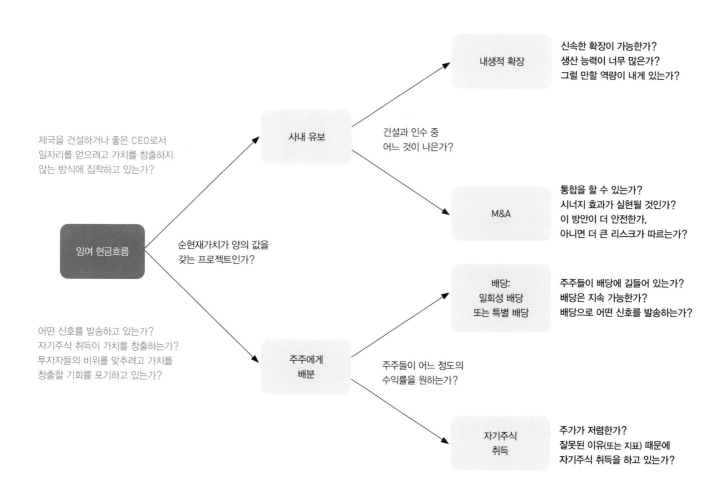

제국을 건설하거나 좋은 CEO로서
일자리를 얻으려고 가치를 창출하지
않는 방식에 집착하고 있는가?

잉여 현금흐름

순현재가치가 양의 값을
갖는 프로젝트인가?

어떤 신호를 발송하고 있는가?
자기주식 취득이 가치를 창출하는가?
투자자들의 비위를 맞추려고 가치를
창출할 기회를 포기하고 있는가?

사내 유보

건설과 인수 중
어느 것이 나은가?

주주에게
배분

주주들이 어느 정도의
수익률을 원하는가?

내생적 확장

신속한 확장이 가능한가?
생산 능력이 너무 많은가?
그럴 만할 역량이 내게 있는가?

M&A

통합을 할 수 있는가?
시너지 효과가 실현될 것인가?
이 방안이 더 안전한가,
아니면 더 큰 리스크가 따르는가?

배당:
일회성 배당
또는 특별 배당

주주들이 배당에 길들여 있는가?
배당은 지속 가능한가?
배당으로 어떤 신호를 발송하는가?

자기주식
취득

주가가 저렴한가?
잘못된 이유(또는 지표) 때문에
자기주식 취득을 하고 있는가?

퀴즈 해답

1. ③ 레버리지는 기업의 리스크를 키우기 때문에 손실 또한 확대시킨다.

레버리지는 이익도 확대시키는 반면 손실도 확대시키므로 리스크가 가중된다. 상황이 긍정적이어서 수익성이 양의 값일 때는 이익을 양의 방향으로 증폭하고, 상황이 안 좋아 수익성이 음의 값일 때는 손실을 음의 방향으로 증폭한다.

2. ② 현금흐름이 안정되어 있을 뿐 아니라 소속 산업도 안정되고 예측 가능성이 큰 기업

레버리지는 리스크를 증대시키기 때문에 레버리지가 가장 높은 기업은 사업 고유의 리스크는 가장 적은 기업일 가능성이 크다. 신생 산업에 속하는 기업들은 일반적으로 사업 고유의 리스크가 크기 때문에 재무적 리스크가 전체적 리스크를 가중시킨다.

3. ④ 우선주 배당 비율은 짝수(2%, 4%…)여야 한다.

우선주는 주식의 한 형태로, 기업의 소유권을 나타낸다. 여기서 '우선'이란 기업이 파산할 때 보통주에 우선해 변제를 받고, 배당을 받을 때도 보통주에 우선한다는 의미다.

4. ① 자체적으로 개발됐을 뿐 아니라 높은 수익성까지 기대되는 C형 간염 치료제에 대한 길리어드사이언스의 특허

특허는 지식재산권의 한 형태이지만, 재무상태표에는 잘 드러나지 않는다. 지식재산권을 보유한 기업을 인수한 후 재무상태표에 자산, 즉 영업권으로 잡히는 게 일반적이다. 구글의 부동산·공장·설비에 속하는 건물, 포드의 매출채권에 속하는 자동차 대금, 페이스북이 보유하고 있는 예금 계좌 등은 모두 재무상태표에 드러나는 자산이다.

5. ① 패스트푸드 업체 서브웨이

재고회전율은 기업이 재고를 1년에 몇 번 팔아치우는지를 측정하는 지표다. 식료품 기업, 패스트푸드 체인 기업처럼 식재료나 음식을 파는 기업은 일반적으로 재고를 빨리 팔아치우기 때문에 재고회전율이 높다. 식

료품 기업은 전구나 화장지 같은 비식료품도 팔기 때문에 패스트푸드 체인 기업보다는 재고회전율이 높지 않다. 서점은 책을 장기간 보관하는데 큰 문제가 없고, 항공사는 물리적 형태를 띠는 재고가 없다.

6. ② 짧은 매출채권 회수 기간

소매 기업은 일반적으로 매출채권 회수 기간이 짧다. 고객 상당수가 구매 즉시 대금을 결제하기 때문이다. 매출채권 회수 기간으로 기업 고객을 상대로 사업하는 기업과 일반 소비자를 상대로 사업하는 기업을 구별할 수 있다. 기업 고객을 상대하는 기업은 매출채권 회수 기간이 길고, 일반 소비자를 상대하는 기업은 짧기 때문이다. ROE, 재고회전율, 부채 수준은 판매하는 제품의 유형에 따라 달라지며 일정한 패턴을 보이지는 않는다.

7. ④ 제철 기업 US스틸

BHP빌리튼에 금전 채무가 있는 기업은 광산 기업이 생산하는 가공용 원석을 주기적으로 구매해야 하는 곳일 것이다. 뱅크오브아메리카, 마이닝리쿠르트먼트, 시스코는 반대로 BHP빌리튼에 금전 채권(BHP빌리튼 입장에서는 외상매입금)을 가지고 있을 것이다. 따라서 철광석을 사서 철을 만드는 US스틸이 BHP빌리튼에 금전 채무(BHP빌리튼 입장에서는 매출채권)를 가지고 있을 가능성이 크다.

8. ② 납품 업체

유동비율은 단기자산으로 단기부채를 얼마나 손쉽게 갚을 수 있는지를 나타내는 지표다. 다시 말해, 채무를 얼마나 잘 갚을 수 있는지를 보여준다. 보기의 모든 당사자가 유동비율에 이해관계가 있지만, 그중 납품 업체의 이해관계가 가장 크다. 금전 채권이 있는 당사자이기 때문이다.

9. ② 거짓

ROE가 높다는 것은 바람직하지만, 항상 그런 것은 아니다. ROE를 구성하는 요소들은 ROE가 지속 가능한지 또는 기업이 파국으로 가고 있는지를 알려준다. 본문에서 살펴본 팀버랜드가 그 예다. 팀버랜드의 높은 ROE는 수익성 때문에 달성된 것이 아니고 레버리지를 통해서 달성됐다.

10. ① 부채debt에는 명시적으로 이자율이 붙는다.

부채debt는 명시적 이자율이 적용된다는 점에서 부채liabilities와 차이가 있다. 자본금(자기자본)과 달리 일반적 부채(타인자본, debt)는 기업에 대한 소유권이 없으며, 잔여수익청구권을 가지는 것은 자본금이다. 부채는 납품 업체뿐 아니라 은행을 비롯하여 모든 타인자본(대출, 회사채)을 포함한다.

제2장

1. ② 매출액을 늘린다.

자금 공백 기간은 '재고 보유 기간+매출채권 회수 기간−외상매입금 지급 기간'으로 계산된다. 재고 보유 기간과 매출채권 회수 기간을 줄이거나, 외상매입금 지급 기간을 늘리면 자금 공백 기간을 줄일 수 있다. 매출액을 늘린다고 자금 공백 기간이 바뀌지는 않는다. 하지만 매출액을 늘리면 필요한 운전자본이 늘어나기 때문에 자금 조달 필요 금액이 늘어날 수는 있다.

2. ① 경제적 수익(순이익 vs. 잉여 현금흐름) ② 자산을 평가하는 법(역사적 원가주의 vs. 미래 현금흐름) ④ 주식 가치평가법(장부가치 vs. 시장가치)

재무와 회계는 경제적 수익(순이익 vs. 잉여 현금흐름), 자산을 평가하는 법(역사적 원가주의 vs. 미래 현금흐름), 주식 가치평가법(장부가치 vs. 시장가치)이 다르다. 재고가 재무상태표에 계상된다는 데에는 재무와 회계 모두 이견이 없다.

3. ② 4억 달러 ③ 5억 달러

기업은 현재가치가 투자 비용보다 높을 때만 해당 프로젝트에 투자해야 한다. 즉, 순현재가치가 0보다 큰 경우에만 투자해야 한다. 문제의 사례에서는 4억 달러와 5억 달러만이 3억 5,000만 달러의 투자 비용보다 크다.

4. ② 23만 달러

투자에 대한 현재가치를 구하기 위해서는 해당 투자와 관련된 모든 할인된 현금흐름을 더해줘야 한다. 문제의 사례에서는 48만 달러(9만 달러+8만 달러+7만 달러+6만 달러+18만 달러)가 된다. 순현재가치는 '현재가치−비용'이므로 이 사례에서는 23만 달러(48만 달러−25만 달러)다.

5. ③ 감가상각비는 현금성 비용이 아니므로

감가상각비는 현금성 비용이 아니지만, 순이익을 계산할 때는 차감된다. 따라서 현금을 중시하는 경제적 수익을 측정할 때는 감가상각비를 더해줘야 한다.

6. ① 페이스북의 사업에서 창출될 모든 미래 현금흐름의 현재가치에서 현금과 부채를 차감하여 계산된 페이스북의 주당 가치가 150달러다.

순현재가치가 0보다 큰 투자자산이 있을 경우 투자가 가능한 사람이면 누구나 투자해야 한다. 주식시장에서 주식에 대한 수요는 주가를 끌어올리는데, 주가는 순현재가치가 정확히 0이 될 때까지 오른다. 순현재가치가 0이 되기 위해서는, 그 주식에서 창출되는 모든 예상 현금흐름의 현재가치와 주가가 같아야 한다. 문제의 사례에서 주식이 주당 150달러에 거래된다면, 이는 주식 보유자에게 돌아오는 미래 잉여 현금흐름의 현재가치가 150달러가 될 것이라고 투자자들이 믿고 있다는 의미다.

7. ② 52일

자금 공백 기간은 '재고 보유 기간+매출채권 회수 기간−외상매입금 지급 기간'으로 계산된다. 문제의 사례에서 US스틸의 자금 공백 기간은 52일(68일+33일−49일)이다.

8. ③ 2%

납품 업체에 납품 대금을 일찍 결제하면, 자금 공백 기간이 늘어난다. 그러면 그 기간은 은행에서 돈을 빌려 메워야 한다. 즉, 2%의 할인이 없다면 이자비용을 수반하는 자금을 조달해 늘어난 자금 공백 기간을 메워야한다. 따라서 납품 업체가 20일 일찍 대금을 결제하면 납품 대금을 2% 할인해주겠다고 하는 것은, 20일 만기의 대출에 대해 2%의 이자율을 부과하는 것이나 마찬가지다.

9. ② 아니다(현재가치가 여전히 5,000만 달러이기 때문에).

재무에서는 매몰비용이 중요하지 않다. 애초에 발생한 투자 비용과 예상 잉여 현금흐름은 아무런 관련이 없기 때문이다. 중요한 것은 현재 상황일 뿐이다. 이 사례에서 투자 비용은 이미 지급됐기 때문에 0이며, 투자의 현재가치는 5,000만 달러다. 이는 공장을 계속 운영함으로써 얻을 수 있는 순현재가치가 5,000만 달러로, 양의 값을 갖는다는 말이다. 그러므로 공장을 폐쇄하지 말고 계속 운영해야 한다.

10. ② 잉여 현금흐름은 모든 자본 제공자를 위한 것으로 세금이 조정된다.

잉여 현금흐름은 자기자본이든 타인자본이든, 모든 자본 제공자에게 제공되는 현금흐름을 말한다. 'EBIAT+감가상각비±순운전자본−자본적지출'로 계산된다.

제3장

1. ① GM 매수, 포드 공매도

헤지할 때는 유사한 두 기업을 찾아 상승할 것으로 예상하는 주식을 매수하고, 하락할 것으로 예상하는 주식을 공매도해야 한다. 이 사례에서는 GM에 대해서는 매수 포지션을, 포드에 대해서는 매도 포지션을 취해야 한다.

2. ② 수익의 크기 대비 리스크의 양을 감소시킨다.

분산 투자는 포트폴리오상의 종목 수를 늘려 전체적인 리스크를 낮추는 투자 전략을 말한다. 주가는 기업별로 다른 방식으로 움직이기 때문에 종목들이 모두 상관관계를 보이는 것은 아니다. 따라서 분산 투자는 굳이 리스크가 수익률에 영향을 미치게 하지 않아도 수익률의 변동 범위를 줄여주기 때문에 투자자에게 이득이 된다.

3. ④ 기업들이 추정치에 미치지 못하는 이익을 보인 게 우연의 일치인지, 운이 나빠서인지, 아니면 경영진이 심각한 문제를 숨기고 있다

는 신호인지를 투자자들이 확신할 수 없기 때문에

주식은 추정치에 미치지 못하는 실적을 보이면 하락할 수 있다. 그렇게 된 원인이 무엇인지 투자자들이 확신할 수 없기 때문이다. 투자자와 경영자 간 정보의 비대칭성 때문에 투자자들은 최악의 상황 때문이라고 상정해버리는 경우가 많다. 예를 들어 2016년 11월, 화이자는 주당 61센트의 순이익을 발표했는데 이는 시장의 예상인 주당 62센트보다 불과 1센트를 밑도는 수준이었다. 그런데도 화이자의 주식은 실적 발표 후 약 3.5% 하락했다.

4. ① 다국적 화학 및 제약 기업인 바이엘

헤지를 할 때 유사한 기업을 찾으려고 하는 게 일반적이다. 이 사례에서는 다우케미칼과 동종 업종인 바이엘을 선택해야 한다. 분산 투자는 전체적인 리스크를 줄여주지만, 다우케미칼만의 리스크를 따로 떼어내 헤지할 수는 없다.

5. ② 애널리스트들은 특정 기업의 주식에 대해 '매도' 추천을 하기를 꺼린다. 그 기업이 자신이 속한 투자은행과 거래하지 않겠다고 나설 가능성이 있기 때문이다.

기업은 다른 투자은행과 거래하는 방법으로 보복할 것이다. 그러면 애널리스트를 고용한 투자은행으로서는 소중한 매출 창출의 기회를 잃게 된다. 실적이 좋은 기업에 투자하는 투자자들과 좋은 기업에 투자하는 연

금펀드는 좋은 인센티브의 예다. 그리고 재산 상당 부분이 스톡옵션에 묶여 있으면 CEO들은 리스크를 적게, 심지어 지나칠 정도로 적게 감수하려 한다.

6. ③ 매도측 기업

증권 애널리스트들은 매도측에 고용되는 경우가 대부분이다. 투자은행 같은 매도측은 증권 애널리스트들을 고용해 매수측 고객인 기관 투자자들에게 정보와 의견을 제시하게 한다. 애널리스트들이 그런 역할을 해주기 때문에 기관 투자자들은 자신이 좋아하는 애널리스트를 고용하고 있는 투자은행에 더 많은 일거리를 주게 된다.

7. ① 애널리스트들은 열심히 일해서 기업의 가치평가를 정확하게 할 것이다. ② 순위가 높은 애널리스트들은 자신의 순위를 지키기 위해 기업가치를 다른 애널리스트와 유사하게 평가하여 '묻어가기'를 시도할 가능성이 있다. ④ 순위가 낮은 애널리스트들은 대세와는 상반되는 독특한 예측치를 내놓을 가능성이 크다. 그러다가 운 좋게 예측이 적중하면 더 높은 순위로 올라갈 수도 있기 때문이다.

애널리스트에 대한 보상은 순위를 기초로 매겨지기 때문에 애널리스트들은 높은 순위를 확보하기 위해 일한다. 이런 보상 구조가 열심히 일해 기업의 가치평가를 정확하게 하고자 하는 등 좋은 인센티브를 부여할 수도 있다. 동시에 순위를 유지하기 위한 묻어가기, 순위를 올리기 위한 특

이한 예측치 제시 등 나쁜 인센티브를 부여할 수도 있다. 묻어가려는 행태는 애널리스트 보고서의 질을 떨어뜨려 정보의 비대칭성 문제를 심화시킨다. 그 영향으로 예측과 실제 실적이 큰 차이를 보이게 되고, 그 결과 시장의 변동성도 커지게 된다.

8. ③ 매도측

기업공개IPO는 주식을 판매하는 것이므로, 매도측이 관리한다. 시가총액 1,040억 달러를 자랑하는 페이스북의 기업공개는 인터넷 역사상 최대 규모의 기업공개로 꼽히며, 모건 스탠리·JP모건·골드만삭스가 주식 인수 업무를 담당했다.

9. ② 기업을 인수해 개선한 뒤, 또 다른 민간 투자자나 공개시장에 매각한다.

사모펀드 산업은 지난 수십 년간 큰 성장세를 보였다. 매킨지의 보고서에 따르면, 사모펀드가 운용 중인 자산 규모는 2017년 5조 달러로 증가했다.

10. ④ 주인-대리인 문제

부동산 중개인들(대리인)은 집주인(주인)을 대리해 부동산을 팔 때는 자신의 부동산을 팔 때만큼 열심히 일하지 않는다. 1992년에 〈미국 부동산 및 도시 경제학 저널〉에 발표된 마이클 아널드Michael Arnold의 논문에 따르면, 부동산 중개인에 대한 세 가지 보상 구조(고정 비율 수수료, 고정 수수료, 위탁 판매) 중 참을성 없는 매도자에게 가장 적합한 구조는 고정 비율 수수료(최종 가격의 일부를 수수료로 받는 구조)이며, 참을성 많은 판매자에게 가장 적합한 구조는 위탁 판매(매도자는 미리 정해진 금액을 받고 중개인은 그 금액을 초과하는 금액은 모두 받는 구조)인 것으로 밝혀졌다.

제4장

1. ① 자본비용을 초과하는 ROC ② 성장을 위한 이윤의 재투자

가치 창출의 원천으로는 세 가지가 있다. 자본비용을 초과하는 ROC, 성장을 위한 순이익의 재투자, 그리고 앞선 두 가지 상황이 장기간에 걸쳐 지속되는 것이다. 주당순이익EPS은 가치 창출을 포착하지 못하는 회계적 지표다. 매출액에서 매출원가를 차감한 매출총이익은 구체적으로 어떤 영업비용이 차감된 것인지 불명확한 개념이다.

2. ② 주가가 시장과 함께 움직이는 정도를 알려주는 지표

분산 투자에 따른 비용이 없고 투자자 대부분이 시장을 떠나지 않은 상황에서 특정 기업의 리스크가 어느 정도 되는지를 제대로 측정하는 지표는 시장과의 상관관계, 즉 베타계수다. 예를 들어 애플의 베타계수가 1.28이라면, 시장이 10% 상승할 때 애플 주가는 평균적으로 12.8% 상승하고, 시장이 10% 하락하면 애플 주가는 12.8% 하락한다는 의미다.

3. ③ 사업부 C

너무 높은 베타계수를 활용하면 자기자본 조달 비용이 너무 높아져 자본 비용이 너무 높아진다. 그러면 프로젝트의 현재가치가 너무 낮아져 기업 이 프로젝트에서 물러나야 하는 결과를 맞는다. 반대로 베타계수가 너무 낮으면 자기자본 조달 비용이 너무 낮아져 자본비용이 너무 낮아진다. 그러면 현재가치가 너무 높아져 과잉 투자하는 결과를 맞는다. 이 사례 에서 베타계수의 평균값 1.0을 활용하면 사업부 C에는 너무 낮은 베타 계수가 된다. 즉 사업부 C에는 과잉 투자된다.

4. ① 타인자본 제공자가 차입 비용이 얼마인지 알려준다.

타인자본 제공자는 기업의 리스크 정도에 기초해 무위험 이자율과 신용 스프레드를 합산하여 자본 조달 비용을 판단한다(유동비율과 신용등급을 곱 해 산출하지 않는다). 가중평균자본비용에서 자기자본 조달 비용을 차감하 여 자본비용을 계산하는 방법은 거꾸로 된 것이다. 그 반대로 해야 한다.

5. ② 1보다 작다.

ROC가 자본비용보다 낮으면 장부가치 대비 시장가치는 1보다 작다. 이 사례에서 미래의 현금흐름은 현금흐름이 성장하는 비율(ROC)보다 높은 비율(자본비용)로 매해 할인될 것이다. 이런 상황에서 기업 운영을 이어가 면 가치를 파괴하게 되기 때문에 기업의 운영 중단을 고려해야 한다.

6. ② 거짓

레버리지를 증가시키면 기업의 가치가 어느 정도까지는 증대될 수 있다. (이자비용에 대한 세금 공제가 가능한 국가의 경우) 부채로 인해 발생하는 이자 비용에 대해 세금 공제를 받을 수 있기 때문이다. 하지만 기업의 최적 자 본 구조가 달성되는 시점부터는 레버리지를 증가시키더라도 세금 공제 에 따른 이득보다 재무적 위기에 따른 비용이 더 큰 영향을 준다.

7. ② 무위험 이자율에 베타계수와 시장 리스크 프리미엄을 더한다.

자본자산가격결정 모형에서 자기자본 조달 비용은 무위험 이자율에 베타 와 시장 리스크 프리미엄을 곱한 값을 더하여 계산한다. 윌리엄 샤프 William Sharpe와 해리 마코위츠Harry Markowitz, 머튼 밀러Merton Miller는 1960년 대에 자본자산가격결정 모형을 개발한 공로를 인정받아 1990년에 노벨 경제학상을 받았다.

8. ① 자기자본 조달 비용이 높다.

자본자산가격결정 모형에서 자기자본 조달 비용은 무위험 이자율에 베 타와 시장 리스크 프리미엄을 곱한 값을 더하여 계산한다. 그러므로 베 타계수가 높아지면 자기자본 조달 비용은 증가한다. 자기자본 조달 비용 이 주주들의 기대수익률이기 때문에 주주들이 베타계수가 낮은 기업보 다 높은 기업으로부터 더 높은 수익률을 기대한다는 말이 된다.

9. ④ 그런 프로젝트는 자본비용보다 수익률이 높아 가치를 창출하기 때문에

제2장에 알아본 바와 같이, 순현재가치가 양의 값을 갖는 프로젝트는 수익률이 자본비용보다 높다. 순현재가치는 어떤 프로젝트가 가치를 창출하는지 판단하게 해준다. 순현재가치는 프로젝트에서 창출되는 잉여 현금흐름을 자본비용으로 할인하는 것으로, 할인된 잉여 현금흐름을 모두 더한다. 프로젝트 수익률이 자본비용보다 높다면, 할인된 잉여 현금흐름의 합이 순가치 기준으로 양의 값을 보이게 된다.

10. ① 가능한 한 많은 이윤을 재투자한다.

가치 창출의 원천은 세 가지, 즉 자본비용을 초과하는 높은 ROC, 성장을 위한 재투자, 시간이다. 이 사례를 보면, ROC가 이미 자본비용보다 높기 때문에 가치를 극대화하기 위해서는 가능한 한 많은 재투자를 해야 한다.

제5장

1. ③ 1,125억 달러

시나리오 분석을 하는 목적은 기대가치를 판단하기 위해서다. 기대가치는 각 시나리오가 발생할 확률에 근거해 기업가치를 가중평균하여 계산한다. 이 사례에서는 '(500억 달러×25%)+(1,000억 달러×50%)+(2,000억 달러×25%)'가 기대가치다. 즉, 1,125억 달러다. 이 기대가치가 최대 입찰가가 돼야 한다. 최상의 시나리오만을 근거로 입찰한다면 최상의 시나리오가 발생해야 순현재가치가 0이 된다.

2. ③ 5억 달러

기업의 가치가 5억 달러로 평가되고 시너지 효과가 5,000만 달러로 추정될 때, 그 시너지 효과를 독차지하고 싶다면 인수 대금으로 5억 달러 이상을 지급하면 안 된다. 5억 달러 이상, 예컨대 5억 5,000만 달러를 지급한다면 모든 시너지 효과를 목재 기업의 주주들에게 줘버리는 셈이 된다.

3. ① 시장은 얌!의 브랜드들이 웬디스나 맥도날드보다 성장할 가능성이 크다고 본다.

P/E 배수는 성장형 영구연금 공식에 기반한 배수법이다. 영구연금 공식의 분모는 할인율에서 성장률을 뺀 값이다. 그러므로 P/E 배수가 높아지려면 할인율이 낮거나 성장률이 높아져야 한다. 이 기업들의 가치를 확신할 수는 없지만, 얌!의 성장 가능성이 더 크다는 내용만이 얌!이 P/E 배수가 왜 웬디스나 맥도날드보다 큰지를 설명할 수 있는 이유가 된다.

4. ③ 가치 파괴와 부의 이전이 인수 기업에서 피인수 기업으로 옮겨 간다.

인수 기업의 주가는 하락했고, 피인수 기업의 주가는 상승했다. 이는 부가 인수 기업에서 피인수 기업으로 이전됐다는 뜻이다. 피인수 기업의 주주들은 2,500만 달러의 가치를 얻은 반면 인수 기업의 주주들은 가치를 잃었다. 이 사례에서는 시너지 효과를 나눠 갖는 것이 아니라 가치가 인수 기업에서 피인수 기업으로 이전된 것이다. 또한 인수 기업이 잃은 가치가 피인수 기업이 얻은 가치보다 크기 때문에 가치가 파괴됐음을 의미한다. 둘이 하나의 기업이라고 생각해보면 2,500만 달러의 가치를 얻음과 동시에 5,000만 달러의 가치를 잃은 셈이다. 결국 2,500만 달러의 가치 순손실이 일어났으니 가치 파괴다.

5. ③ 유동부채 대비 유동자산

P/E, EV/EBITDA, 시가총액/EBITDA는 가격, EV, 시가총액 같은 개념들이 가치를 담고 있으므로 가치평가를 위한 배수들이다. 유동비율, 즉 유동자산 대비 유동부채는 가치를 의미하지 않는다. (특히 납품 업체에) 유용한 비율이지만, 기업의 가치에 대한 정보는 담고 있지 않다.

6. ③ 9%의 할인율과 3%의 성장률

잉여 현금흐름 대비 EV 배수는 성장형 영구연금 공식에서 분자는 1(잉여 현금흐름 대비 EV 비율에 잉여 현금흐름을 곱해야 총가치를 알 수 있기 때문에)이고, 분모는 할인율에서 성장률을 뺀 값인 경우로 생각할 수 있다. 잉여 현금흐름 대비 EV 배수가 16.1이라면 굿이어의 'r−g'는 1/16.1(약 6%)이 돼

야 한다. 할인율에서 성장률을 뺀 값이 6%다. 이 사례에서는 9%의 할인율과 3%의 성장률이 정답이다.

7. ④ 10,000달러

성장형 영구연금 공식을 활용하면 교육 기회의 가치를 계산할 수 있다. '1,000달러/(13%−3%)=10,000달러'가 된다. 이 가치는 교육 서비스에 대해 지급할 용의가 있는 교육 비용의 최대치가 돼야 한다.

8. ④ 내부수익률이 25%인 프로젝트가 우선될 것 같지만 현금흐름 할인법을 시행해야 한다.

내부수익률법의 첫 번째 원칙은 내부수익률이 가중평균자본비용보다 낮은 프로젝트에는 투자해서는 안 된다는 것이다. 두 프로젝트 모두 가중평균자본비용보다 내부수익률이 높기 때문에 프로젝트를 비교해야 한다. 하지만 내부수익률은 가치 창출 지표로는 좋지 않으므로, 이 지표에만 근거해서 프로젝트가 더 많은 가치를 창출할 거라고 말할 순 없다. 내부수익률이 25%인 프로젝트가 더 많은 가치를 창출할 가능성이 크긴 하지만, 순현재가치 분석이 올바른 답을 제공해줄 것이다.

9. ① 종료가치의 성장률이 너무 높다. ③ 인수가의 기준으로 주식의 가치가 아니라 기업의 가치를 활용했다. ④ 시너지 효과를 인수가에 포함했다.

경제 성장률보다 높은 성장률을 보이는 종료가치는 이 기업이 세상을 장악한다고 본다는 의미다. 그러므로 2~4%의 경제 성장률과 비교하면 6%의 종료가치 성장률은 너무 높다. 또한 그 직원은 입찰가에 시너지 효과를 모두 포함해서 시너지 효과를 사탕 기업의 주주에게 모두 넘겨준다고 가정했다. 마지막으로, 그 직원은 5,000만 달러의 부채와 1,000만 달러의 현금은 고려하지 않은 가격을 제시했다. 이를 고려하면 주식의 가치는 1억 달러의 EV보다 적어야 한다. 그 직원이 한 가지는 올바르게 처리했는데, 단기적인 성장률을 산업 평균에 근거를 두었다는 점이다. 같은 산업 내의 기업들은 유사한 성장률을 보일 가능성이 크기 때문이다.

10. ① 순현재가치가 1억 달러인 프로젝트

순현재가치가 양의 값을 갖는 프로젝트는 가치를 창출한다. 왜냐하면 가치 창출 여부, 프로젝트 비용, 자본비용을 모두 고려하기 때문이다. 회수 기간과 내부수익률은 한계가 있어 프로젝트의 가치 창출 여부를 확실하게 판단할 수 없다. 따라서 회수기간법이나 내부수익률법으로는 알 수 없다. 현재가치는 프로젝트의 가치는 정확하게 측정해주지만, 가치 창출 여부는 알 수 없다. 투자 비용을 고려하지 않기 때문이다. 예를 들어, 프로젝트 비용이 2억 5,000만 달러라면 가치를 파괴하는 프로젝트가 된다.

제6장

1. ① 신호 발송

자기주식 취득은 가치를 창출하지 않는다. 하지만 경영진이 보기에 기업의 주가가 저평가되어 있다는 신호를 발송할 가능성이 있다. 따라서 이 영향으로 주가가 상승할 수 있다. 이는 정보 비대칭의 문제로 귀결된다. 관련 정보를 가지고 있는 사람들이 주가 수준이 투자할 만하다고 생각한다면 다른 투자자들은 이를 따르기를 원한다.

2. ② 시너지 효과의 실현

인수 후라면 가치평가와 입찰이 마무리되어 피인수 기업에 매겨진 가치가 이미 지급된 상태이기 때문에 기업 실사와 정확한 종료가치 성장률은 중요성이 떨어진다. 문화적 통합과 시너지 효과의 실현은 바이엘이 관심을 두어야 할 중대 사안이다. 여기에 관심을 두지 않으면 인수를 통해 확보한 가치는 660억 달러의 인수가를 판단하기 위해 활용된 가치보다 적어질 가능성이 크다.

3. ① 100만 달러로 내생적 성장에 투자한다.

순현재가치가 양의 값을 갖는 프로젝트가 있다면, 기업은 항상 투자해야 한다. 이런 프로젝트는 가치를 창출하지만, 배당과 자기주식 취득의 형태로 현금을 배분하는 것은 그렇지 않기 때문이다.

4. ④ 주주들이 스스로 분산 투자를 할 수 있기 때문에 기업이 주주를 대신해 사업 다각화를 할 필요는 없다.

주주들이 스스로 할 수 있는 것을 경영자들이 대신 해줄 필요는 없다는 것이 재무의 원칙이다. 하지만 일부 국가에서는 기업집단이 노동시장, 제품시장, 자본시장의 불완전성을 시정해주기 때문에 가치가 창출되기도 한다.

5. ① (소득세가 아니라 자본이득세를 적용하면) 자기주식 취득은 배당에 비해 세율이 낮다. ② 자기주식 취득은 기업이 보기에 주가가 저평가되어 있다는 신호를 발송한다.

주주들은 자기주식 취득을 선호할 가능성이 크다. 그 이유는 배당소득에 적용되는 세율이 자본이득에 적용되는 세율보다 높기 때문이다. 또한 자기주식 취득은 기업이 보기에 주가가 저평가되어 있다는 신호를 발송하기 때문이기도 하다. 배당은 기존 주식의 주가를 희석시키지도 않으며 가치를 파괴하지도 않는다. 배당은 가치 중립적이다. 고객들이 다른 자본 배분 결정을 선호할 수 있는 현상을 고객 효과clientele effect라고 하는데, 이는 기업들이 자신의 주주들이 선호하는 방향으로 기업의 정책을 수립하게 되는 원인이 된다.

6. ④ 시나리오 분석

인수 대금 과잉 지급의 문제는 입찰 과정이나 기업 인수를 앞둔 상황에서 중요한 문제로 부상한다. 따라서 시나리오 분석은 입찰 과정이 시작되기에 앞서 좀더 정확한 가치를 판단하게 해준다. 문화적 통합은 가치평가 이후의 과정에서 발생하는 문제다. 시너지 효과의 극대화는 인수 대금 과잉 지급의 리스크를 줄여주는 것이 아니라 오히려 인수 대금이 과잉 지급되는 원인이 된다.

7. ② 신호 발송

주식의 발행은 가치 중립적인 활동이다. 그러나 주가 하락의 원인이 된다. 왜냐하면 신호를 발송하기 때문이다. 주식 발행은 투자자들에게 왜 타인자본이나 내부적 자금 조달을 통해 프로젝트에 투자하지 않는가 하는 의문을 불러일으킨다. 투자가 가치를 창출한다면 왜 그 가치를 기존의 자본 제공자를 위해 주려고 하지 않을까 하고 의문을 갖게 된다는 말이다. 그래서 주주들은 기업이 가치를 창출할 수 있는지를 확신할 수 없기 때문에 새로운 투자자들을 끌어들이는 것으로 생각하게 된다.

8. ① 목표를 달성하기 위해 EPS를 끌어올리려고 ② CEO가 보기에 주식이 저평가되어 있다는 신호를 발송하기 위해

자기주식 취득은 발행주식 수를 감소시켜 EPS를 끌어올릴 수 있다(EPS의 분모를 감소시키기 때문에). 비양심적인 CEO라면 목표(성과급 보너스)를 달성하기 위해 자기주식 취득을 할 가능성이 있다. 또한 투자자들이 자기주식 취득을 주가가 저평가되어 있다는 경영진의 신호라고 보기 때문에

비양심적인 CEO라면 이를 주가를 조작하는 데 악용할 가능성이 있다. 신호 발송 효과에 의존해 주가를 끌어올리려 하기 때문이다.

9. ① 순현재가치가 양의 값을 갖는 프로젝트

배당과 자기주식 취득은 가치 중립적이다. 순현재가치가 양의 값을 갖는 프로젝트만이 가치를 창출한다. 신호 발송 덕에 자기주식 취득을 통해 주가를 끌어올릴 수 있는데 이는 가치를 창출하지 못한다. 기업의 가치가 생각한 것보다 높을 수 있다는 정보를 주주에게 정보를 주는 것에 불과하다.

10. ① 시너지 효과가 실현되지 않기 때문에 ② 피인수 기업에 대한 인수 대금 과잉 지급 ③ 문화적 충돌

기업 인수는 위와 같은 이유로 실패할 수 있다. 자본비용이 다르다는 점은 가치평가의 과정에서 고려돼야 한다. 하지만 기업 인수의 성패를 좌우하지는 않는다.

여기까지 오느라 힘도 들고 노력도 많이 들었을 것이다. 그래도 즐거운 여정이었기를 바란다. 현금흐름할인법, 재무비율 분석, 배수법 등 다양한 재무적 개념과 도구들과 좀더 친숙해지고 재무를 더 큰 틀에서 이해할 수 있게 됐기를 바란다. 당신이 재무의 세계로의 여행을 지속할 수 있도록 우리가 다뤘던 주요 개념과 시사점을 되새겨보고자 한다.

• 자본시장과 재무에서 가장 중요한 것은 돈이 아니라 정보와 인센티브다. 재무는 현대 자본주의의 심각한 문제점을 해결하려는 노력의 산물이다. 여기서 현대 자본주의의 심각한 문제점이 란, 주인-대리인 문제와 소유와 경영의 분리 같은 것을 말한다.

• 자본 배분은 CFO와 CEO 앞에 놓여 있는 재무 문제 중 가장 중요한 재무 문제다. 현금 배분 또는 재투자를 언제 할 것인지, 내성적 성장 또는 외생적 성장을 추구할 것인지, 자본 배분의 방법으로 자기주식 취득을 활용할지 아니면 배당을 활용할지 하는 문제는 많은 가치를 창출하는 원인이 되기도 하고, 많은 가치를 파괴하는 원인이 되기도 한다.

• 모든 가치는 미래에서부터 나온다. 오늘의 가치는 미래의 가

치 창출에 대한 기대를 반영한다. 가치 창출은 수익률이 자본비용을 초과하고, 그런 상황이 장기적으로 지속되고, 그런 높은 수익률로 현금을 재투자하는 데에서 나온다.

• 자기자본이익률ROE은 기업 실적을 측정하는 중요한 지표다. ROE를 결정하는 요인은 수익성, 생산성, 레버리지다. 재무 실적을 분석하려면 상대적인 비교를 해야 한다. 비교하는 방법을 통하지 않고서는, 그리고 산업과 단기적 변동을 고려하는 방법을 통하지 않고서는 재무 수치 자체는 의미가 없기 때문이다.

• 수익성 개념은 현금의 개념을 외면한다는 점에서 불완전하고 한계가 있다. 경제적 수익은 현금을 통해 더 잘 측정된다. 현금을 측정하는 지표에는 여러 가지가 있다. EBITDA, 영업 현금흐름, 잉여 현금흐름이 있다. 그중 가장 유용한 지표는 잉여 현금흐름이다.

• 가치평가는 예술이다. 과학이 아니다. 굳이 말하자면 과학을 가장한 예술이다. 가치평가를 구성하는 가장 중요한 요소는 주관적이며 그 과정은 오류가 발생하기 쉽다. 가치평가의 과정에 숨겨진 편향을 경계해야 한다. 시너지 효과의 유혹뿐 아니라 컨설턴트나 투자은행가처럼 당신에게 조언을 제공하는 주체들의 인센티브를 특히 경계해야 한다.

• 수익률은 리스크에 상응해야 한다. 그리고 리스크는 분산 투자의 개념이 적용된 포트폴리오 측면에서 고려돼야 한다. 초과 수익을 내는 것은 힘든 일이기에 초과 수익률을 냈는지를 확신하는 것도 힘든 일이다.

• 경영자들은 자본 제공자를 대신해 자본을 관리하는 역할을 한다. 자본에 대한 수익을 연기하려면 수익의 연기에 따른 보상과 주주들이 감수하는 리스크가 고려돼야 한다.

• 주주들에게 현금을 배분하는 결정을 비롯한 재무적 의사결정만으로는 가치가 창출되지도, 파괴되지도 않는다. 이런 의사결정이 중요한 이유는 경영자와 자본시장 사이의 정보의 문제를 비롯한 시장의 불완전성에 있다.

이 책이 종착점이 아니라 시작점이라고 생각하기를 바란다. 당신은 이 책을 통해 배운 도구 및 실력과 함께, 재무의 이해라는 평생의 대장정에 올라선 것이다. 가치를 어떻게 창출하는지를 이해하는 것이 당신에게 큰 도움을 줄 것이다. 향후 당신이 해야 할 일은 다음과 같다.

- 첫째, 당신의 소중한 시간을 잘 활용하라. 검토해보고 싶은 기업을 선정해 재무 실적을 실제로 검토해보고, 실적 발표 콘퍼런스콜에도 참여해보라. 경제 신문을 구독하여 읽어보라. 당신과 함께 일하는 재무 담당 직원들과 함께 앉아 궁금한 사항을 물어보라.

- 둘째, 성장을 게을리해서는 안 된다. 여기서 배운 것들을 활용해 당신의 재무적 식견을 한층 더 넓혀야 한다. 당신이 배운 것을 다른 사람들에게 가르쳐보라. 제1장의 재무비율 분석 방법을 당신이 좋아하는 기업에 적용해보라. 친구 중에 재무를 업으로 하는 친구가 있다면 이 책에 나온 용어나 내용을 알고 있는지도 테스트해보라.

- 마지막으로, 재무에 대한 관심을 멈추지 말라. 재무를 배운다는 것은 평생에 걸친 대장정이다. 더 많은 관심을 보이면 보일수록 보람도 더 커질 것이다.

용어 해설

- CFO Chief Financial Officer : 모든 재무 거래와 재무 관리를 책임지는 최고위 경영진. CEO에게 보고할 책임이 있으며, 궁극적으로는 이사회에 보고할 책임이 있다.

- EBITDA 이익률 EBITDA margin : 수익성 지표의 일종으로, 현금을 중시하기 위해 순이익률의 분자인 순이익을 EBITDA로 바꾼 비율이다.

- EV Enterprise Value : 한 기업의 총가치. 기업에 의해 창출되는 모든 미래 현금흐름의 현재가치로 계산된다(시가총액+부채-초과 현금).

- 가용자금 capitalization : 자본금(자기자본)과 부채(타인자본)의 합계. 시장가격으로 주어지는 게 일반적이다.

- 가중평균자본비용 Weighted Average Cost of Capital, WACC : 타인자본 조달 비용과 자기자본 조달 비용, 자본 구조, 부채의 발행에 따른 세금 효과를 고려한 자본비용

- 가치 중립성 value neutrality : 재무활동이나 재무적 거래로는 가치에 영향을 주지 못한다는 개념

- 가치평가 valuation : 기업, 프로젝트, 자산의 가치를 평가하는 과정

- 감가상각비 depreciation : 생산 설비 등을 비롯한 유형자산을 내용 연수에 따라 비용 처리하는 회계 기법

- 경영권 프리미엄 control premium : 기업의 경영권을 확보하기 위해 현재의 주가에 웃돈으로 얹어주는 가치

- 공격적인 뮤추얼펀드 active mutual funds : 뮤추얼펀드 중에서 어떤 주식이나 자산에 투자할지에 대해 공격적인 투자 행태를 보이는 뮤추얼펀드

- 공매도 short selling : 주식을 빌려 매도하고, 일정 기간 후 다시 매수하여 돌려주는 과정. 가격의 하락에서 이득을 보는 것이 목적이다. 주식이 하

락할 가능성을 활용하기 위해 또는 리스크를 헤지하기 위해 설계된 개념이다.

- 국부펀드sovereign wealth fund: 국가 소유의 펀드로, 투자자들이 국민을 대신해 투자한다. 펀드 조성은 원유 판매 수익과 같은 자원 사용료를 통해 이루어진다. 국부펀드의 목표는 장기적 성장을 추구해 미래에 국민들에게 나눠줄 자금을 만드는 것이다.

- 기관 투자자institutional investors: 다양한 구성원들로부터 자금을 조성해 그 구성원을 대신해 투자하는 주체

- 기대가치expected values: 프로젝트 또는 기업 인수의 발생 가능 시나리오별 결과를 발생 확률로 가중평균한 가치

- 기대수익률expected return: 감수한 리스크에 기초해 투자자들이 투자로부터 예상하는 수익률

- 기부기금펀드endowment funds: 기관 투자자의 일종. 기금의 장기적 성장과 기금을 활용한 수익 창출을 목적으로 한다. 일반적으로 대학, 병원, 비영리 기관이 운용한다.

- 기업company: 재화 또는 서비스를 공급해 이윤을 획득할 목적으로 사업을 수행하기 위해 설립된 법인체. 소유권 구조와 책임은 나라마다 다르지만 통상 단독소유 회사, 합명회사, 합자회사, 주식회사로 구분된다.

- 기업공개Initial Public Offering, IPO: 주식을 발행하고 판매하는 작업을 통해 비공개 기업을 공개 기업으로 전환하는 과정

- 기업 실사due diligence: 프로젝트를 추진할 때 합의에 도달하기 전에 프로젝트를 검토하는 과정. 가치, 리스크, 예상 결과를 비롯한 프로젝트의 모든 측면을 이해하는 것이 목적이다.

- 기업 인수acquisition: 기존의 기업이 기업 또는 자산을 매수하는 과정

- 기업집단conglomerate: 관련성이 없는 복수의 사업부나 법인들로 구성된 기업. 어느 정도는 독립적으로 운영되지만, 공통된 지주 회사의 지휘 하에 놓인다.

- 기타 자산other assets: 자산 계정의 일종으로, 어떤 자산 범주에도 속하지 않는 자산(예: 재고도 아니고 매출채권도 아닌 자산)을 모아놓은 계정. 기타 유동자산은 현금·증권·매출채권·재고·선지급 자산에 포함되

지 않지만, 기업의 영업 사이클(보통 1년) 이내에 현금화가 가능한 자산을 말한다. 기타 비유동자산은 장기자산(예: 부동산·공장·설비)에 포함되지 않는 자산을 말한다.

- 기회비용opportunity cost: 특정 기회를 추구하지 않음으로 인해 사라진 수익

- 내부수익률Internal Rate of Return, IRR: 순현재가치를 계산하는 공식을 활용해 순현재가치를 0으로 만드는 할인율. 따라서 내부수익률이 한 기업의 최소 수익률을 넘어서는 프로젝트는 가치가 있는 프로젝트다.

- 내생적 성장organic growth: 사내 프로젝트에 투자하여 양의 잉여 현금흐름을 창출하는 방법을 통한 성장

- 당좌비율quick ratio: 유동비율보다 더 엄격한 기준이 적용되는 단기채무 상환 능력 비율로, '유동자산−재고'를 유동부채로 나눈 값이다.

- 듀퐁 방정식DuPont framework: 자기자본이익률ROE을 구성 요소로 분해하는 분석법. ROE를 수익성, 생산성, 레버리지로 분해한다.

- 레버리지leverage: 자금 조달에 활용된 부채(타인자본)의 비중을 나타내는 비율. 레버리지가 높은 기업은 다른 자금 조달 수단에 비해 타인자본에 의한 자금 조달량이 많다.

- 리스크risk: 투자 결과의 변동 범위에 영향을 미치는 요인. 리스크 회피 성향 때문에 대부분은 리스크를 피하려 한다.

- 만기일maturity date: 채권 원금을 갚아야 하는 지급 기일

- 매도 호가bid: 매수자가 구매할 의향이 있는 최대 가격

- 매도측sell side: 매수측의 반대. 타인자본과 자기자본에 기초해 금융상품을 만들고 판매하는 일을 하는 모든 당사자가 포함된다. 투자은행, 트레이더, 애널리스트가 모두 매도측으로 간주된다.

- 매몰비용sunk costs: 과거에 이미 발생해 현재의 의사결정에 고려되어서는 안 되는 비용

- 매수 호가ask: 매도자가 판매할 의향이 있는 최소 가격

- 매수측buy side: 기업의 주식을 매수하는 기관 투자자들을 총칭하는 표현. 뮤추얼펀드처럼 자금을 조성하고 많은 사람을 대신해 주식을 사거

나 보유하는 역할을 한다.

- 매출액revenues: 정상적인 영업활동을 통해 벌어들인 총판매액

- 매출원가Cost Of Goods Sold, COGS: 고객에게 판매되는 재고를 만드는 비용에 상응하는 비용. 'cost of sales'라고도 한다.

- 매출채권 회수 기간receivables collection period: 현금전환주기 구성 요소의 하나. 신용으로 제공한 재화 또는 서비스를 어느 정도의 기간에 회수하는지를 보여준다.

- 매출채권accounts receivable: 자산 계정의 일종으로, 신용으로 제공된 재화와 서비스에 대한 대가를 고객이 미래의 시점에 지급해야 하는 채권을 말한다.

- 무위험 이자율 risk-free rate: 채무자가 채무 불이행을 일으킬 확률이 0인 이자율. 미국 국채 이자율이 가장 일반적인 기준이다.

- 무형자산 intangible asset: 물리적 형태가 없는 자산으로 브랜드, 특허, 저작권 등이 있다.

- 무형자산의 감가상각amortization: 무형자산의 가치를 내용 연수에 따라 비용으로 처리하는 회계 방법의 일종. 대출 원금을 분할하여 만기까지 상환하는 금액을 말하기도 한다.

- 뮤추얼펀드mutual funds: 다수의 개인 투자자로부터 자금을 조성하는 펀드의 일종으로, 특정한 투자 전략을 따른다. 매우 좁은 일부 산업에서부터 인덱스펀드처럼 전체 시장에 투자하는 펀드가 있다. 뮤추얼펀드는 순자산가치net asset value로 가격이 책정되며, 투자자들은 이 가격에 기초해 뮤추얼펀드의 주식을 사고판다.

- 발생주의 회계accrual accounting: 대부분 기업이 따르는 회계 방법의 하나. 일반회계기준 Generally Accepted Accounting Principles, GAAP과 국제회계기준 International Financial Reporting Standards, IFRS상 반드시 지켜야 하는 회계기준이다. 수익이 현금으로 들어온 시점이 아니라, 발생한 기간 내에 인식돼야 하며, 비용 역시 지급된 시점이 아니라, 발생한 기간 내에 인식돼야 한다.

- 방어적인 뮤추얼펀드passive mutual funds: S&P500 지수 같은 종합주가지수에 투자하는 뮤추얼펀드. 펀드 매니저들의 자의적 선택이 허용되지 않는다.

- 배당dividend: 기업이 창출한 현금 일부를 배분하기 위해 주주에게 지급되는 1주당 현금

- 배수법multiples: 가치평가 방법의 일종으로, 유사한 기업의 운영 지표 비율을 해당 기업의 운영 지표 비율과 비교하는 방법

- 베타계수beta: 분산 투자된 포트폴리오상 특정 자산의 리스크. 투자 가능 자산들이 거래되는 시장 전체의 수익률과 해당 자산의 수익률 간 상관관계를 알게 해준다.

- 벤처캐피털venture capital: 스타트업이나 중소기업에 집중하는 투자 자금원. 리스크가 큰 투자를 감행하는 게 일반적인데 그런 기업들이 미래의 성장 가능성이 크다고 보기 때문이다. 대체로 기업이 공개되지 않은 비상장기업에 투자한다.

- 변동성volatility: 하나의 변수가 평균에서 벗어나는 정도

- 보수주의 회계principle of conservatism: 회계가 낙관적인 가치평가보다는 좀 더 조심스러운 가치평가를 반영해야 한다는 원칙. 자산은 좀더 낮은 가치를 반영하고, 부채는 가능한 한 높은 가격을 반영한다. 수익이나 이득은 합리적 기준으로 확실할 때 계상되지만, 비용이나 손실은 합리적 기준으로 가능할 때 계상된다.

- 보통주common stock: 가장 일반적인 형태의 주식으로, 기업에 대한 소유권을 표상한다. 보통주에는 여러 종류가 있지만, 보통주를 소유한 주주는 일정한 권리를 갖는 게 일반적이다. 이윤을 지분율에 따라 나눠 가질 수 있는 이익 배당권, 이사를 선임할 수 있는 이사 선임권, 이사들이 제시한 안건을 의결할 수 있는 주주총회 의결권이 포함된다.

- 부채debt: 부채 제공자(채권자)에게 고정된 수익률을 보장하는 재무적 채무. 원금 상환은 요구에 의해 이루어질 수도 있고, 상환 계획 일정에 따라 이루어질 수도 있다. 기업이 재무 위기에 빠지거나 파산하면 채권자는 주주에 우선해 변제받을 수 있는 권리를 가지며 자산을 좌지우지할 수 있다.

- 부채liability: 은행, 납품 업체, 정부, 직원을 비롯한 주체에게 지급해야 하거나 미래에 재화 또는 서비스를 제공해야 하는 채무

- 분산 투자diversification: 일부의 투자자산에 집중하는 것이 아니라 기업별, 자산별로 부를 배분하는 행위

- 브로커brokers: 고객을 대신해 공개 기업의 주식을 사고파는 역할을 하

는 대리인

- 비대칭 정보asymmetric information: 거래에 관련된 모든 당사자가 같은 정보를 보유하고 있지 않은 상황. 자본시장에서는 기업, 매도자, (주인의 상대인) 대리인이 정보상 우위를 차지하는 상황을 말한다.

- 비용 구조cost structure: 재화나 서비스를 위한 비용을 구성 요소로 구분하여 분석하는 것. 고정 비용과 가변 비용이 포함된다.

- 사모펀드private equity: 공개된 자본시장 밖에서 자기자본과 타인자본을 기업에 제공하는 자금원. 사모펀드 기업, 벤처캐피털, 에인절 투자자가 이에 포함된다. 투자 전략에는 신생 스타트업의 성장을 위한 자본과 재무 위기에 빠진 기업의 회생 및 자금 운용, 차입매수 등이 있다.

- 산업industry: 경제의 일부분. 다수의 기업이 유사한 제품이나 서비스를 제공한다.

- 상관계수correlation: 두 변수가 같이 움직이는 정도를 나타내는 지표

- 생산성productivity: 투자 대비 산출을 올릴 수 있는 다양한 조치를 말한다. 근무 시간당 매출액, 자산 대비 매출액 등이 해당한다.

- 샤프비율Sharpe ratio: 리스크 1단위당 수익률을 나타내는 지표. 여기서 리스크는 수익률의 표준편차로 정의된다.

- 성과 보수carried interest: 수익률에 따라 사모펀드 매니저나 헤지펀드 매니저에게 지급되는 이익 배당 계약

- 성장형 영구연금growing perpetuity: (영원히 지속되는 현금흐름인) 영구연금과 유사하지만, 일정한 비율로 성장한다.

- 손익계산서income statement: 재무보고서의 일종으로, 당기에 한 기업이 이익(수익 − 비용)을 어떻게 달성했는지를 요약해서 보여주는 재무제표. 모든 손익 계정이 망라되어 있다.

- 수익return: 투자를 통해 벌거나 잃은 돈

- 수익률곡선yield curve: 만기일은 다르고 다른 조건은 동일한 복수의 채권들의 이자율, 즉 수익률이 일정 시전에 얼마를 보이는지를 보여주는 곡선

- 수익성profitability: (비용의 일부 또는 전부를 제외한) 이익 지표를 매출액으로 나눈 지표. 이익 지표의 예로는 매출총이익, 영업이익, 순이익이 있다.

- 순부채net debt: 기업이 보유한 자금 중 부채에서 현금을 뺀 금액이 얼마 정도 되는지를 나타내는 지표. 현금은 마이너스 부채로 간주한다 (총부채−현금).

- 순이익net profit: 한 기업의 총이윤. 순이익은 마이너스의 값이 될 수 있지만, 마이너스라고 해서 기업의 재무상태가 나쁜 것은 아니다. 매출액에서 모든 비용(현금성 비용과 비현금성 비용)을 뺀 것으로, 'net income'이라고도 한다.

- 순현재가치net present value: 미래 현금흐름의 현재가치에서 초기 투자금을 뺀 값. 순현재가치가 양의 값을 갖는 프로젝트는 유효한 투자 대안으로 간주된다.

- 스톡옵션stock option: 일정 시점에 미리 정해진 가격에 주식을 사거나 팔 수 있는 권리. 반드시 사거나 팔아야 하는 의무는 없다.

- 시나리오 분석scenario analysis: 미래에 발생 가능한 결과와 결과별로 발생 확률을 적용하는 분석 기법

- 시너지 효과synergies: 두 기업의 합병을 통해 창출되는 가치로, 두 기업의 시장가치를 합한 것을 초과하는 가치

- 시장가치market value: 자산이나 기업이 공개시장에서 매각될 때 받을 수 있는 가치. 회계 원가주의 때문에 장부가치와 다른 게 일반적이다.

- 시장 리스크 프리미엄market risk premium: 리스크를 감수한 대가로 투자자들이 기대하는 초과 수익률

- 시장 불완전성market imperfections: 현실이 이상적 시장과 벗어난 정도. 정보의 비대칭성, 거래 비용, 세금 등이 그 원인이 된다.

- 시장지수market index: 다양한 개별 주가를 총괄적으로 묶어 전체적인 주가를 나타내는 지표. 예를 들어, S&P500 지수는 미국에서 가장 큰 대기업 500개의 주가 움직임을 나타낸다.

- 시장 효율성market efficiency: 시장이 효율적이라는 개념. 주식에 대한 모든 정보가 주가에 반영되어 있음을 의미한다. '효율적 시장 가설'을 보라.

- 시장성 유가증권marketable securities: 비교적 손쉽게 현금으로 전환할 수 있는 증권. 만기일은 1년 이하인 경우가 보통이다. 양도성 예금증서, 국채 및 기타 유통 가능 증권이 이에 포함된다.

- 신용 스프레드credit spread: 기업의 리스크를 고려해 무위험 이자율에 얹

어 기업이 지급해야 하는 이자율 차액이나 프리미엄

- 신호 발송signaling: 배당이나 자기주식 취득 등 금융 거래를 통해 투자자나 시장에 간접적으로 정보를 주는 행위

- 알파계수alpha: 시장 수익률을 초과한 초과 투자 수익률

- 연금펀드pension funds: 미래에 직원들에게 퇴직 급여를 지급하기 위해 특정 기간에 적립해둔 자금을 투자하는 펀드. 연금펀드는 급여 수혜자를 위한 현재 또는 미래의 현금흐름뿐 아니라 자금의 성장을 목표로 자본시장에 투자한다.

- 영구연금perpetuity: 영원히 지속될 것으로 예상되는 불변의 현금흐름

- 영업권goodwill: 다른 기업이 인수한 결과 드러나는 한 기업의 무형자산 가치. 피인수 기업의 유형자산 순가치를 초과한 인수 대금이 영업권으로 잡힌다.

- 영업이익operating income: '이자비용 및 세금 차감 전 이익'을 보라.

- 영업 현금흐름cash flow from operating activities: 현금흐름표의 일부로, 영업활동을 통해 창출되고 영업활동을 위해 활용된 현금의 양을 말한다. 재화와 서비스의 판매를 통해 창출되는 모든 현금이 원천이 되고, 재화와 서비스를 만들거나 제공하고 운송하는 데 활용된 모든 현금이 용도가 된다.

- 예측forecasting: 데이터와 가정을 활용해 미래의 이익, 비용, 현금흐름을 추정하는 행위

- 완전 정보perfect information: 모든 시장 참여자가 동일한 정보를 보유하고 있는 상황

- 외상매입금accounts payable: 부채 계정의 일종으로, 신용으로 재화와 서비스를 공급해준 납품 업체에 지급해야 하는 채무를 말한다.

- 외상매입금 지급 기간payables period: 현금전환주기의 구성 요소 중 하나. 외상으로 구입한 물품에 대한 대금이 지급되기까지 걸리는 평균 일수

- 외생적 성장inorganic growth: 다른 기업의 전체 또는 일부를 인수하는 방법을 통해 달성되는 성장

- 우선주preferred stock: 보통주와는 구별되는 특별한 종류의 주식. 배당권,

의결권, 청산권이 우선 보호된다.

- 운전자본working capital: 기업의 기본적 영업활동을 위해 필요한 자본의 양. '유동자산−유동부채'로 계산되는 경우가 많으며, 정확하게는 '재고+매출채권−외상매입금'으로 계산된다.

- 원가 회계cost accounting: 생산원가를 정확히 생성하기 위한 회계 기법

- 유동부채current liabilities: 1년 이내(또는 기업 운영 사이클이 1년을 넘으면 그 운영 사이클 이내)에 현금으로 지급되거나 결제될 채무를 집계한 부채 계정

- 유동비율current ratio: 한 기업의 단기채무 지급 능력을 보여주는 지표. 유동자산을 유동부채로 나눈 값으로 계산된다.

- 유동성liquidity: 자산을 얼마나 신속하고 손쉽게 현금으로 바꿀 수 있는지를 나타낸다. 예를 들어, 매출채권은 재고보다 유동성이 높다. 왜냐하면 재고는 팔려야 매출채권이 되고, 매출채권이 회수돼야 현금화할 수 있기 때문이다. 따라서 매출채권은 재고보다 현금에 더 가깝고 유동성이 높다.

- 유동자산current assets: 현금과 1년 이내(또는 기업의 운영 사이클이 1년을 넘으면 그 운영 사이클 이내)에 현금으로 전환될 것으로 예상되는 자산을 집계한 계정

- 유형자산Property, Plant, and Equipment, PP&E: 자산 계정의 일종으로, 제품이나 서비스를 생산하거나 창출하는 데 직간접적으로 활용되는 유형의 자산을 말한다. 큰 비용이 들어간 토지, 기계류, 건물, 설비, 차량 등이 유형자산에 포함된다. 전체 PP&E는 원래 투자된 금액을 말하고, 순 PP&E는 감가상각비를 제외한 PP&E의 금액을 말한다.

- 이사회board of directors: 주주들의 이해관계를 대표하고 보호할 목적으로 설립된 기구. 이사들은 선출되는 것이 일반적이나 상황에 따라서는 임명되기도 한다. 이사회는 최고의 권한을 부여받은 기구로 기업 지배구조와 관련된 방침을 정하고, 기업의 실적을 확인하고, 최고위 경영진을 감시할 권한이 있는 자를 고용하는 역할을 한다.

- 이윤율 profit margin: 매출액을 영업이익이나 순이익으로 나눈 비율

- 이자보상비율 interest coverage ratio: 이자비용을 충당할 만큼 수익을 내고 있는지 파악하여, 한 기업이 재무적으로 얼마를 버틸 수 있는지 평가하는 지표. 'EBIT/이자비용' 또는 'EBITDA/이자비용'이라고 한다. 비

율이 높으면 높을수록 이자비용을 감당할 수 있는 능력이 크다는 의미다.

- 이자비용 및 세금 차감 전 이익Earnings Before Interest And Taxes, EBIT: 순이익에 이자비용과 세금을 더해 계산된다. '영업이익'이라고도 한다.

- 이자비용, 세금 및 감가상각비 차감 전 이익Earnings Before Interest, Taxes, Depreciation, And Amortization, EBITDA: 기업이 창출하는 현금을 판단하는 대체 지표. 순이익에 비현금성 비용 및 자금 조달 비용을 산입한다. 일반적으로 EBIT에 감가상각비를 더해 계산된다.

- 이자율interest rate: 차입자가 지급하고 타인자본 제공자가 받는 수익률. 화폐의 시간 가치를 계산하기 위한 할인율과 바꿔 쓸 수도 있다.

- 이해관계의 충돌 conflict of interest: 한 개인의 사적 이익과 공적 이익이 상충하는 상황

- 인센티브incentives: 보상을 인지할 수 있게 하여 개인에게 어떤 역할을 수행하도록 하는 동기

- 잉여 현금흐름Free Cash Flows, FCF: 기업의 채무, 의무, 비용을 해결한 뒤 투자자에게 배분하거나 사내에 재투자할 수 있는 현금흐름. 잉여 현금흐름은 기업이 자금을 어떻게 조달했는지에 따른 영향을 고려하지 않는다. '(1-세율)×EBIT+감가상각비-자본적 지출+운전자본 증가분'으로 계산된다.

- 자기주식 취득stock buyback: 경영진의 재량으로 자기주식을 취득하는 행위. 자본 배분 전략의 하나로 추진된다. 'stock repurchase'라고도 한다.

- 자기자본이익률Return On Equity, ROE: 자기자본을 통해 거둔 이익을 나타내며, '순이익/자기자본'으로 계산된다.

- 자기자본 조달 비용cost of equity: 자기자본을 유치하기 위한 비용. 타인자본 조달 비용과 달리 명시적이지 않지만, 투자자들의 기대수익률로 측정되며 연간 비용으로도 측정되는 때도 있다.

- 자본 구조capital structure: 기업의 자금으로 활용된 주식 대비 부채의 비율

- 자본금shareholders' equity: 주주에게 귀속되는 잔여수익청구권. 기업의 자원(자산)을 모두 더하고, 제3자(예: 타인자본 제공자나 납품 업체)가 자산을 담보로 내어준 채권을 빼고 나면 남은 금액이 바로 자본금이다. 소유

권을 받는 대신 투자한 금액인 자본금과 사내에 유보된 누적 이익인 이익잉여금으로 구성된다. 순자산net worth, net asset이라고도 한다.

- 자본비용cost of capital: 자본을 동원하는 데 자본 제공자가 요구하는 비용

- 자본 배분capital allocation: 잉여 현금흐름이 기업 내 신규 프로젝트에 투자되거나, 다른 기업을 인수·합병M&A하거나, 배당 또는 자기주식 취득을 통해 주주에게 배분되는 과정

- 자본시장capital markets: 주식이나 부채 같은 재무적 채권을 사고파는 시장. 자본시장은 기본적으로 자본의 공급자(투자자)와 자본의 수요자(기업)를 연결해주는 역할을 한다.

- 자본집약도capital intensity: 미래의 현금흐름을 창출하는 데 필요한 자본의 상대적 크기. 자본집약도가 높으면 필요한 자본이 많다는 뜻이다.

- 자본자산가격결정 모형Capital Asset Pricing Model, CAPM: 분산 투자된 포트폴리오상의 리스크에 가격을 책정하는 모형

- 자본적 지출capital expenditures: 장기적으로 사용할 고정자산 및 기타 자산을 사는 데 지출한 자금

- 자산assets: 기업이 소유하거나 통제하는 자원으로, 기업이 미래에 경제적 이득을 창출하는 데 제공되도록 예정된 것을 말한다. 현금, 재고, 생산 설비 등이 이에 속한다.

- 자산회전율asset turnover: 듀퐁 방정식에서 생산성을 나타내는 지표. 일정 기간의 총수익을 평균 총자산으로 나눈 값이다.

- 장부가치book value: 자산의 회계적 가치. 보수주의 회계와 역사적 원가주의 때문에 자산의 시장가치와는 구별되는 경우가 많다.

- 재고inventory: 자산 계정의 일종으로, 고객에게 판매할 목적으로 구입되거나 생산된 원자재나 생산 중인 제품을 포함한다. 재고는 결국 판매되는 제품이 된다. 재고 비용은 판매되는 시점에 매출원가로 인식되어 비용 처리된다. 제조 기업이 보유하는 재고는 원자재 재고, 생산 중인 제품, 완제품 재고가 있다.

- 재고 일수days inventory: 현금전환주기의 구성 요소로, 제품이 판매되기 전 재고 상태로 머무는 평균 일수를 말한다. 평균 재고를 1일당 매출원가로 나눈 값이다. 365일을 재고회전율로 나눠 계산할 수도 있다.

- 재고회전율inventory turnover: 한 기업이 재고를 얼마나 효율적으로 관리

하는지를 나타내는 비율. 당기에 재고가 얼마나 많이 팔렸는지를 나타낸다. '매출원가/평균 재고'로 계산된다.

- 재무비율ratio: 관련된 두 항목을 서로 나눈 비율. 예를 들어, 총부채/총자산은 타인자본으로 구매한 자산의 비율을 의미한다.

- 재무상태표Balance Sheet: 기업의 특정 시점 재무상태를 보여주는 재무보고서. 기업이 소유하거나 통제하는 자원과 그 자원을 어떤 자금을 조달해 구매했는지 보여준다.

- 재무 위기 비용cost of financial distress: 재무 위기에 처했을 때 기업이 부담하는 비용. 예를 들면 인재 이탈, 30일이나 60일 이후 지급하는 관행을 깨고 납품 업체가 대금을 즉시 지급할 것을 요구하는 경우 등이 있다.

- 재무활동으로 인한 현금흐름cash flow from financing activities: 현금흐름표의 일부로, 재무활동과 관련된 현금흐름의 원천과 용도를 모두 포함한다. 타인자본(대출금, 회사채, 약속어음)의 확보 및 상환, 주식의 발행 및 자기주식의 취득 등이 포함된다.

- 적시생산just-in-time: 재고 관리 기법의 일종으로, 원자재 재고, 생산 중

인 중간 제품 재고, 완제품 재고가 보관되는 기간을 최소화하는 것을 말한다.

- 조건부가격청구권Contingent Value Right, CVR: 피인수 기업의 주주에게 주어지는 권리로, 피인수 기업의 주식을 더 매수하거나 현금을 받을 수 있는 권리

- 종료가치terminal value: 영원한 미래의 현금흐름을 예측하기 위한 기법의 하나. 미래의 일정 시점을 기준으로 미래의 모든 현금흐름의 가치를 포착해낼 수 있는 가치평가 기법

- 주당순이익earnings per share, EPS: 순이익을 발행주식 수로 나눈 것

- 주식 분할stock split: 기존의 주식을 새로운 주식으로 나누는 것. 기존 주식 하나를 여러 주식으로 나누는 효과가 있다.

- 주인-대리인 문제principal agent problem: 목적이 상충되고 정보가 불완전한 상황에서 주인이 대리인에게 업무를 위임할 때 벌어지는 문제

- 증권 애널리스트equity analyst: 투자은행에 고용되는 게 일반적이다. 기관투자자에게 공개 기업에 대한 조사 서비스를 제공하는 역할을 한다.

애널리스트는 주식의 가치를 평가하여, 매도·매수·포지션 유지 등의 투자 의견을 제공한다.

- 증권security: 기업의 자산에 대한 처분 및 소유권을 표상하는 금융상품

- 지급어음 notes payable: 부채 계정의 일종으로, 가까운 미래에 만기가 도래하는 채무

- 차입매수Leveraged Buyout, LBO: 다량의 부채(타인자본)를 활용해 기업을 인수하는 거래 방식. 공개 기업의 상장을 폐지하고 사유화하는 방식을 취하는 경우가 많다. 그래야 인수 기업은 비교적 적은 지분으로 대기업을 장악할 수 있다.

- 차입형 자본재구조화leveraged recapitalizations: 부채(타인자본)의 활용도를 높여 확보된 자금으로 주주의 지분을 줄이는 재무 전략

- 총이익률gross margin: 수익성 지표로, 매출액에서 매출원가를 뺀 후 매출액의 몇 퍼센트가 남는지를 보여준다. 당기의 매출액을 매출총이익으로 나눠 계산한다.

- 총자산순이익률Return On Assets, ROA: 자산이 순이익을 창출하는 데 얼마나 효율적으로 활용되는지를 나타내는 지표. '순이익/총자산'으로 계산된다.

- 침체recession: 경제활동이 장기간 감소하는 현상

- 타인자본 조달 비용cost of debt: 타인자본(부채)을 유치하기 위한 비용. 비율로 측정되는 게 일반적이지만, 연간 비용으로 측정되는 때도 있다.

- 투자 라운드rounds of funding: 주식을 발행하여 자금을 유치하는 시간적 순서. 벤처캐피털 투자 라운드라고도 한다. 시리즈 A, 시리즈 B… 식으로 나간다.

- 투자은행investment banks: 자기자본 또는 타인자본을 유치할 수 있도록 기업을 돕는 역할을 하는 금융기관. M&A를 추진하는 기업을 돕기도 한다.

- 투자 시간 지평time horizon: 투자 포지션이 청산되기 전, 투자 포지션을 취하거나 유지하는 기간

- 투자자 investor: 다양한 금융상품을 통해 자신의 자본을 자본시장에 투자하는 개인 또는 기관

- 투자 현금흐름cash flow from investing activities: 현금흐름표의 일부로, 모든 투자활동(예: 기업 인수와 기업 분할)을 포함한다. 부동산·공장·설비 같은 유형자산에 대한 투자뿐 아니라 다른 기업에 대한 투자도 포함된다.

- 투하자본이익률 Return On Capital, ROC: 자기자본과 타인자본을 투입하여 거둔 영업이익을 나타내며, 'EBIT/(자기자본＋타인자본)'으로 계산된다. ROCE Return On Capital Employed(동원자본이익률) 또는 ROIC Return On Invested Capital(투자자본이익률)라고도 한다.

- 트레이더traders: 자기 자신의 이익을 위해 주식을 사고파는 역할을 하는 주체. 고객을 대신해 주식을 사고파는 브로커brokers와는 구별되며 시장에 유동성을 공급하는 역할을 한다. 비교적 짧은 기간에 수익을 올리려 한다.

- 파산bankruptcy: 부채(타인자본)를 상환할 능력이 없는 상태를 해결하는 과정

- 할인discounting: 시간에 걸쳐 발생하는 미래의 현금흐름을 현재가치로 처리하는 과정. 할인은 미래 현금흐름의 가치를 현재가치로 바꿔준다. 할인율은 자본 제공자의 기회비용을 반영한다.

- 할인율discount rate: 미래의 현금흐름을 계산하기 위해 활용되는 비율. 화폐의 시간 가치에 영향을 주는 요인, 즉 인플레이션율과 리스크 프리미엄이 고려돼야 한다.

- 합병merger: 두 기업이 한 기업으로 합치는 것

- 행동주의 투자activist investing: 투자 전략의 일종으로, 공개 기업의 주식을 다량으로 매집해야 한다. 해당 기업의 전략을 대폭 수정하는 것을 목표로 한다.

- 헤지펀드hedge funds: 이른바 큰손만이 들어갈 수 있는 투자 펀드의 일종. 뮤추얼펀드에 비해 규제가 엄격하지 않아 레버리지를 활용하는 데 자유롭고, 집중된 투자 포지션이나 공매도 포지션을 취할 수 있다.

- 헤징hedging: 반대 포지션을 취해 가격 하락 리스크를 줄이는 투자 전략

- 현금cash: 자산 계정의 일종으로, 통화·당좌 계좌·현금 등가물·예금이나 유동성이 높은 기타 투자자산. 일반적으로 90일 이내에 현금화가 가능한 자산을 말한다.

- 현금 배분cash distribution: 배당 또는 자기주식 취득을 통해 주주들에게

배분되는 현금

- 현금전환주기cash conversion cycle: 기업이 납품 업체로부터 재고를 제공받은 시점부터 고객으로부터 현금을 회수할 때까지 걸리는 기간. '재고 일수＋매출채권 회수 기간－외상매입금 지급 기간'으로 계산한다.

- 현금흐름cash flow: 특정 기업이 창출하는 현금의 양. EBITDA, 영업 현금흐름, 잉여 현금흐름을 말한다.

- 현금흐름표statement of cash flows: 재무보고서의 일종으로, 당기의 현금 변동을 보여주는 재무제표. 영업 현금흐름, 재무 현금흐름, 투자 현금흐름으로 구성된다.

- 현물시장spot market: 금융상품이나 금, 원유, 커피 등이 거래 즉시 인도되는 시장이나 거래소. 반대 개념인 선물시장은 미래의 시점에 거래 대금을 지급하기로 합의하는 시장이나 거래소를 말한다.

- 현재가치present value: 미래의 현금흐름을 일정한 할인율로 할인하면 해당 현금흐름의 현재가치가 된다.

- 화폐의 시간 가치time value of money: 오늘 받은 1달러의 현금이 미래에 받는 1달러보다 가치가 높다는 개념. 기회비용 때문에 발생하는 개념이다.

- 확정 급여형 퇴직 연금Defined Benefit, DB: 고용주가 돈을 부담하는 퇴직 연금으로, 근무 기간과 연봉 등을 기준으로 연금 급여가 확정된다. 기업이 연금 포트폴리오를 운용한다. 급여 수혜자에 대한 급여 지급을 기업이 최종적으로 책임지기 때문에 투자에 따른 리스크도 기업이 감수한다.

- 확정 기여형 퇴직 연금Defined Contribution, DC: 고용주가 돈을 부담하는 퇴직 연금이기는 하지만, 고용주와 직원이 모두 퇴직 급여 형성에 기여한다. 단, 투자 리스크는 직원이 부담한다.

- 회수 기간payback period: 프로젝트, 자산, 기업에 대한 투자금이 회수되기까지 양의 현금흐름이 얼마 동안 지속돼야 하는지 그 기간을 나타내는 지표. 화폐의 시간 가치가 고려되지 않는 게 보통이다.

- 효율적 시장 가설efficient market theory: 주가가 모든 정보를 반영한다는 투자 이론. 특정 주식의 수익률이 시장 수익률보다 높은 상황이 지속될 수 없다는 내용이다. 이 이론의 변형 이론들은 시장의 정보 조건이 어떻게 다른지를 다룬다.

| 감사의 글 |

호기심과 참을성으로 내게 영감을 준 하버드 비즈니스스쿨의 MBA 학생들과 최고경영자 과정 학생들에게 감사드린다. 그들의 도움이 없었다면 이 책은 세상의 빛을 보지 못했을 것이다. 재무 교수 모임에서뿐 아니라 행사장 복도에서도 대화에 응해준 동료 교수들은 가장 효과적인 재무 교수법이 무엇인지 많은 가르침을 주며 이 책의 내용을 풍성하게 해주었다. 하버드 비즈니스스쿨에서 연구를 총괄하는 신시아 몽고메리Cynthia Montgomery, 하버드 비즈니스스쿨 원장인 니틴 노리아Nitin Nohria는 특히 내게 격려를 아끼지 않았고 넓은 아량도 베풀어주었다.

이 책에 담겨 있는 교수법은 하버드 비즈니스스쿨의 온라인 교육 사이트 '재무로 리드하기Leading with Finance'를 개발하려는 노력에서 비롯됐다. 바랏 아난드Bharat Anand와 패트릭 뮬레인Patrick Mullane은 사이트 개발 초기부터 사이트의 탄생까지 큰 힘을 보태주었다. 브라이언 미사모어Brian Misamore는 원석의 상태에 가까웠던 사이트의 교육 과정을 멋지게 다듬어준 환상적인 파트너였으며, 피터 쿨리에시스Peter Kuliesis 역시 배려와 지원을 아끼지 않았다. 온라인 사이트를 책으로 탈바꿈시킬 수 있도록 영감을 준 학생들에게 특히 감사의 마음을 전한다.

팀 설리번Tim Sullivan의 도움과 격려 덕에 이 책이 세상에 나올 수 있었다. 하버드 비즈니스 리뷰의 훌륭한 파트너 케빈 에버스Kevin

Evers는 이 책이 출판되기까지의 과정을 안내해주었고, 남다른 솜씨로 원고까지 다듬어주었다. 이 책을 편집해준 앤 스타Anne Starr는 체계적이고 다부지고 관대한 자세로 편집자의 역할을 완벽하게 수행해주었다. 브라이언 미사모어와 린 팬Leanne Fan은 원고를 마무리하는 과정에서 나의 연구를 완벽하게 보조해주었다. 루카스 라미레즈Lucas Ramirez는 매우 유용한 피드백을 제공함으로써 이 책의 내용을 더 풍요롭게 해주었다. 다린 르Darlene Le는 내가 주어진 일에 집중할 수 있도록 여러 면에서 도움을 주었다.

사랑스러운 아이들 파바티Parvati Desai, 일라Ila Desai, 미아Mia Desai와 사랑하는 아내 티나 셰티Teena Shetty는 늘 세상의 이치가 무엇인지를 내게 가르쳐주며 궁극의 깨달음을 준다. 우리 가족의 참을성, 지원, 격려에 고마움을 전한다.

제1장

1. Bill Lewis et al., "US Productivity Growth, 19952000," McKinsey Global Institute report, October 2001, https://www.mckinsey.com/featured-insights/americas/us-productivity-growth-1995-2000.

제2장

1. Barry M. Staw and Ha Hoang, "Sunk Costs in the NBA: Why Draft Order Affects Playing Time and Survival in Professional Basketball," Administrative Science Quarterly 40, no. 3 (September 1995): 474494.

제3장

1. William Alden, "PepsiCo Tells Activist Investor Its Answer Is Still No," New York Times DealBook (blog), February 27, 2014, https://dealbook.nytimes.com/2014/02/27/pepsico-tells-activist-investor-its-answer-is-still-no/.

제5장

1. Michael J. de la Merced, "Southeastern Asset Management to Fight Dell's Takeover," New York Times DealBook (blog), February 8, 2013, https://dealbook.nytimes.com/2013/02/08/southeastern-asset-management-to-fight-dells-takeover/.

2. Dan Primack, "Icahn: I've Lost to Michael Dell," Fortune, September 9, 2013, http://fortune.com/2013/09/09/icahn-ive-lost-to-michael-dell/.

3. In re: Appraisal of Dell Inc. (Del. Ch., May 31, 2016), C.A.No. 9322-VCL, https://courts.delaware.gov/Opinions/Download.aspx?id=241590.

4. Sydra Farooqui, "Leon Cooperman on Dell, Taxes, Equity Prices, More" (video), Valuewalk .com, March 6, 2013, https://www.valuewalk.com/2013/03/leon-cooperman-on-dell-taxes-equity-prices-more-video/.

5. Steven Davidoff Solomon, "Ruling on Dell Buyout May Not Be the Precedent That Some Fear," New York Times DealBook(blog), June 7, 2016, https://www.nytimes.com/2016/06/08/business/dealbook/ruling-on-dell-buyout-may-not-be-precedent-some-fear.html.

6. In re: Appraisal of Dell Inc.

제6장

1. "AOL-Time Warner—How Not to Do a Deal," Wall Street Journal Deal Journal (blog), May 29, 2009, https://blogs.wsj.com/deals/2009/05/29/looking-at-boston-consultings-deal-rules-through-an-aol-time-warner-prism/.

2. Philip Elmer-Dewitt, "Is Apple Ripe for a Stock Split?" Fortune, February 9, 2011, http://fortune.com/2011/02/09/is-apple-ripe-for-a-stock-split/; Mark Gavagan, Gems from Warren Buffett—Wit and Wisdom from 34 Years of Letters to Shareholders (Mendham, NJ: Cole House LLC, 2014).

| 색인 |

ㄱ

가용자금 대비 부채 비율 36
가중평균자본비용 144, 146, 158, 186
가치 중립성 227
가치 창출 133, 134, 135, 139, 141
가치 파괴 134, 135
가치평가 92, 193
가치평가 방법론 174
감가상각비 33
경영자 118, 119
경영자 매수 199
공매도 108, 112, 123, 124
국부펀드 105, 107
기관 투자자 105
기대가치 193
기대수익률 142, 157, 191
기부기금펀드 105, 107
기업 104, 229
기업가치 149
기업공개 113
기업실사 194
기업집단 158, 219
기타 자산 24
기회비용 142

ㄴ

내부수익률법 181, 182
내생적 성장 214

ㄷ

다년간 할인 82
당좌비율 31
대중매체 113
동원자본이익률 53
듀퐁 방정식 48, 52
딜러 111

ㄹ

레버리지 34, 48, 149
리스크 49, 124, 136, 143, 146, 148, 151, 155, 198, 239

ㅁ

마켓 메이커 111
마켓 타이밍 106
매도 114
매도자 194, 217
매도측 110
매도 호가 112

매몰비용 83

매수 92, 108, 114

매수자 217

매수측 105

매수 호가 112

매출채권 23, 68

매출채권 회수 기간 39

모기지 34

모딜리아니와 밀러의 조건 226

무위험 이자율 145

뮤추얼펀드 101, 105

미지급 항목 27

ㅂ

발생주의 회계 65

배당 226

배수 190

배수법 174, 175, 176, 177

베타계수 152, 153, 154, 159, 187

벤처금융 232

벤처캐피털리스트 232

변동성 151

보수주의 회계 65, 67

보통주 28

부채 27, 148

분산 투자 105, 152

브로커 111

비대칭 정보 116, 117, 119, 121, 226

비현금성 비용 68, 75

ㅅ

사모펀드 120

상장지수펀드 106

생산성 37, 48

설비 취득 비용 64

성장형 영구연금 189

세금 76, 144

세율 145

소매 기업 43

손익계산서 21

숏 스퀴즈 124

수익률 143, 156

수익률곡선 147

수익성 32, 48

순위 시스템 114, 115

순이익 175, 179

순이익 대비 주가 배수 197

순이익률 32

순이익 배수 186

순자산 28

순현재가치 83, 84, 87

스프레드 42

승자의 저주 202

시나리오 191, 200

시너지 효과 195
시장가치 136
시장 리스크 152
신용 스프레드 146
신호 발송 118

ㅇ

알파계수 157
애널리스트 93, 104, 111, 114
엔젤 투자자 232
역사적 원가주의 67
연금펀드 105, 106
영구연금 189, 190
영업이익 33
영업 현금흐름 67, 68, 75, 78
예상 수익률 136
외상매입금 26, 45, 55, 70
외생적 성장 214, 217
우선변제청구권 142
우선주 28
운전자본 55, 68, 70, 74
유가증권 23
유동비율 31
유동성 29
유형자산 24, 45
은행 41
이자보상비율 36

이자비용 144
이자율 83
인센티브 114, 194
인수 68
임금 27
잉여 현금흐름 75, 76, 77, 80, 184

ㅈ

자기자본 148
자기자본이익률 32, 48
자기자본 조달 비용 150, 156
자기주식 241
자본 구조 148
자본금 28
자본금 대비 자산 비율 36
자본 배분 215, 236
자본 배분 의사결정 나무 214
자본비용 134, 136, 142, 146, 151, 161, 219
자본시장 102, 103, 114, 116
자본자산가격결정 모형 151, 155
자본적 지출 68, 76
자본 제공자 142
자본집약도 195
자산 18
자산 대비 부채 비율 35
자산 항목 22
자산회전율 37, 51

잔여수익청구권 142
장기부채 27
장부가치 136, 137
장부가치 대비 시장가치 비율 136, 137, 140
재고 23, 69
재고 일수 38
재고회전율 38, 44
재단펀드 105
재무 81, 120, 144
재무 분석 81
재무비율 18, 29
재무상태표 136, 223
적시생산 47
조건부가격청구권 238
종료가치 183, 189, 196
주식 156
주식 발행 228
주식 병합 230
주식 분할 229
주인-대리인 문제 118, 119, 227
주주 92, 118, 120, 242
증권 영업사원 113
지급어음 26

ㅊ

차입 매수 121
채권자 92

체계적 리스크 152
최적 자본 구조 149
추정 EV 191

ㅌ

타인자본 148, 159
타인자본 조달 비용 145
투자 216
투자은행 113
투자자 92, 93
투자자본이익률 53
투하자본이익률 49, 54
트레이더 111, 112

ㅍ

펀드 105
포트폴리오 152

ㅎ

할인 81
할인율 81, 82, 83, 142
합병 및 인수 113
행동주의 투자자 101, 242
헤지 108
헤지펀드 101, 105, 107, 108
헤징 110

현금 64, 92
현금 배당 222
현금 배분 226
현금 유보 226
현금전환주기 70, 71
현금주의 63
현금흐름 64, 92, 182
현금흐름표 67
현금흐름할인법 174, 182, 183
화폐 81
확정 급여형 연금 제도 43
확정 기여형 연금 제도 47
회계 81
회수기간법 179, 181
효율성 37
효율적 시장 가설 106
휴리스틱 186

로마자

CAPM 156
CEO 115, 120, 214
CFO 115, 116, 120, 163, 214

EBIT 33, 66
EBITDA 33, 66, 67, 76
EBITDA 대비 기업가치 175
EBITDA 배수 186

EBITDA 이익률 33
EV 191
EV/EBITDA 배수법 175

IPO 113, 176
LBO 124

M&A 113, 217

P/E 배수 174

ROC 49
ROE 48, 49, 53, 137, 138, 139, 142

S&P500 106, 155

WACC 144, 158

옮긴이 **이종호**

서강대학교 경제학과를 졸업하고 국제금융, 해외 자본유치, 해외 IR업무를 담당하며 직장 생활을 하였다. 현재는 독일에 거주하며 자동차 업계에 몸담고 있으며 번역가 모임인 바른 번역의 회원으로 활동하고 있다.
역서로는 《레이 달리오의 금융 위기 템플릿》, 《모든 악마가 여기에 있다》, 《또래압력은 어떻게 세상을 치유하는가》 등이 있다.

하버드 경영대학원 교수의 금융 수업

초판 1쇄 발행 · 2021년 9월 3일
초판 3쇄 발행 · 2021년 12월 3일

지은이 · 미히르 데사이
옮긴이 · 이종호
발행인 · 이종원
발행처 · (주)도서출판 길벗
브랜드 · 더퀘스트
주소 · 서울시 마포구 월드컵로 10길 56 (서교동)
대표전화 · 02) 332-0931 | **팩스** · 02) 322-0586
출판사 등록일 · 1990년 12월 24일
홈페이지 · www.gilbut.co.kr | **이메일** · gilbut@gilbut.co.kr

책임편집 · 오수영(cookie@gilbut.co.kr), 김세원, 유예진, 송은경 | **제작** · 이준호, 손일순, 이진혁
영업마케팅 · 정경원, 최명주, 김도현 | **웹마케팅** · 김진영, 장세진 | **영업관리** · 김명자 | **독자지원** · 윤정아

본문 디자인 · 김효정 | **표지 디자인** · 김종민 | **교정교열** · 공순례 | **CTP 출력 및 인쇄** · 예림인쇄 | **제본** · 예림바인딩

ISBN 979-11-6521-646-7 03320
(길벗 도서번호 090151)

정가 : 20,000원